我国城镇住房保障政策研究

蔡荣生　吴崇宇　著

九州出版社 JIUZHOUPRESS | 全国百佳图书出版单位

图书在版编目（CIP）数据

我国城镇住房保障政策研究 / 蔡荣生，吴崇宇著.
-- 北京：九州出版社，2012.4
ISBN 978-7-5108-1419-8

Ⅰ. ①我… Ⅱ. ①蔡… ②吴… Ⅲ. ①城镇－住宅－社会保障－经济政策－研究－中国 Ⅳ. ①D632.1②F299.233.1

中国版本图书馆CIP数据核字(2012)第047521号

我国城镇住房保障政策研究

作　　者	蔡荣生　吴崇宇　著
出版发行	九州出版社
出 版 人	徐尚定
地　　址	北京市西城区阜外大街甲 35 号（100037）
发行电话	(010)68992190/2/3/5/6
网　　址	www.jiuzhoupress.com
电子信箱	jiuzhou@jiuzhoupress.com
印　　刷	三河市东方印刷有限公司
开　　本	787 毫米 ×1092 毫米　16 开
印　　张	15
字　　数	228 千字
版　　次	2012 年 10 月第 1 版
印　　次	2012 年 10 月第 1 次印刷
书　　号	ISBN 978-7-5108-1419-8
定　　价	48.00 元

目　录

附　录

后　记

引言：

住房保障政策——功在当代、利在千秋

衣、食、住、行一直被认为是人类社会生存和发展的基本要素。随着我国全面建设小康社会和构建社会主义和谐社会目标的先后提出，“加快推进以改善民生为重点的社会建设”成为现阶段我国改革开放和社会主义现代化建设的一项中心工作。胡锦涛总书记在十七大报告中明确提出“加快推进以改善民生为重点的社会建设”，“努力使全体人民学有所教、劳有所得、病有所医、老有所养、住有所居，推动建设和谐社会”。可见，能否实现“住有所居”直接关系到我国社会的和谐程度，直接关系到全面建设小康社会目标的实现，具有极为重要的战略意义。近年来，在我国城市化进程不断加快、住房价格快速攀升的背景下，丰富和完善城镇住房保障政策越来越受到社会各界的关注，被视为我国实现“住有所居”目标的一个重要途径。

一、居住权是一项基本人权

居住权利不仅是人类生存权最基本的物质条件，而且是人类社会运行的保证。《世界人权宣言》第二十五条就规定：“人人有权享受为维持其本人和家属的健康及福利所需的生活水准，包括食物、衣着、住房、医疗和必要的社会服务。”根据这一共识，世界各国尤其是成熟市场经济国家纷纷颁布法律，保障和维护公民的居住权。西班牙宪法第47章就明确规定：凡西班牙公民都有权

获得适当和足够的住房，政府要创造条件、制定规则，保障公民的这一权利得以实现。荷兰宪法第 22 章规定：政府有责任确保公民得到住房。葡萄牙宪法第 65 条规定：为了健康和舒适，为了保护个人隐私和家庭生活，每个人都有权利为自己和家人谋求住房。[1] 可以说，居住权作为一项基本人权得到了世界各国的普遍认可，并以法律的形式得到保障。

我国作为社会主义国家更是把保障公民的居住权利放在十分突出的位置。1996 年，我国政府在联合国人居大会上指出：“人人享有适当的住房是一项最基本的人权，是人的生存权和发展权的重要内容。”目前，我国住房保障法也已经纳入十一届全国人大常委会立法规划，基本住房保障法征求意见稿已经形成，对城镇基本住房保障标准、范围、方式，保障性住房的规划、建设与管理，住房租赁补贴，土地、财政、税收与金融支持，基本住房保障的组织落实，农村住房保障制度等内容做出了具体规定。

二、建立住房保障制度是人类社会发展的共识

“各安其居而乐其业”自古就是我国社会发展的伟大理想。早在先秦时期，许多思想家、政治家就提出，要使社会长治久安，就必须“制民之产”，即满足人民最基本的物质需要。孟子提出：“民之为道也，有恒产者有恒心，无恒产者无恒心。苟无恒心，放僻邪侈，无不为已”，成为历代帝王治国理正所坚持的一项重要原则。唐代中期以后，土地大规模私有化，国家无力保障每个人均占有一定数量的宅地，这在一定程度上造成了百姓居住的艰难，因此有杜甫“安得广厦千万间，大庇天下寒士俱欢颜”的感慨。到了清代，面对建筑质量低下、住房的安全得不到保障等情况愈演愈烈，清政府制定了带有现代住房保障理念的旗人住房制度。最初清政府根据满汉分居政策，给所有旗人提供住房，但是禁止旗人私自购买房屋，该制度最后以失败告终。随后，政府解除禁令，大部分旗人到市场上买房，同时政府以指扣俸禄、分期付款的方式，帮助住房困难的旗人购买官房。可以说，带有一定程度现代住房理念的住房保障政

策在我国初露端倪。

新中国成立后的30年间，在高积累、低消费、高就业、低工资的计划经济体系下，国家实行住房统一建设，统一分配，住房建设资金绝大部分依靠财政拨款的住房管理体制。在1958年至1977年的20年间，由于受到“先生产，后生活”、“先治坡，后置窝”等“左”的思想的影响，我国住房基本建设的整体投资水平有所降低。城镇人均居住面积虽然扩大，但是却出现了诸多住房困难户。改革开放以后，随着我国住房体制改革的启动，城镇中低收入居民的住房问题重新得到社会的重视，我国真正意义上的城镇住房保障制度开始建立。

住房保障问题不仅是我国自古以来关注的一项重要民生问题，也是世界各国共同关注的焦点。早在1890年，英国就颁布了《工人阶级住宅法》，开辟了住房保障社会立法的先河。法国政府在1894年就以立法的形式建立了解决低收入者住房问题的机构，形成了一套完善、灵活的保障机制，在解决中低收入家庭住房问题上体现出较强的政策干预力度。2000年，法国政府规定，人口超过5万的城镇，其廉租房面积不得少于住房总面积的20%。美国、日本、澳大利亚、新加坡、韩国、香港等较为成熟的市场经济国家和地区，均在其城市化加速阶段，提出了相应的住房保障制度，并取得了良好的保障效果。1996年6月于伊斯坦布尔举行的第二次联合国人类居住会议把“人人享有适当的住房”和“城市化世界中的人类住区可持续发展”作为“具有全球重要意义的主题”。可以说，建立住房保障制度、解决城镇中低收入家庭的住房困难，成为世界各国保障公民权益、维护社会稳定的一项共识。

三、建立住房保障制度是城市化进程中的必然选择

发达国家的发展经验表明，工业化、城市化是人民社会由传统社会向现代社会转变经历的必然阶段，一国城市化、工业化水平直接决定了其经济发展水平和社会文明程度。城市化为一国社会来带了人口布局的革命性变革，人口大

规模地由农村向城市迁徙，在这一过程中如何解决城市人口膨胀、收入差距拉大引发的中低收入家庭的住房困难成为各国关注的一个焦点。二战后，面临二战带来的创伤和大规模的城市化浪潮，各国政府纷纷制定相应的策略解决城镇住房问题，并逐渐形成了一套较为完备的住房保障制度。

1934 年，美国制定了《临时住房法案》，1937 年进一步补充为《公共住房法》，规定由中央政府出资，由地方政府建造公共住房供低收入家庭租用。[2] 1964 年开始，美国政府通过优惠政策鼓励开发商建造供低收入者租用的住房。自 1973 年起，政府开始把分散低收入者住房、改善社区质量纳入住房政策，并提出以“需求方”为中心的政策：政府向符合标准的低收入家庭发放房租补助券，凡家庭收入低于本地区家庭平均收入 40% 以下的家庭作为低收入家庭，均可享受补贴，受益的家庭不论收入多少，将自己家庭收入的 30% 交作房租，余下的与市场租金的差额由政府发券补足。[3]

1919 年英国制定了《住宅法》，英国政府先后八次对该法案进行修订和调整，逐步形成了现行的住房保障制度。期初，英国以国家建设保障性住房为主要手段解决城镇中低收入家庭的住房困难问题，80 年代开始，随着英国“私有化”改革的推进，英国住房保障政策逐渐转向市场机制为主导。

20 世纪 50 年代，日本为了缓解第二次世界大战后的住宅短缺问题，先后制定了《住宅金融公库法》、《公营住宅法》、《日本住宅公团法》以及“住宅消费保障”等一系列相关法规，并逐步建立起一套“租”、“售”结合，灵活转化的住房保障体系。

改革开放之后，我国也进入了城市化加速阶段《世界城市化展望（2009 年修正版）》显示，我国在过去 30 年中的城市化速度极快，超过了其他国家。我国城市化水平从 1980 年的 19% 跃升至 2010 年的 47%，预计至 2025 年将达到 59%。1980 年，中国只有 51 个城市人口超过 50 万，自上个世纪 90 年代起，中国超过 50 万人口的城市数量显著增加——从 1980 年到 2010 年的 30 年间，共有 185 个中国城市跨过 50 万人口门槛，到 2025 年，中国又将有 107 个城市加入这一行列。按照到 2020 年我国城镇化达到 50% 的目标，21 世纪的头 20 年，我国在城市化进程中将要解决 3.32 亿新增城镇人口的住房问题，建立和完善城镇住房保障制度，解决城镇中低收入家庭的住房困难，将成为我国城市化进程中的必然选择。

四、住房保障政策是缓解当前我国城市住房问题的有效途径

在城市化加速阶段，如何缓解人口规模不断扩大和城市土地供给有限之间的矛盾成为一项重要发展课题。尤其是2005年以来，我国多数城市呈现出房价飙升，住房供求矛盾突出的问题，直接影响到城镇居民生活质量和社会和谐程度。中国社会科学院2010年《经济蓝皮书》提供数据显示，2009年城镇居民收入房价比达到8.3倍，大大超出3-6倍的合理承受范围，85%的家庭没有购买住宅的能力。住房价格严重背离了我国广大居民的收入水平和支付能力，城镇居民生活负担加重，公民不能广泛分享发展成果和福利，部分社会不和谐因素有了滋生的土壤。

在上述背景下，打击投机性购房行为，抑制住房价格的过快上涨，建立多层次的城镇住房保障体系成为我国政府的重要使命。“十一五”期间，全国开工建设各类保障性住房和棚户区改造住房1630万套，基本建成1100万套。到2010年底，全国累计用实物方式解决了近2200万户城镇低收入和部分中等偏下收入家庭的住房困难，实物住房保障受益户数占城镇家庭总户数的比例达到9.4%，还有近400万户城镇低收入住房困难家庭享受廉租住房租赁补贴。我国城镇人均住房建筑面积由1998年的18.7平方米提高到2010年的31.6平方米。包括城镇住房保障政策在内的房地产市场调控政策初见成效，目前国内主要城市房价过快上涨的势头得到遏制，部分城市出现了房价小幅下跌的趋势。实践证明，住房保障政策是缓解当前我国城市住房问题的有效途径。

五、住房保障政策是我国公共政策走向成熟的重要标志

实践表明，除了解决城镇中低收入家庭的住房困难外，我国城镇住房保障政策还兼具房价调控、拉动内需、调整经济结构、实现经济良性循环等多重功能。我国城镇住房保障政策通过加强廉租住房、经济适用住房、公共租赁住房建设，支持棚户区改造等民生项目的投资，增加政府公共财政支出，带动相关产业发展，增加就业机会，刺激居民自住和改善型住房消费，解除居民扩大消费的顾虑，营造了良好的经济发展环境。同时，我国城镇住房保障政策还是缩小居民收入差距、调整经济结构的重要途径。我国城镇住房保障是一种以消费为主导的结构调整政策，能够缩小居民收入差距，确立社会公平和公正的价值取向，使社会资源更多地向普通劳动者和弱势群体倾斜。可以说，我国城镇住房保障政策的兴起标志着我国公共政策宏观调控和保障民生双重目标正逐步融合，标志着我国公共政策正在不断优化、完善。

鉴于此，笔者将我国城镇住房保障政策作为研究对象，开展了长期、系统、深入的研究，并撰写此书作为研究成果的集中体现。本书共分为5篇15章，从多角度对我国城镇住房保障政策开展分析和论述。

第一篇为我国城镇住房保障体系概述，用两章的篇幅分别介绍了我国城镇住房保障体系的实物保障政策和货币补贴政策。

第二篇为我国城镇住房保障政策的实施效果，分别从调查研究和实证研究的角度对我国城镇住房保障政策的保障水平、供求均衡度、宏观调控功能进行了系统分析。

第三篇为我国城镇保障性住房的供给模式，将我国城镇保障性住房的供给模式分为政府供给和社会化供给两种类型，并提出了我国城镇保障性住房的政府供给不足的原因和改进意见，以及我国城镇保障性住房的社会化供给的基本思路。

第四篇为我国城镇住房保障政策实施的重点环节，笔者对保障性住房建设

前期的规划选址、保障性住房建设过程中的装饰设计与配套设施、保障性住房建成后的分配机制以及运行管理进行了逐一分析，并提出相应的政策建议。

第五篇为我国城镇住房保障政策的顶层设计及政策走向，笔者从更加宏观的视角对我国城镇住房保障政策的实施方式，覆盖范围，“租”、“售”比例，政策组合等重点内容开展了分析，并对未来我国城镇住房保障政策的走向给出了建议。

参考文献

[1] 上海市房产经济学会 . 国外（地区）住房法规选编 . 上海社会科学院出版社，2001：663。

[2] 童悦仲 . 中外住宅产业对比 . 中国建筑工业出版社，2005，1：24。

[3] 张庭伟 . 实现小康后的住宅发展问题—从美国 60 年来住房政策的演变看中国的住房发展 . 城市规划，2001（4）：31-33。

第一篇

我国城镇住房保障体系概述

第1章

我国城镇住房保障体系的实物保障政策

我国城镇住房保障体系包括实物保障和货币补贴两种方式。其中，我国城镇住房保障体系的实物保障按照供应方式可以分为：购置型保障性住房和租赁型保障性住房，前者包括：经济适用住房、限价商品住房和各类棚户区改造住房，后者则包括：廉租住房和公共租赁住房。[1] 本章，笔者将依据上述逻辑体系，从概念、分类、政策框架、实践操作等多个层面对我国城镇住房保障体系的实物保障政策进行系统介绍。

1.1 经济适用住房政策

1.1.1 经济适用住房的政策概念及意义

关于经济适用住房的概念，根据2007年修订后的《经济适用住房管理办法》的说法，“经济适用住房是指政府提供政策优惠，限定套型面积和销售价格，按照合理标准建设，面向城市低收入住房困难家庭供应，具有保障性质的政策性住房。”笔者认为，掌握经济适用住房的概念，关键在于深入理解经济适用住房的双重属性：保障性和市场性。

经济适用住房的保障性体现在经济适用住房政策的建设标准、销售价格、供给对象和上市转让等多个方面的政策限定上。经济适用住房的保障性首先还体现在经济适用住房供给对象的界定。2007年修订后的《经济适用住房管理办法》第二十五条规定:“城市低收入家庭申请购买经济适用住房应同时符合下列条件:(一)具有当地城镇户口;(二)家庭收入符合市、县人民政府划定的低收入家庭收入标准;(三)无房或现住房面积低于市、县人民政府规定的住房困难标准。”上述规定确保经济适用住房的供给对象为城市低收入住房困难家庭。

其次,经济适用住房的保障性还体现为经济适用住房建设标准的政策规定。修订后的《经济适用住房管理办法》第十五条规定:“经济适用住房单套的建筑面积控制在60平方米左右。”这一规定说明经济适用住房以满足城市低收入住房困难家庭的基本住房需求为目标。

另外,经济适用住房的保障性也体现在经济适用住房的价格管理上。修订后的《经济适用住房管理办法》第二十条规定:“经济适用住房的价格应当以保本微利为原则。其销售基准价格及浮动幅度,由有定价权的价格主管部门会同经济适用住房主管部门,依据经济适用住房价格管理的有关规定,在综合考虑建设、管理成本和利润的基础上确定并向社会公布。房地产开发企业实施的经济适用住房项目利润率按不高于3%核定;市、县人民政府直接组织建设的经济适用住房只能按成本价销售,不得有利润。”上述政策规定在充分考虑了城市低收入住房困难家庭购买能力的同时,也考虑到了政府在实施经济适用住房政策过程中的财政负担。

最后,经济适用住房的保障性体现在经济适用住房的产权性质上。修订后的《经济适用住房管理办法》规定:“经济适用住房购房人拥有有限产权。”因此,经济适用住房在上市交易的过程中将面临严格的政策限制。具体而言,“购买经济适用住房不满5年,不得直接上市交易,购房人因特殊原因确需转让经济适用住房的,由政府按照原价格并考虑折旧和物价水平等因素进行回购。购买经济适用住房满5年,购房人上市转让经济适用住房的,应按照届时同地段普通商品住房与经济适用住房差价的一定比例向政府交纳土地收益等相关价款,具体交纳比例由市、县人民政府确定,政府可优先回购;购房人也可以按照政府所定的标准向政府交纳土地收益等相关价款后,取得完全产权。”

经济适用住房的市场性表现在经济适用住房是具有社会保障性质的商品住

宅。一方面，经济适用住房的价格相对市场价格而言，是适中的，能够适应中低收入家庭的承受能力；另一方面，经济适用住房的设计和建设标准以“满足基本住房需求”为原则，虽然建设成本略低于普通商品房，但是其设计标准、功能、质量与普通商品住房并无差异。

经济适用住房政策经过二十多年的发展和完善，发挥出了社会保障、房地产市场调控等功能，对我国城镇住房保障体系的建立与完善意义重大。首先，从党的十七大提出的“住有所居”的高度来看，作为我国城镇住房保障体系中的一项重要政策，经济适用住房政策为我国人数众多的中低收入者实现置业理想提供了帮助。正所谓“有恒产者有恒心”，在当前住房市场价格激增的时代背景下，帮助更多的中低收入者拥有住房，不仅可以优化社会结构，促进社会和谐稳定，而且可以提升我国中低收入者的当期消费水平，拉动内需，促进经济良性发展。

其次，经济适用住房政策在我国城镇住房保障体系中有其不可替代的政策位置。成熟市场经济国家的发展经验表明，市场经济发展必然会使社会产生不同收入水平的家庭，不同收入水平的家庭有着不同的住房需求和购房（租房）能力。因此，对不同收入水平的家庭实行不同的住房供应政策，是市场经济国家制定住房政策的一个基本出发点。当前，我国正处于工业化、城镇化加速阶段，大中城市的住房供求关系紧张、房价上涨较快的趋势在短期内难以改变，建立多层次的住房保障体系是我国政府解决大中城市中低收入居民住房困难所坚持的基本原则。在当前我国城镇住房保障体系下，廉租住房政策旨在解决城市低收入群体的住房困难，公共租赁住房和限价商品房政策则旨在解决城镇“夹心层”群体的住房困难，而经济适用住房则肩负着帮助有一定财产积累的城市中低收入群体实现置业理想的政策任务。从这个角度来说，经济适用住房政策绝不是我国城镇住房保障体系建立和完善过程中的过渡政策或权宜之计，相反，经济适用住房政策是我国城镇住房保障体系建立和完善过程中一项不可或缺的政策内容。

最后，经济适用住房政策在稳定住房市场价格、抑制住房市场过热方面发挥了显著的调控作用。针对 2006 年开始的住房市场过热现象，几年来，我国相继出台了一系列房地产市场的宏观调控政策，意在通过结构调整促进商品房价格的理性回归，带动房地产市场进入一个供求总量基本平衡、结构基本合理、价格基本稳定的健康发展轨迹，确保商品房的投资结构与消费者的需求结构基本一致，减轻中低收入家庭的住房负担，保护人民群众的利益。在上述调控政策中，大力兴建经济适用住房作为增加有效供给的重要措施，一直被赋予高度的政策关注。由于目前经济适用住房多倾向于采用配建方式，相同地段下，经济适用住房往往比周围商品房便宜20%甚至更多，这对于抑制房价过快上涨，产生了积极作用。经济适用住房的兴建改善了住房市场的供给结构，进一步细分了住房市场，释放住房市场的部分刚性需求。与此同时，经济适用住房政策“微利”原则迫使开发企业改善经营管理，降低成本，在一定程度上对平抑周边地区乃至城市住房总体价格产生了积极影响。

1.1.2 经济适用住房的政策框架

早在上世纪九十年代初，为解决无房户和困难户的住房问题，国务院就在《关于继续积极稳妥的进行城镇住房制度改革的通知》中提出“大力发展经济适用的商品房，优先解决无房户和住房困难户的住房问题”，“经济适用的商品房”作为第一个与“经济适用住房”相似的政策概念正式登上历史舞台，但需要强调的是，“经济适用的商品房”仍属于商品房的范畴，与现行的经济适用住房概念仍有显著的区别。

1994年，国务院颁布了《关于深化城镇住房制度改革的决定》，进一步明确将“建立以中低收入家庭为对象、具有社会保障性质的经济适用住房供应体系和高收入家庭为对象的商品房供应体系”作为我国城镇住房体制改革的重要内容。同年，建设部、国务院住房制度改革领导小组、财政部出台了《城镇经济适用住房建设管理办法》，对经济适用住房的保障性质、保障对象、融资渠道、成本核算等诸多内容进行了具体规定。上述两个文件的相继出台，标志着经济适用住房政策正式由政策概念转化为政策实践。

1998年，国务院颁布了《国务院关于进一步深化城镇住房制度改革，加快住房建设的通知》，规定：“建立和完善以经济适用住房为主的多层次城镇住房供应体系，对不同收入家庭实行不同的住房供应政策。高收入者购买或租赁市场价商品住房，中低收入者购买经济适用住房，最低收入者租用政府或单位提供的廉租住房。”《通知》同时对于经济适用住房的建设、管理、税费等内容进行了原则规定：“新建的经济适用住房出售价格实行政府指导价，按保本微利原则确定。其中，经济适用住房的成本包括征地和拆迁补偿费、勘察设计和前期工程费、建安工程费、住宅小区基础设施建设费（含小区非营业性配套公建费）、管理费、贷款利息和税金等 7 项因素，利润控制在 3% 以下。”随后，我国城镇住房保障政策进入了以经济适用住房为主要形式的发展时期。这时期，在建筑设计、分配等环节经济适用住房的保障性逐步凸显，成为缓解我国住房市场供需矛盾的重要政策补充。此外，当时我国正处于受亚洲金融危机冲击最为严重的时期，经济适用住房的大规模建设在满足城镇中低收入家庭基本住房需求的同时，也发挥了扩大公共投资，活跃住房市场等经济刺激功能。

此后，为了进一步完善经济适用住房政策，我国政府相继出台了《关于大力发展经济适用住房的若干意见》、《关于进一步加快经济适用住房建设有关问题的通知》、《经济适用住房住房开发贷款管理暂行规定》、《住房公积金管理条例》等规范性文件。2004 年，《经济适用住房管理办法》出台，该《办法》是我国第一部经济适用住房管理办法，它对限定价格、严格购房资格审查、集资建房等方面做出了更严格的规定。2007 年，国务院颁布了《国务院关于解决城市低收入家庭住房困难的若干意见》，我国住房保障体系向倾向于廉租住房的方向发展。根据上述政策方向，同年，建设部、发展改革委、监察部、财政部等 7 部委联合修订并下发了《经济适用住房管理办法》，并沿用至今。

关于经济适用住房的准入条件。修订后的《经济适用住房管理办法》规定：“城市低收入家庭申请购买经济适用住房应同时符合下列条件：（一）具有当地城镇户口；（二）家庭收入符合市、县人民政府划定的低收入家庭收入标准；（三）无房或现住房面积低于市、县人民政府规定的住房困难标准。经济适用住房供应对象的家庭收入标准和住房困难标准，由市、县人民政府根据当地商品住房价格、居民家庭可支配收入、居住水平和家庭人口结构等因素确定，实行动态管理，每年向社会公布一次。”

关于经济适用住房的价格。修订后的《经济适用住房管理办法》规定："确定经济适用住房的价格应当以保本微利为原则。其销售基准价格及浮动幅度，由有定价权的价格主管部门会同经济适用住房主管部门，依据经济适用住房价格管理的有关规定，在综合考虑建设、管理成本和利润的基础上确定并向社会公布。房地产开发企业实施的经济适用住房项目利润率按不高于3%核定；市、县人民政府直接组织建设的经济适用住房只能按成本价销售，不得有利润。"

关于经济适用住房的产权。修订后的《经济适用住房管理办法》规定："经济适用住房购房人拥有有限产权。购买经济适用住房不满5年，不得直接上市交易，购房人因特殊原因确需转让经济适用住房的，由政府按照原价格并考虑折旧和物价水平等因素进行回购。购买经济适用住房满5年，购房人上市转让经济适用住房的，应按照届时同地段普通商品住房与经济适用住房差价的一定比例向政府交纳土地收益等相关价款，具体交纳比例由市、县人民政府确定，政府可优先回购；购房人也可以按照政府所定的标准向政府交纳土地收益等相关价款后，取得完全产权。"

根据《国务院关于解决城市低收入家庭住房困难的若干意见》和修订后的《经济适用住房管理办法》的精神，《北京市经济适用住房管理办法（试行）》、《天津市经济适用住房管理办法》、《上海市经济适用住房管理试行办法》、《杭州市区经济适用住房管理办法》相继出台，经济适用住房地方政策体系基本建立。

1.1.3 经济适用住房的政策实践

自1998年住房改革以来，我国城镇经济适用住房建设取得了长足的发展，逐渐成为城镇中低收入家庭实现置业梦想的优先选择。图1.1给出了1997年至2009年间，我国城镇经济适用住房的销售面积。从中我们不难看出，1997年至2003年间，我国城镇经济适用住房规模逐渐递增并一度达到年销售面积4000万平方米的高峰。虽然2004年之后我国城镇经济适用住房有所下滑，但年销售面积均处于3000万平方米之上。2010年以来，为应对国际金融危机冲击，国家实施了"保障性安居工程"，我国城镇经济适用住房再次迎来建设高峰期：2009 至 2011 年，国家计划平均每年新增 130 万套经济适用住房，截至 2011 年上半年，全国新开工的经济适用住房项目的套数已超过 90 万套，预计年底可达 120 万套。

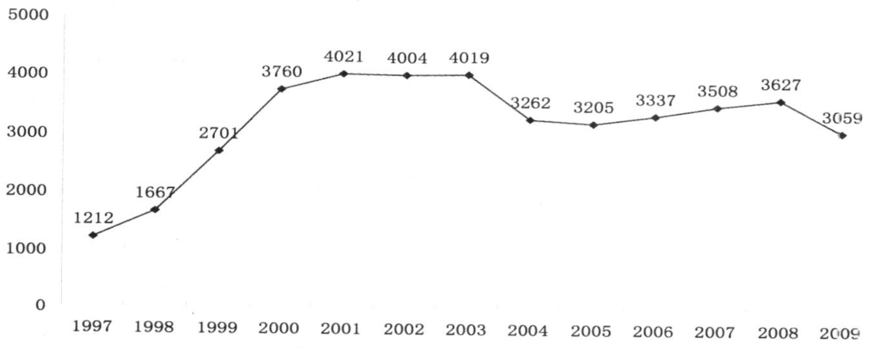

图 1.1　近年来我国经济适用房的销售面积（单位：万平方米）

数据来源：《中国统计年鉴》（1998-2010）

尽管我国城镇经济适用住房政策在实践中成效斐然，但随着我国城镇居民结构和住房市场不断变化，经济适用住房政策在执行中也暴露了一些问题甚至弊病，致使部分城市兴建经济适用住房的热情有所下降，经济适用住房政策一度成为社会舆论批判的焦点。经济适用住房政策在执行中暴露的问题可以归纳为以下几点：

一是经济适用住房政策保障对象的界定缺乏科学性和公正性。从经济适用住房政策的既定目标来说，经济适用住房政策的保障对象为中低收入家庭，并与廉租住房保障对象实行有效衔接。但是在实际操作过程中，因统计方法不科学，准入审核程序不严谨等原因，经济适用住房的购买者当中，存在着相当一部分的高收入者，甚至出现“开宝马买经济适用住房”的现象。以北京市为例，北京市城市建设综合开发办统计数据显示，1998 年至 2003 年是北京市大规模建设经济适用住房高峰期，有 84% 的购房者属于中低收入家庭，16% 的购房者则属于高收入者。另外，关于经济适用住房的出租率，REICO 工作室①对 2005 年北京、太原、西安三地开展调查，调查结果显示：高达 48% 的经济适用房被用于出租，而同期普通商品房用于出租的比例仅仅有 20.55%。北京市昌平区的回龙观、天通苑两大经济适用房社区内，房屋出租规模已占到全区租赁交易总量的 78.8%。[2] 2010 年，中原地产三级市场研究部的统计数据显示，在北京五环内的 16 个经济适用房小区，出租房源超过 2000 套。特别是天通苑、回龙观地区，经济适用住房出租十分活跃，出租率达到了 20%。[3] 近些年投入使用的百环家园、三环新城也都有经济适用住房出租。经济适用住房居高不下的出租率从一个侧面反映出大量经济适用住房并没有直接缓解保障对象的住房困难，而是成为一些本不应该属于保障范围家庭的获利渠道。

二是经济适用住房的设计标准违背了保障性的基本原则。修订后的《经济适用住房管理办法》规定："经济适用住房单套的建筑面积控制在 60 平方米左右。以'保本微利'为原则，对保障对象进行销售。"然而，在经济适用住房的建设过程中，大面积、超豪华经济适用住房的现象普遍存在，违背了经济适用住房政策的设计初衷。北京市建委的统计显示，在 2004 年新开工的 300 万平方米经济适用房中，90 平方米以上的户型占到 45.1%。[4] 北京昌平区回龙观文化住宅区中，经济适用房多为 100 平方米以上的户型，甚至存在 230 平方米的超大型经济适用房；天津的"梅江"经济适用房居住区内，有 11 座四层半联体花园洋房，47 座联体花园别墅，一般户型每套有 170 多平方米，最高单套面积达 269 平方米；"太阳城"经济适用房居住区的基本户型是三居室，面积 120 多平方米，有的单套面积达 200 多平方米。[2] 与面积超标准相对应，部分经济适用住房标准过于豪华的现象也普遍存在，极大地影响了经济适用住房政策的执行效率和公正性。

三是在经济适用住房"大面积、超豪华"现象普遍存在的背景下，经济适用住房价格偏高现象就不难理解了。据 2005 年 9 月 19 日《经济参考报》报道，重庆嘉兴桃花里二期经济适用房最高可以卖到 3000 多元 / m^2，超过了 1

① REICO 工作室由全国工商联房地产商会、中城联盟、万通、华远等共同资助建立，其名字是英文"real estate market report"的缩写。

季度重庆主城区商品房平均价格（2612 元 / m^2），与一些中档商品房的价格已经相差不多。[5] 在经济适用住房“高价”的情况下，大多数普通工薪族只能“望房兴叹”，有能力购买经济适用住房的消费群体主要是一些律师、广告人和私营企业主、外企职工、高级管理人士等“白领阶层”。造成这种现象的主要原因是现阶段购买经济适用住房，只要由购买者出具工资收入证明即可，而目前个人信用管理等客观条件还不完备，隐形收入标准不确定，购房者收入的核实取证难度较大。另一方面，由于缺乏详细规定，无法确定购房审查环节中的居委会、工作单位、房地产商谁来承担取证费用，在实行中往往是无人复核购房者资料。

另外，经济适用住房在建设、分配过程中还存在申请流程漏洞、准入审核不严格、腐败现象滋生等诸多问题，由于篇幅有限，这里笔者暂不详述。这些问题使得经济适用住房一度处于是否该被废止的舆论漩涡之中，政策执行效率大打折扣。令人欣慰的是，随着我国城镇住房保障体系的不断充实和完善，经济适用住房政策的政策地位在实践中被重新界定，各级地方政府和相关单位对于经济适用住房在执行中暴露出的种种问题也给予了足够的重视并实施了有效的应对措施，因此，随着“保障性安居工程”的推进，我国城镇经济适用住房政策在执行中暴露出的问题基本得以正视，经济适用住房政策执行效率大幅提升。

1.2 限价商品住房政策

1.2.1 限价商品住房政策的起源与概念

在商品房市场价格激增的时代背景下，单纯依靠经济适用住房解决我国城镇中低收入群体的置业问题在实践中面临巨大的困难，限价商品住房政策作为我国房地产市场调控政策工具浮出水面，并逐渐成为我国城镇住房保障体系中的一项重要内容。2006 年，建设部等 9 部委联合下发的《关于调整住房供应结构稳定住房价格的意见》，规定：“保证中低价位、中小套型普通商品住房土地供应。各级城市人民政府要编制年度用地计划，科学确定房地产开发土地供应规模。要优先保证中低价位、中小套型普通商品住房（含经济适用住房）和廉租住房的土地供应，其年度供应量不得低于居住用地供应总量的 70%；土地的供应应在限套型、限房价的基础上，采取竞地价、竞房价的办法，以招标方式确定开发建设单位。继续停止别墅类房地产开发项目土地供应，严格限制低密度、大套型住房土地供应。”2008 年国务院下发的《国务院关于促进节约集约用地的通知》，进一步指出：“确保不低于 70% 的住宅用地用于廉租住房、经济适用房、限价房和 90 平方米以下中小套型普通商品房的建设。”至此，限价商品房的政策概念在我国房地产市场调控政策体系中正式出现，并由地方政府的实践探索升级为国家层面的房地产市场调控政策。从概念来看，限价商品房是指政府采取招标、拍卖、挂牌方式出让商品住房用地时，提出限制销售价格、限制住房套型面积、限制销售对象等要求，由开发企业通过公开竞争取得土地，并严格执行限制性要求开发建设和定向销售的普通商品住房。

笔者之所以将限价商品住房政策纳入住房保障体系的范围，其主要依据在于，从价格形成方式、销售对象、上市条件和政府组织四个标准来看，限价商品住房均具有明显的社会保障性质。[6] 首先，限价商品住房有明确的准入门槛，其保障对象仍为“中低收入人群”，与经济适用住房不同的是，限价商品住房在适度降低保障水平的同时，进一步放宽了“中低收入人群”的准入门槛，充实和丰富了我国以经济适用住房和廉租住房为主体的城镇住房保障体系。其次，从限价商品住房的价格形成机制来看，限价商品住房实行的是在参考周边普通商品房价格的基础上，制定的政府指导价，一般比周边普通商品房低 15% 至 20%。可见其价格形成机制并非市场自发形成，有明显的政府干预的性质，而政府干预的目的则是降低售价，提高购房者的福利水平。第三，从上市条件来看，限价商品住房有不完全产权的性质特征，这与经济适用住房政策存在一致性，同时，限价商品住房的上市交易有明确的年限限制，这与普通商品房二级市场存在明显差异。最后，限价商品住房的建设、分配、消费、等多个环节均处于政府的严格监控之下并享受诸多政策优惠和财政补贴，属于政府主导的组织方式。

严格意义上来说，限价商品住房政策虽然被视为我国城镇住房保障体系的一项重要内容，但至今国家政策层面并未对其进行统一的政策规范，限价商品住房政策一直在地方政府的实践探索中不断发展和完善，并逐渐发展出几种较为有代表性的实践模式。笔者将重点介绍两种具有代表性的限价商品住房政策实施模式。

一是以北京市为代表的“两限房”模式。“两限房”具体是指经城市人民政府批准，在限制套型比例、限定销售价格的基础上，以竞地价、竞房价的方式，招标确定住宅项目开发建设单位，由中标单位按照约定标准建设，按照约定价位面向符合条件的居民销售的中低价位、中小套型普通商品住房。

二是以青岛市为代表的“三定、四限、两公开”模式。“三定”即定供应对象、定销售价格、定套型面积。限价商品住房销售给家庭人均收入低于城市人均可支配收入 1.5 倍的住房困难家庭，其销售价格在土地出让前按低于同地段商品住房平均价格 20%的标准确定，其建设标准以中、小套型为主，套型建筑面积最大不超过 120 平方米。“四限”即限定销售价格、套型面积、供应对象、建设标准，并作为土地出让的附加条件，出让土地。“两公开”即公开竞争地价、公开销售住房。限价商品住房建设用地在拟定附加条件的基础上，以挂牌方式出让，公开竞争，择优选择开发建设单位。[7]

1.2.2 限价商品住房与经济适用房性质辨析

上文中，笔者从价格形成方式、销售对象、上市条件和政府组织四个标准逐一认定了限价商品住房的社会保障性质，应该属于我国城镇住房保障体系的重要组成部分。那么同样作为我国城镇实物住房政策的重要组成部分，限价商品住房和经济适用房存在着哪些区别呢？本节，笔者将对这一问题进行详细辨析。

第一，限价商品住房和经济适用住房的价格水平存在差异。限价商品住房政策满足城镇中低收入群体的住房需求，在定价时参考同地段、同品质普通商品房的价格，并比之略低。目前，多数实施限价商品住房政策的城市，其价格一般在 4500 元至 7300 元之间。以北京市为例，北京市首个限价商品房项目——西三旗限价商品住房的销售价格限定在6350元/平方米。相对而言，经济适用住房政策则更倾向于满足城镇低收入群体的住房需求，所以价格要明显低于同地段、同品质的限价商品住房。

第二，限价商品住房和经济适用住房的政策准入门槛存在差异——限价商品住房政策准入标准较经济适用住房略低。这首先体现在限价商品住房对户籍的要求较为宽松，只要求购房者具有当地户口即可，而经济适用住房则要求申购者除具有当地户口外，还必须在当地工作居住超过一定年限。以北京市为例，限价商品住房原则上只要有北京户口的居民均可以购买，但对居民落户年限没有明确限制。尽管限价商品住房设置了户籍门槛，但在具体操作的时候，对符合首都产业结构的人才、北京市吸引的人才，包括为中央服务的人才，可临时调剂供应。同时，持绿卡的人员享受北京市民待遇，也可按照相关要求申请购买。另外，限价商品住房政策准入标准低于经济适用住房政策还体现在限价商品住房政策对申请家庭的年收入和总资产等财富标准的设定要低于经济适用住房政策。以北京市为例，北京市城八区的经济适用住房申购标准为：家庭人口为1人的，要求家庭年收入在2.27万元及以下，家庭总资产净值在24万元以下；家庭人口为2人、3人、4人和5人以上的，家庭年收入和家庭总资产净值的标准分别为：3.63万元及以下和27万元及以下；4.53万元及以下和36万元及以下；5.29万元及以下和45万元及以下；6万元及以下和48万元及以下。北京市城八区限价商品住房的申购标准为：家庭人口为3人及以下的，要求家庭年收入在8.8万元及以下，家庭总资产净值在57万元及以下；家庭人口在4人及以上的，要求家庭年收入在11.6万元及以下，家庭总资产净值在76万元及以下。

第三，限价商品住房和经济适用住房的退出门槛也存在差异。一般而言，在购房后5年内，经济适用住房和限价商品住房均不得上市交易和转让，确需转让的只能由政府回购；且5年后上市交易或者转让的，都需要按照届时同地段普通商品房和经济适用住房、限价商品住房差价的一定比例缴纳土地收益等价款。但是，两者所缴纳标准存在差异。厦门市限价商品住房和经济适用房的退出机制差异较为明显。《厦门市经济适用住房配售管理办法》规定："购买经济适用住房不满五年，不得直接上市交易，因特殊原因确需转让的，由厦门市住宅办按原价格并考虑折旧和物价水平等因素回购；购买经济适用住房满五年的，可上市转让，但 90% 的收益要上缴市政府，住宅办也可以优先回购。由于产权受到限制，除购房按揭抵押外，经济适用住房不得进行商业性抵押。”《厦门市限价商品住房管理办法（试行）》则规定：“限价商品住房自办理房地产权属登记之日起 8 年内不得上市转让，其产权证书上将记载‘限价商品住房’字样和准许转让日期。”

第四，限价商品住房和经济适用房的建设标准存在差异。新建经济适用住房以小户型、满足基本生活需求为原则，限价商品房则是以中小户型为主，同样套型的情况下比经济适用住房的面积要大一些。以北京市为例，经济适用住房以中小户型为主，户型设计将保证 80%以上为中小户型。其中，中户型面积控制在 80 平方米左右，小户型面积控制在 60 平方米左右。同时配合少量其他户型，以满足不同类型中低收入家庭的需要。与经济适用住房不同的是，限价商品住房户型设计 70%为中户型，同时辅以少量其他户型。其中，中户型住房建筑面积控制在 85 平方米左右。

1.2.3 限价商品住房的政策框架

由于限价商品住房政策目前尚处于地方政府探索阶段，国家没有统一的政策规范出台，笔者将主要以地方政策为蓝本，介绍我国限价商品住房的政策框架。

关于限价商品住房的准入条件。北京市 2008 年颁布的《北京市限价商品住房管理办法（试行）》规定：“限价商品住房供应对象为本市中等收入住房困难的城镇居民家庭、征地拆迁过程中涉及的农民家庭以及市政府规定的其他家庭。申请购买限价商品住房家庭的户籍、收入、住房和资产应符合以下条件：（一）申请家庭应当推举具有完全民事行为能力的家庭成员作为申请人，申请人须具有本市户口。单身家庭提出申请的，申请人须年满 30 周岁。（二）申请家庭人均住房面积、家庭收入及家庭总资产净值须符合规定的标准，并实行动态管理。城八区家庭申购条件由市建委会同相关部门根据市民收入、居住水平、住房价格等因素确定，报市政府批准后公布。远郊区县家庭申购条件由区县政府结合实际确定，报市政府批准后公布。在符合上述条件的家庭中，属于下列三类家庭之一的，可优先购买：1、解危排险、旧城改造和风貌保护、环境整治、保障性住房项目和市重点工程等公益性项目所涉及的被拆迁或腾退家庭；2、家庭成员中有60周岁以上（含60周岁）的老人、严重残疾人、患有大病或做过大手术的人员、优抚对象的家庭；3、已通过经济适用住房购买资格审核自愿放弃购买经济适用住房的家庭。”根据《北京市限价商品住房申购家庭收入、住房和资产准入标准及已购限价商品住房上市交易补交比例的通知》，人口在3人及以下的家庭购买限价商品房其家庭年收入要在8.8万元及以下，人均住房使用面积15平方米及以下，家庭总资产净值57万元及以下；人口在4人及以下的家庭购买限价商品房其家庭年收入要在11.6万元及以下，人均住房使用面积15平方米及以下，家庭总资产净值76万元及以下。

广州市限价商品住房的购买者必须同时符合四个条件：（一）广州市城镇户籍人口；（二）本人在广州市市辖区没有独立套型住宅自有产权登记记录；属已婚人员的，夫妻双方各自在广州市市辖区均没有独立套型住宅自有产权登记记录；（三）男性年满25周岁，女性年满23周岁；（四）个人申购的，本人税前年收入在10万元以下，以夫妻联名方式申购的，家庭税前年收入在20万元以下。

天津市2008年颁布的《天津市限价商品住房管理暂行办法》规定：“同时符合以下条件的家庭可以申请购买限价商品住房：具有本市中心城区（外环线以内）非农业户籍3年以上且家庭人口在2人（含）以上；家庭上年人均收入低于市统计局公布的本市上年城市居民人均可支配收入的1.5倍（具体收入线标准由市国土房管局定期向社会发布）；家庭无私产住房且未承租公有住房。”

关于限价商品住房的建设标准。北京市2008年颁布的《北京市限价商品住房管理办法（试行）》规定：“限价商品住房套型建筑面积以90平方米以下套型为主，其中一居室控制在60平方米以下；二居室控制在75平方米以下。”广州市2008年颁布的《广州市限价商品住宅销售管理办法（试行）》规定：“限价房套型建筑面积不得超过90平方米。”天津市2008年颁布的《天津市限价商品住房管理暂行办法》规定："限价商品住房应当合理控制套型面积标准，住房套型建筑面积控制在 90 平方米以下，一居室 50 平方米左右，两居室 70 平方米左右。其中一居室、两居室住房套数占住房总套数的比例不低于 70%。"

关于限价商品住房的定价标准。北京市 2008 年颁布的《北京市限价商品住房管理办法（试行）》规定："限价商品住房的销售价格，以项目的综合开发成本（包括土地取得成本、建安成本、销售费用、财务费用、管理费用、税费等）以及合理利润为基础，参照同地段、同品质普通商品房价格，由市发展改革委员会、市国土资源局、市建委、市财政局、市规划委员会、市监察局等部门研究确定。"广州市 2008 年颁布的《广州市限价商品住宅销售管理办法（试行）》规定："限价房项目的最高销售价格应当根据房地产市场运行情况，按照地块公开出让时同一区域、同一地段、同一类型商品住宅市场价格的一定比例确定。销售限价房的实际价格不得超过土地公开出让时确定的最高销售价格。"天津市 2008 年颁布的《天津市限价商品住房管理暂行办法》规定："限价商品住房的销售价格实行政府指导价管理。由市物价局会同有关部门按照国家和我市有关规定，在综合考虑土地整理成本、建设标准、建筑安装成本、配套成本、项目管理费用和利润等因素基础上测定限价商品住房销售价格，原则上比测定销售价格前 3 个月内周边或同地区普通商品住房价格低 20% 左右。"

关于限价商品住房的退出机制。北京市 2008 年颁布的《北京市限价商品住房管理办法（试行）》规定："限价商品住房产权登记在购房人名下，房屋行政主管部门进行权属登记时应当在房屋权属证书上注记'限价商品住房'字样。购房人取得房屋权属证书后五年内不得转让所购住房。确需转让的，可向户口所在区县住房保障管理部门申请回购，回购价格按照原价格并考虑折旧和物价水平等因素确定，回购住房继续用作限价商品住房向符合条件家庭供应。购房人在取得房屋权属证书五年后转让所购住房的，应按照届时同地段普通商品住房和限价商品住房差价的一定比例交纳土地收益等价款。具体比例由市国土资源局会同市建委、市发展改革委、市财政局等部门研究确定，报市政府批准后实施，并可根据房地产市场变化等情况适时调整交纳比例。"广州市 2008

年颁布的《广州市限价商品住宅销售管理办法（试行）》规定："限价房自办理房地产权属登记之日起5年内不得出租和转让。5年期满后出租和转让的，应当向政府补交土地收益价款。限价房补交土地收益价款应当按照出租和转让时同地段、同类别商品住房市场价格与限价房购买价格之间差价的70%计算。"天津市2008年颁布的《天津市限价商品住房管理暂行办法》规定："限价商品住房购买人在交纳契税满5年后方可上市转让（继承除外）。房地产权属登记机构办理限价商品住房转移登记时，在登记簿及权属证书的记事栏上分别记载限价商品住房字样和准许转让日期，即购买人交纳契税满5年的日期。"

1.2.4 限价商品住房的政策实践

从2007年开始，我国部分大中城市开始试水限价商品住房政策，其中较为有代表性的城市有北京、天津、广州、青岛等。

2007年6月北京市规划委公布《北京市"十一五"保障性住房及两限商品住房用地布局规划（2006年-2010年）》，规定："新建商品房项目入市前必须按一定比例配建保障性住房（包括廉租房、经济适用房和政策性租赁住房）及两限房，配建平均比例为商品房的15%。"同年9月，北京市首个"两限房"项目——西三旗"两限房"项目破土动工。2009年6月西三旗"两限房"项目交付验收，并命名为瑞旗家园。瑞旗家园总建筑面积近58万平方米，其中"两限房"4162套，廉租房483套，小区内还有一个幼儿园、一个卫生院和一些商业设施。该项目中"两限房"的销售限价为6350元/平方米。仅2007年，北京市就确定"两限房"用地18宗，用地总面积450公顷。2008年，北京市相继颁布了《北京市限价商品住房管理办法》和《北京市限价商品住房购买资格申请、审核及配售管理办法》，对限价房的申请条件、审核程序、配售标准等做出了详细规定。北京市限价商品住房政策进入全面铺开阶段。

广州市第一个限价商品住房项目——金沙洲保利西子湾限价房楼盘于2008年开始兴建，统一售价为6500元/平方米。随后，万科新里程、中海金沙馨园等项目相继开工，截至2008年底，广州市已经拍出的用于限价房的土地就有十几块，在一定程度上起到了抑制房地产市场价格过快上涨的作用。

2009 年，在国际金融危机的大背景下，广州市房地产市场一度处于萧条状态，限价房政策也随之中止。面对楼市迅速回暖的现实，2009 年 10 月，广州市开展了为期三个月的“两限房”需求调查和购买意向预调查，并于 2010 年 2 月重启限价商品住房政策——广州市开发区东区的宏康和园项目，该项目占地面积 14304 平方米，总建面积 82626 平方米，共由 9 栋 15 层商住楼宅组成，首 4 层为商业，5 至 15 层为住宅，合共 396 套，户型主要有两种：75 平方米左右两居室和 89 平方米左右三居室。该项目规定的限价商品住房售价为 5500 元/平方米，其中，两居室总价不超过 42 万，三居室总价不超过 50 万。

南京、宁波、青岛是我国二线城市中实施限价商品住房政策的先行城市。早在 2003 年，南京市就推出了专门用于建设中低价商品房的地块——南湾营地块，并首次采取对房价限高的方式拍卖出让，要求建成后的商品房最高售价不得超过 2600 元 / 平方米。2003 年底，宁波市为应对商品房连续快速上涨的现象，从江北庄桥谢家村调拨了 1000 套经济适用房作为首批限价普通商品房。同时，宁波市挂牌出让 7 宗限价房用地，约 4000 套住房，建筑面积 50 多万平方米。上述限价房面积一般在 55 至 95 平方米之间，售价最高不超过 3300 元 / 平方米，大大低于当时全市 4565 元 / 平方米的均价。截至 2007 年底，宁波市已完成了 40 多万平方米的建设任务，销售 5000 多套限价房。[6] 青岛市在 2004 年就出台了《青岛市普通（限价）商品住房管理办法》，并于 2005 年推出了 13 块限价房用地，2006 年再推出 9 块限价房用地。仅 2005 年至 2006 年两年间，青岛市推出的限价房用地总面积约为 2000 亩，规划建筑面积达 170 万平方米。

在限价商品住房政策实施过程中，一些问题也随之暴露，成为困扰限价商品住房政策的羁绊。在这些问题中，最为突出的就是限价商品住房的政策定位。前文已经谈到，目前限价商品住房政策仍处于地方政府的政策探索阶段，虽然《国务院关于城镇保障性住房建设和管理工作情况的报告》中将限价商品住房政策明确为我国城镇实物住房保障政策体系中的一项重要内容，但目前关于限价商品住房政策的全国性规范文件尚未颁布，这不仅使得限价商品住房政策在实践中缺乏统一规划和规范，也使得限价商品住房政策难以像经济适用住房、廉租住房等其他住房保障政策一样获得中央层面的资金及相关政策支持。笔者认为，限价商品住房政策定位不清和缺乏统一规范等问题已经严重阻碍了其在全国范围内的大规模发展。

另外，定价问题也是限价商品住房政策实施过程中面临的一项难题。目前，我国实施限价商品住房政策的城市其定价方法主要有以下三种：一是以本地区同质普通商品房的平均销售价格下浮 10% 至 15%，同时考虑该宗地的土地开发成本等因素来确定销售限价。二是以同一区域、同一地段的同类型商品住房市场价格的 70% 定价。三是参照上年度同区域同类住房的房价，并低于售房当期全国房价的平均涨幅来定价。[7] 这些定价方法基本上是以市场价格为基准，适度下调。但是，在房地产市场价格激增，住房供求矛盾不断凸显的时代背景下，以快速增长的住宅市场价格为基准的定价方法难以减轻商品房价格激增给保障对象带来的压力，实际上等于变相承认了非理性的商品房价格的合理性，削弱了限价商品住房政策的保障功能。

同时，限价商品住房由于其“保障性”、“调控性”、“商品性”的多重属性，定价机制一直受到多方利益诉求矛盾的困扰。作为购房者，为了缓解住房经济压力，其自然希望是限价商品房的价格越低越好。开发商在建设限价房时本来其利润就受到了限制，在限制最高房价的基础上，自然想让房价尽量向最高报价靠拢，以获取较多的利润。地方政府则希望限价房的建设既能满足居民住房需求，同时又使得房价稳定在一定水平，以便实现土地价值的最大化。[8] 因此，限价商品房的定价过程一直充斥着多重利益的诉求，被多重政策目标所左右，以至于出现政策效果与政策目标之间的偏差。以广州市为例，2006 年广州市首推房价户型双限地块，并规定 90 平方米以下的限价商品住宅最高售价不得超过 6000 元 / 平方米，然而当时有记者调查发现，双限地块周边住宅市场均价却不过每平方米 5000 元，可见，广州市当时的限价规定为开发商预留了相当大的利润空间，而同时限价商品房的“调控功能”和“保障作用”则相应被削弱。

1.3 棚户区改造安置住房政策

1.3.1 棚户区改造安置住房的概念

棚户区是各国在城市化进程中都难以回避的一个现实问题，联合国提供的数据显示，最近 50 年，全球居住在棚户区或贫民区的人口从 3500 万增加至 10 亿，而且这个数字在今后 30 年内可能会翻番。[9] 我国棚户区大多是 50 年前“先生产，后生活”政策的“遗物”—— 这些当年为了加紧生产而简易修建起来的房子从未翻修过，现在几乎全部是一片片低矮破旧的危房。棚户区主要特征表现为城市危房集中区域和“城中村”现象①。据调查，全国城市国有土地上集中连片的棚户区住房约 744 万户，城市规划区外国有工矿（不包括林区、垦区和煤矿）棚户区住房约 114 万户，其中大部分是低收入家庭、退休职工和下岗职工家庭，有不少属于城市住房保障对象。[10] 因此，笔者将棚户区定义为城市建成区范围内、平房密度大、使用年限久、房屋质量差、人均建筑面积小、基础设施配套不齐全、交通不便利、治安和消防隐患大、环境卫生脏、乱、差的区域及“城中村”。

在棚户区居住人群多以中低收入为主，特别是下岗失业、退休职工比较集中，因此，实施棚户区改造一直被认为是解决我国中低收入群众的住房困难的重要途径，成为我国城镇实物性住房保障政策的一项重要内容。

1.3.2 棚户区改造安置住房的政策框架

近年来，随着城镇化的加速和危旧住房的增多，国家对于棚户区住房改造工作给予了高度重视，针对改造城镇危旧住房、改善困难家庭住房条件出台了一系列相应的措施。

2005 年 5 月，国务院在大连召开了东北地区中央下放地方煤矿棚户区改

① 所谓“城中村”，是指城市建成区仍然存在的、在集体土地上建造的、属于棚户区性质的区域。

造试点工作座谈会，研究推进资源枯竭型城市棚户区改造的政策措施，强调要统筹规划分步实施，积极推进棚户区改造，不断改善困难群众的生产生活条件。至此，以地方煤矿和资源枯竭型城市为重点的全国范围的棚户区改造在中央的直接领导和组织下拉开了序幕。

2007年颁布的《国务院关于解决城市低收入家庭住房困难的若干意见》明确指出："我国解决城市低收入家庭住房困难的总体要求为：以城市低收入家庭为对象，进一步建立健全城市廉租住房制度，改进和规范经济适用住房制度，加大棚户区、旧住宅区改造力度，力争到'十一五'期末，使低收入家庭住房条件得到明显改善，农民工等其他城市住房困难群体的居住条件得到逐步改善。"可以说，棚户区改造安置住房同经济适用住房、廉租住房等一道被视为我国城镇住房保障体系的重要组成部分。关于棚户区改造安置住房，《国务院关于解决城市低收入家庭住房困难的若干意见》也做出了具体规定："困难住户的住房得到妥善解决；住房质量、小区环境、配套设施明显改善；困难家庭的负担控制在合理水平。"

为认真贯彻《国务院关于解决城市低收入家庭住房困难的若干意见》和《国务院办公厅关于促进房地产市场健康发展的若干意见》，全面落实全国保障性安居工程工作会议、推进城市和国有工矿棚户区改造工作座谈会的部署，扎实推进城市和国有工矿棚户区改造，2009年，住房和城乡建设部、财政部、国土资源部等五部委联合下发了《关于推进城市和国有工矿棚户区改造工作的指导意见》。《关于推进城市和国有工矿棚户区改造工作的指导意见》对未来我国城市和国有工矿棚户区改造工作进行了总体规划，要求力争从2009年开始，结合开展保障性住房建设，用5年左右时间基本完成集中成片城市和国有工矿棚户区改造，有条件的地区争取用3年时间基本完成，特别应加快国有工矿棚户区改造，使棚户区群众的居住条件得到明显改善。另外，《关于推进城市和国有工矿棚户区改造工作的指导意见》还提出了采取财政补助、银行贷款、企业支持、群众自筹、市场开发等办法多渠道筹集资金；加大税费政策支持力度；落实土地供应政策，完善安置补偿政策等多项政策措施，确保城市和国有工矿棚户区改造工作目标顺利完成。

为支持地方做好城市棚户区改造工作，中央财政设立补助城市棚户区改造专项资金。财政部、住房和城乡建设部于 2010 年联合下发了《中央补助城市棚户区改造专项资金管理办法》，以确保城市棚户区改造补助资金使用和管理的规范化、制度化，提高资金使用效益。上述政策突出以下两个特点：一是多改造多补助、不改造不补助。城市棚户区改造补助资金的补助范围为城市规划区内已纳入省级人民政府批准的棚户区改造规划和年度改造计划的城市棚户区改造项目，不包括城中村改造和城市规划区内的煤矿、垦区和林区棚户区改造项目。城市棚户区改造补助资金按照公开、公平、公正、透明的原则分配给实施城市棚户区改造的省、自治区、直辖市、计划单列市及新疆生产建设兵团，专项用于补助政府主导的城市棚户区改造项目，包括拆迁、安置、建设以及相关的基础设施配套建设等开支，不得用于城市棚户区改造中回迁安置之外的住房开发、配套建设的商业和服务业等经营性设施建设支出。为促进地方加快推进城市棚户区改造工作，城市棚改补助资金按照多改造多补助、不改造不补助的原则进行分配。二是补助资金结合各地财政困难程度分配。城市棚户区改造补助资金按照各地区城市棚户区改造的拆迁面积、拆迁户数等两项因素以及相应权重（分别为 30%、70%），并结合财政困难程度进行分配。拆迁面积包括住房和非住房拆迁建筑面积，以拆迁人与被拆迁人签订的拆迁补偿安置协议为依据。拆迁户数以签订的拆迁补偿安置协议为依据，包括实物安置住房户数（原地安置和异地安置）和货币补偿户数，均为永久安置住房户数，不包括临时安置住房户数。[11]

1.3.3 棚户区改造安置住房的政策实践

根据住房和城乡建设部统计显示，我国在过去三十年特别是最近十年进行了大规模的棚户区改造，改造了近 5000 万平方米棚户区，近 1000 万住房困难家庭的住房条件得到了改善。2005 年之后，我国棚户区改造进入了快速推进阶段。2005 年开始，我国在东北三省实施振兴战略中相继开展了大规模的棚户区改造工程，计划利用 3 至 5 年时间，让 200 多万居民全部迁入新居。从 2009 年开始，国家又集中对国内煤炭采空区、林场、农垦及华侨农场中棚户区进行大规模的改造。截至 2011 年，全国城市国有土地上集中连片的棚户区住房约 744 万户，城市规划区外国有工矿（不包括林区、垦区和煤矿）棚户区住房约 114 万户，全国包括棚户区在内有大约 1．5 亿平方米危房仍亟待改造。[11]

东北三省是中央实施棚户区改造的重点地区，近年来在棚户区改造方面积累了丰富的实践经验，也取得了显著成果。

辽宁省从 1987 年开始对棚户区进行改造。受资金等客观条件的制约，当时辽宁省棚户区改造主要实行市场化运作模式，改造的棚户区都是地段较好、商业开发价值较高的地方，而大片的处于城市偏远地段的棚户区，仍然没有根本性变化。截止 2004 年底，辽宁省尚有城市集中连片棚户区 1000 多万平方米，居住 35 万户、120 多万人。2005 年 3 月，辽宁省下发了《全省城市集中连片棚户区改造实施方案》，提出用两到三年时间完成 806 万平方米的棚户区改造任务，让那些常年居住在棚户区的 24 万家庭的 84 万居民，早日感受到乔迁新居的幸福。据推算，辽宁全省棚户区改造总投资需要近 200 亿元，除国家支持和国家开发银行提供的贷款外，尚有 100 多亿元的资金缺口，通过政府补贴、银行贷款、居民个人出资、土地出让金减免、税费减免、商业用房开发等多种办法，辽宁省逐步解决了上述资金缺口。在棚户区改造过程中，辽宁省出台了比经济适用住房更加优惠的棚改搬迁政策，使老百姓得到了实惠：拆一平方米旧房，还一平方米新房，不收差价；在标准内增加面积，每平方米交 600 元至 800 元。一些特别困难的人不用交钱或只交几千元也能搬进新家。对交不起增加标准面积款的困难户，辽宁省还采取先允许入住，待还清增加面积的房款后再予产权或小额借贷救助等办法，帮助特殊困难家庭及时住进新房。2005 年和 2006 年，辽宁省共拆除棚户房 1212 万平方米，建设回迁楼房 1931.5 万平方米，安置棚户区居民 34.5 万户、120 万人，基本完成了 5 万平方米以上城市集中连片棚户区改造。通过棚户区改造，原棚户区居民住房面积由户均 36.1 平方米增加到 56.6 平方米，人均 10.6 平方米增加到 16.6 平方米，平均每户仅花 1.2 万元，就住进了价值 11 万元的楼房。通过棚户区改造，昔日破烂不堪、拥挤污臭的棚户区变成了绿树成荫、设施齐全的现代化小区。2011 年，辽宁省筹集棚户区改造资金 13.14 亿元，同时，省本级财政安排棚户区改造省补助 15.07 亿元，为下一阶段的棚户区改造工作提供了充实的资金保障。

由于历史欠账以及多方面条件的制约，长期以来，吉林省城市基础设施落后，存在着大量棚户区。截至 2004 年底，吉林省 9 个市州政府所在地城市共有棚户区 3700 多万平方米，其中 3 万平方米以上的集中连片棚户区有 1500 万平方米。2005 年，吉林省提出要举全省之力大规模实施城市棚户区改造，争取用两到三年时间，完成 9 个市州 1500 万平方米棚户区改造任务。2006 年，吉林省启动城市棚户区改造攻坚工程，当年改造城市棚户区 950 万平方米，回迁安置 15 万户、45 万人。2007 年，吉林省在继续实施城市棚户区改造的同时，又启动了县（市）棚户区改造工程，当年 9 个市州和 41 个县（市）共改造棚户区 1720 万平方米，解决了 27 万户、85 万人的住房问题。2008 年，吉林省城市棚户区改造基本进入收尾阶段。2006 年到 2008 年，吉林省共改造城市棚户区 3605 万平方米，使 55 万户、170 万人城市棚户区居民的住房条件得到根本改善。从 2009 年开始，国家启动了全国范围内的棚户区改造工程，吉林省计划用三年左右时间改造城市棚户区和危旧房 1700 万平方米，同时吉林省适时启动了国有林区棚户区改造工程，计划利用三到五年时间解决 13 万户、40 万林业职工的住房问题。吉林省在棚户区改造工程实施过程中，注重改革发展的成果惠及到广大低收入群众，实施了“拆一还一”的优惠政策，使每个被拆迁户平均拥有了 40 至 49 平方米以上的成套住宅，原来不足 1 万元的房产升值到 10 至 15 万元，增加了贫困家庭的财产性收入。2006 年至 2008 年，吉林省棚户区改造总投资分别实现 332 亿元、268 亿元、220 亿元，三年来，整个棚户区改造带动房地产投资近 1500 亿元，促进了建筑建材、装饰装修、劳动就业等几十个相关行业发展，有效地拉动了经济增长，据测算，棚户区改造拉动吉林省 GDP 增长 0.7 个百分点。

黑龙江省地处高寒地区，冬季严寒、夏季多雨，历史留下的棚户区和泥草房同经济大发展、快发展的大趋势形成了巨大反差。截至 2007 年底，黑龙江省共有棚户区 9840.16 万平方米、涉及居民 160.5 万户，包括城市棚户区、煤矿棚户区、林垦区棚户区和国有独立工矿企业棚户区。此外，黑龙江省还有

180多万户、约15300万平方米农村泥草房需要改造。2008年，黑龙江省正式确立了“三棚一草”（城市棚户区、矿区棚户区、农垦林区棚户区，农村泥草房）改造规划，总体目标为：5年完成城市棚户区改造、8年完成农村泥草房改造——从2008年起，利用5年时间基本完成全省非煤矿城市棚户区改造建设任务，使居住在棚户区中的100余万户、300多万人的居住和生活条件得到明显改善，完成中央下放黑龙江地方煤矿棚户区改造28万户，新建住宅1573万平方米的任务；利用8年的时间，基本消灭泥草房，即改造农村泥草房160万户，每年平均改造20万户农村泥草房。2008年，黑龙江省完成城市棚户区改造1031.3万平方米。2009年，黑龙江省“三棚一草”改造工程完成总投资663.5亿元，占全省社会固定资产投资的13.1%，其中，黑龙江省非煤矿城市棚改完成投资335.1亿元、拆迁面积1095.9万平方米、施工面积1837万平方米。2010年，黑龙江省各类棚户区改造完成投资605.1亿元，开工面积达到5795.3万平方米，改造49.89万户。“十二五”期间，黑龙江省“三棚一草”改造和保障性住房建设总任务目标为275.94万户（套），其中，改造各类棚户区129.14万户，改造泥草房100万户，建设保障性住房46.8万套。

1.4 廉租住房政策

1.4.1 廉租住房的政策概念

所谓廉租住房是指政府在住房领域实施社会保障职能，向具有本地区非农业常住户口的最低收入家庭和其他需保障的特殊家庭提供的租金补贴或者以低廉租金配租的具有社会保障性质的普通住宅。[4] 笔者认为，深刻理解廉租住房政策含义，需要把握以下三个概念要点：一是廉租住房的保障性。廉租住房政策是我国实行住房分配货币化政策之后，为解决住房市场调节机制的固有弊端，帮助城镇居民中最低收入家庭解决住房困难的一种社会保障政策。二是廉租住房的政府主导原则。鉴于廉租住房是服务于最低收入家庭的社会保障政策，政府作为公共服务的提供者和国民收入分配的主导者，必须承担起实施廉租住房政策的任务，为其提供法律和政策支持，建立合理的筹资渠道，同时进行有效的行政管理。三是廉租住房的非营利性。与经济适用住房、限价商品住房等政策相比，廉租住房政策更突出其保障性，这集中体现在其准入、退出门槛更加严格，定价标准更低、享受更多政策优惠和财政支持等方面。对于经济适用房政策，国家允许开发商在房价中计入 1%—3% 的管理费外，还可计入 3% 的利润；而对于廉租住房，国家则是进一步加大政策优惠力度，压缩利润空间，在保证质量的前提下，千方百计地降低建设成本。

在我国住房市场价格快速攀升的时代背景下，加大廉租住房政策实施力度，不仅体现了“社会公平”这一宪法原则，而且有利于缓和社会矛盾，服务发展大局。对于构建社会主义和谐社会意义深远。

1.4.2 廉租住房的政策框架

1998 年，国务院颁布《关于进一步深化城镇住房制度改革，加快住房建设的通知》，提出深化城镇住房制度改革的目标是：“停止住房实物分配，逐步实行住房分配货币化；建立和完善以经济适用住房为主的多层次城镇住房供应体系；发展住房金融，培育和规范住房交易市场”。其中，建立和完善以经济适用住房为主的多层次城镇住房供应体系是指“低收入家庭租赁由政府或单位提供的廉租住房；中低收入家庭购买经济适用住房；其他收入高的家庭购买、租赁市场价商品住房”。廉租住房的政策作为我国城镇住房保障体系中的重要组成部分正式登上历史舞台。根据《国务院关于进一步深化城镇住房制度改革，加快住房建设的通知》要求，建设部发布《城市廉租住房管理办法》，对廉租住房的房源、租房租金标准、廉租住房建设和廉租住房的申请程序问题予以明确的规定，廉租住房政策进入规范操作阶段。

随着我国城镇家庭住房保障需求结构发生了深刻变化以及经济适用住房政策在实践中的弊端日益凸显，廉租住房政策越来越受到关注，在我国城镇住房保障体系中的地位不断提升。2004 年建设部、财政部、民政部、国土资源部、国家税务总局五部委联合颁布了《城镇最低收入家庭廉租住房管理办法》，该办法在《城市廉租住房管理办法》基础上修订而产生，我国在建立和完善符合本国实际情况的住房保障制度方面迈出了重要一步。《城镇最低收入家庭廉租住房管理办法》在廉租住房资金来源、保障方式和保障水平上的规定有了新的突破：明确以财政预算安排为主、多渠道筹措廉租住房资金的原则，以发放住房租赁补贴为主要保障方式和享受廉租住房的家庭人均住房保障面积标准原则上不超过当地人均住房面积的 60 % 的规定。2005 年，建设部、民政部又印发了《城镇最低收入家庭廉租住房申请、审核及退出管理办法》，对城镇最低收入家庭廉租住房申请、审核及退出管理办法做了更为详尽的规定。

2007 年国务院出台了《国务院关于解决城市低收入家庭住房困难的若干意见》，其核心内容就是要“加快建立健全以廉租住房制度为重点、多渠道解决城市低收入家庭住房困难的政策体系”。至此，廉租住房政策取代经济适用住房政策，成为我国城镇住房保障体系的核心内容。随后，建设部等九部委联合下发了《廉租住房保障办法》，代替《城镇最低收入家庭廉租住房管理办法》，成为我国廉租住房政策指导性文件。

关于廉租住房的保障方式，《廉租住房保障办法》指出：“廉租住房保障方式实行货币补贴和实物配租相结合。实施廉租住房保障，主要通过发放租赁补贴，增强城市低收入住房困难家庭承租住房的能力。廉租住房紧缺的城市，应当通过新建和收购等方式，增加廉租住房实物配租的房源。”

关于廉租住房制度的保障范围。《国务院关于解决城市低收入家庭住房困难的若干意见》指出：“城市廉租住房制度是解决低收入家庭住房困难的主要途径。2007 年底前，所有设区的城市要对符合规定住房困难条件、申请廉租住房租赁补贴的城市低保家庭基本做到应保尽保；2008 年底前，所有县城要基本做到应保尽保。“十一五”期末，全国廉租住房制度保障范围要由城市最低收入住房困难家庭扩大到低收入住房困难家庭；2008 年底前，东部地区和其他有条件的地区要将保障范围扩大到低收入住房困难家庭。”

关于廉租住房保障对象和保障标准。《国务院关于解决城市低收入家庭住房困难的若干意见》指出：“廉租住房保障对象的家庭收入标准和住房困难标准，由城市人民政府按照当地统计部门公布的家庭人均可支配收入和人均住房水平的一定比例，结合城市经济发展水平和住房价格水平确定。廉租住房保障面积标准，由城市人民政府根据当地家庭平均住房水平及财政承受能力等因素统筹研究确定。廉租住房保障对象的家庭收入标准、住房困难标准和保障面积标准实行动态管理，由城市人民政府每年向社会公布一次。”

关于廉租住房房源的筹措渠道。《国务院关于解决城市低收入家庭住房困难的若干意见》强调：“要采取政府新建、收购、改建以及鼓励社会捐赠等方式增加廉租住房供应。小户型租赁住房短缺和住房租金较高的地方，城市人民政府要加大廉租住房建设力度。新建廉租住房套型建筑面积控制在 50 平方米以内，主要在经济适用住房以及普通商品住房小区中配建，并在用地规划和土地出让条件中明确规定建成后由政府收回或回购；也可以考虑相对集中建设。积极发展住房租赁市场，鼓励房地产开发企业开发建设中小户型住房面向社会出租。”

关于廉租住房保障资金来源。2007 年财政部出台的《廉租住房保障资金管理办法》明确规定了廉租住房保障资金的 8 个来源：住房公积金增值收益扣除计提贷款风险准备金和管理费用后的全部余额；从土地出让净收益中按照不低于 10% 的比例安排用于廉租住房保障的资金；市县财政预算安排用于廉租住房保障的资金；省级财政预算安排的廉租住房保障补助资金；中央预算内投资中安排的补助资金；中央财政安排的廉租住房保障专项补助资金；社会捐赠的廉租住房保障资金；其他资金。

1.4.3 廉租住房的政策实践

2007 年，国务院颁布《国务院关于解决城市低收入家庭住房困难的若干意见》提出“加快建立健全以廉租住房制度为重点、多渠道解决城市低收入家庭住房困难的政策体系”之后，我国城镇住房保障体系的政策重点逐渐向廉租住房政策倾斜，廉租住房建设进入快速推进阶段。尤其是 2008 年下半年之后，在应对国际金融危机冲击的大背景下，加大廉租住房建设成为扩内需、惠民生的重要结合点。2008 年底，国务院颁布的“四万亿”投资刺激计划中，将加快建设保障性安居工程放在了突出的位置，并明确指出：“加大对廉租住房建设支持力度，加快棚户区改造，实施游牧民定居工程，扩大农村危房改造试点”。

在这一时代背景下，《2009 － 2011 年廉租住房保障规划》应运而生。根据上述规划，从 2009 年起到 2011 年，我国争取用三年时间，基本解决 747 万户现有城市低收入住房困难家庭的住房问题。上述规划还列出了年度工作任务，即 2009 年新增廉租住房房源 177 万套，新增发放租赁补贴 83 万户；2010 年新增廉租住房房源 180 万套，新增发放租赁补贴 65 万户；2011 年新增廉租住房房源 161 万套，新增发放租赁补贴 43 万户。来自住房城乡建设部的数据显示，截至 2009 年 11 月底，全国新开工和通过各种方式筹集廉租住房 185 万套。其中，全国廉租住房新开工 158.4 万套，通过购买、改建等方式筹集 26.6 万套。租赁住房补贴户数达到 292 万户，其中新增租赁补贴 80 万户。

根据中央要求，各地方政府也积极加快本地区廉租住房建设进度。从 2010 年开始，北京市保障性住房的建设力度空前加大。北京市政府提出：“2010 年北京市新开工建设和收购廉租住房 4000 套，加快在施 2 万套廉租住房配租工作。到 2011 年，本市廉租住房将达到 4.8 万套”。2009 年，常州市将廉租住房保障标准从人均月收入低于 550 元上调为 700 元；杭州廉租住房保障范围从人均收入在低保标准 1.4 倍以下家庭扩大到低保标准 2 倍以下家庭。不少省市还在廉租住房保障制度建设上进行了探索与创新。甘肃、贵州等地制订了廉租住房共有产权管理办法，努力实现最低收入家庭的置业理想。为了确保保障性住房的公平分配，一些城市不断完善审核手段。上海市建立了家庭收入核对中心，探索金融、证券、工商、税务、保险、住房公积金、产权管理等信息资源共享。[5]

当然，廉租住房政策在执行过程中也遇到了一些较为棘手的问题。首先是廉租住房的建设资金缺口较大。对于廉租房建设资金来源，2007 年财政部出台了《廉租住房保障资金管理办法》，明确规定了廉租住房保障资金的 8 个来源，并逐年加大廉租住房资金支持力度。根据《中央补助廉租住房保障专项资金管理办法》的规定，2007 年中央财政廉租住房保障专项补助资金为 35 亿元，专项用于中西部地区和新疆生产建设兵团住房困难低收入家庭的租赁补贴。2009 年中央财政廉租住房保障专项补助资金达到 70 亿元，2010 年，这一数字更是增至 167 亿元。2011 年，财政部重新修订了《中央补助廉租住房保障专项资金管理办法》，扩大资金适用范围：中央补助廉租住房保障专项资金的具体补助范围包括西部 12 个省（自治区、直辖市）和新疆生产建设兵团，中部 10 个省及辽宁、山东、福建 3 省（不含省会城市和计划单列市）。由于廉租住房的高公益性和低收益性，相比之下，地方政府对于廉租住房资金保障力度相对不足，更为重要的是，其他资金渠道，如住房公积金增值收益用于廉租住房保障的资金，在具体执行中也未完全落实到位。比照《2009-2011 年廉租住房保障规划》规定的目标——2009 年起到 2011 年，争取用三年时间，基本解决 747 万户现有城市低收入住房困难家庭的住房问题，目前廉租住房政策面临的资金压力仍然较大。

二是廉租住房政策的房源较为单一。根据《城镇廉租住房管理办法》，我国目前可提供的廉租住房，主要有四个途径，即空置的或现由最低收入家庭承租的符合廉租标准的公有住房、政府和单位兴建或购置的廉租住房、社会捐赠的符合廉租标准的住房、廉租对象在社会上租住的符合廉租住房标准的住房。从实际操作来看，公有住房作为廉租住房房源的供给能力非常有限。由于我国从 1998 年开始已经停止住房实物分配，实行住房分配货币化。原有的存量公房基本已经分配殆尽，加之，职工现已租住的公房无法腾退，已售公房即房改房也无法腾退，致使依靠旧公房解决廉租住房房源紧张问题的方法难以奏效。[6] 目前来看，政府和单位兴建或购置的廉租住房是廉租住房的主要房源。但是由于资金需求量较大，购置、建设所需周期较长，短期内廉租住房的供求缺口也难以满足。在当前房屋租赁价格快速上涨的情况下，廉租住房保障对象仅仅依靠有限的租房补贴很难在市场上租住商品房，因此，租房补贴很难发挥良好的作用。最后，由于我国社会慈善事业发展相对滞后，通过社会捐赠的方式筹集到的廉租住房房源更是寥寥无几，无法有效地扩大廉租住房的供给规模。[12]

三是廉租住房政策的覆盖范围过窄。根据国务院 2007 年颁布的《国务院关于解决城市低收入家庭住房困难的若干意见》，至 2010 年，廉租住房保障范围将由城市最低收入住房困难家庭扩大到低收入住房困难家庭。但是，在实践中，廉租住房政策保障范围的界定过分依赖于家庭收入和户籍两个因素，多数城市往往要求保障对象具备本地区非农业常住户口，一些城镇农村户籍贫困家庭，城市打工者、进城民工以及暂时无法获取户口的工作者就难以得到廉租住房的政策保障，这无形间缩小了廉租住房政策的保障范围，影响了廉租住房政策的保障效果。

1.5 公共租赁住房政策

1.5.1 公共租赁住房的概念及意义

在我国住房市场价格不断攀升，居民住房供求矛盾不断升级的时代背景下，以经济适用住房和廉租住房为主体的住房保障体系在实践中已经满足不了城镇住房困难家庭的实际需求，长期生活在城市中的“夹心层”群体的住房困难问题逐渐凸现。所谓“夹心层”是指没有资格享受现行保障性住房政策，又买不起普通商品房的中低收入住房困难家庭，主要包括四类人群：一是中低收入住房困难家庭，他们的经济支付能力难以通过市场购买或租赁住房，而按现行政策规定，他们又不属于经济适用住房和廉租住房的供应对象，这部分人是“夹心层”的主体；二是进城务工人员和其他外来人员中的住房困难者，他们中的相当一部分人虽然长期生活、工作在城市中，但是由于没有城镇户籍，尚未被纳入当地政府住房保障范围；三是新就业的机关、事业单位和国有大中型企业中暂时购房支付能力不足的职工。四是虽属经济适用住房或廉租住房的保障对象，但由于房源供应不足尚在轮侯中的低收入住房困难家庭。[13]

为缓解城镇中等偏下收入住房困难家庭、新就业无房职工和在城镇稳定就业的外来务工人员等“夹心层”人群的住房困难问题，公共租赁住房政策应运而生。公共租赁住房政策最早出现在深圳、厦门等发达地区的大中城市。厦门市从 2006 年开始便积极推进公共租赁住房工作。2007 年深圳市出台的《关于进一步促进我市住房保障工作的若干意见》就规定：“在国家提出的廉租住房和经济适用住房模式基础上，增加公共租赁住房的住房保障方式。”2010 年温家宝总理所作的政府工作报告中明确提出“积极发展公共租赁住房”的要求，公共租赁住房政策正式由地方住房保障政策升级为国家政策。

关于公共租赁住房的概念，我们可以简单地概括为：由政府直接投资或多元化投资主体参与的，建筑面积在 40 平方米左右的成套住房或宿舍型住房，面向城镇中等偏下收入住房困难家庭、新就业无房职工和在城镇稳定就业的外来务工人员等“夹心层”人群出租，并且租赁关系稳定，租金略低于市场价格。公共租赁住房政策是我国城镇住房保障体系的一个实践创新，有针对性地解决了我国城镇居民中一部分人群的住房困难问题，进一步扩展了我国城镇住房保障体系覆盖范围。

首先，公共租赁住房政策充实并完善了我国城镇住房供应体系。当前，我国城镇住房保障体系中的廉租住房、经济适用住房等政策的保障面不到总人口的 5%，加之危旧房、棚户区、城中村改造安置房等政策有很强的指向性，因此，以廉租住房、经济适用住房政策为主体的城镇住房保障体系覆盖面积十分有限。特别是对于城镇中等偏下收入住房困难家庭、新就业无房职工和在城镇稳定就业的外来务工人员等“夹心层”人群而言，既买不起商品房，也享受不到保障性住房，处在城镇住房供给体系“空白区”，住房困难突出，困难人数众多。 公共租赁住房政策的出台有效弥补了这一政策空白，丰富和完善了我国城镇住房供应体系。

其次，公共租赁住房建设将有效促进居民消费。公共租赁住房的大规模建设势必将带动建筑、钢材、水泥等相关行业市场需求，其刺激经济增长的直接作用显而易见。更为重要的是，公共租赁住房政策将解决一大批中低收入群体的住房困难，这无疑将让潜在的“房奴”从房贷重压中解脱出来，拿出原本计划用于买房的那部分积蓄，提高当前生活质量，从而有力地提升居民，尤其是中低收入群体的消费能力。

最后，公共租赁住房建设将改善地方投资环境，促进当地经济发展。公共租赁住房建设以及其他方面的民生投入，将推动当地形成良好的社会生态，有助于新生代大学生和外来务工人群生活上安顿、工作上安心，这对许多企业尤其是那些劳动密集型企业来说，无疑是一个长期的“利好”消息，对当地经济社会实现又好又快发展有着重要的现实意义。

1.5.2 公共租赁住房的政策框架

2010 年 6 月，住房和城乡建设部等七部委联合下发了《关于加快发展公共租赁住房的指导意见》，成为我国公共租赁住房政策的基本框架。上述文件从多个方面对公共租赁住房政策的相关细则进行了规定。

关于公共租赁住房的保障对象。《关于加快发展公共租赁住房的指导意见》指出："近年来，一些中等偏下收入住房困难家庭无力通过市场租赁或购买住房的问题比较突出。同时，随着城镇化快速推进，新职工的阶段性住房支付能力不足矛盾日益显现，外来务工人员居住条件也亟须改善。"可见，公共租赁住房的保障对象主要是指城市新就业职工和有稳定职业并在城市居住一定年限的外来务工人员等特殊群体。

关于公共租赁住房的房源。《关于加快发展公共租赁住房的指导意见》指出："公共租赁住房房源通过新建、改建、收购、在市场上长期租赁住房等方式多渠道筹集。新建公共租赁住房以配建为主，也可以相对集中建设。在外来务工人员集中的开发区和工业园区，市、县人民政府应当引导各类投资主体建设公共租赁住房，面向用工单位或园区就业人员出租。"

关于公共租赁住房的资金来源以及政策扶持。《关于加快发展公共租赁住房的指导意见》指出："各地要把公共租赁住房建设用地纳入年度土地供应计划，予以重点保障，加大对公共租赁住房的投入，中央以适当方式给予资金补助。对公共租赁住房的建设和运营给予税收优惠，涉及的行政事业性收费和政府性基金，按照经济适用住房的相关政策执行。同时，鼓励金融机构发放公共租赁住房中长期贷款，支持符合条件的企业通过发行中长期债券等方式筹集资金，探索运用保险资金、信托资金和房地产信托投资基金拓展公共租赁住房融资渠道。政府投资建设的公共租赁住房，纳入住房公积金贷款支持保障性住房建设试点范围。公共租赁住房建设实行'谁投资、谁所有'，投资者权益可依法转让。"

与中央政府《关于加快发展公共租赁住房的指导意见》相对应，各地方政府，尤其是大中城市政府积极制定并颁布实施本地区公共租赁住房政策的相关指导意见。重庆市政府于 2010 年 5 月颁布了《重庆市公共租赁住房管理暂行办法》，作为重庆市公共租赁住房的指导政策。郑州市政府于 2010 年 8 月出台了《郑州市公共租赁住房暂行管理办法》。宁波市政府于 2010 年 9 月出台了《宁波市公共租赁住房管理暂行办法》。天津市政府于 2011 年 3 月出台了《天津市公共租赁住房管理办法（实行）》。济南市政府于 2011 年 5 月出台了《济南市社会组织建设公共租赁住房暂行规定》。可以说，我国自上而下的公共租赁住房政策体系框架已经搭建起来，并正在不断充实、完善。

1.5.3 公共租赁住房的政策实践

住房与城建建设部的统计显示，2010 年我国共开工建设公共租赁住房 40 多万套，主要集中在沿海地区用工比较集中的城市和一些内地大城市。在 2011 年 1000 万套保障性安居工程目标任务当中，除了棚户区改造、经济适用住房和限价商品住房外，还要新开工建设廉租住房 160 多万套、公共租赁住房近 220 万套，公共租赁住房仍然是大部分集中在沿海城市和外来就业人员比较集中的省会城市和中心城市。[14] 可见，公共租赁住房政策作为我国城镇住房保障体系的一项新内容，其政策推进力度逐步提升。

关于公共租赁住房的建设模式，目前主要可以归结为以下三种：一是政府作为公共租赁住房建设的直接主体。重庆、厦门等城市公共租赁住房建设主要采取上述模式。鉴于公共租赁住房的非营利性，重庆市政府明确公共租赁住房由政府投资、国有企业承建 ，同时鼓励引入社会资金、采取多种模式参与建设。目前，重庆市已确定重庆地产集团和城投公司作为重庆主城区公共租赁住房项目建设主要实施主体，同时，重庆地产集团已组建了公共住房开发建设投资有限公司，全力推进公共租赁住房的建设工作。根据重庆市规划，从 2010 年至 2012 年间，重庆市将建设公租房 4000 万平方米，解决 60 万户中低收入群体的住房困难。2010 年重庆市共开工建设公租房 1300 万平方米。[15] 二是社会单位作为公共租赁住房建设的直接主体，以满足本单位职工的居住需求为主要目标。上述模式主要应用于一些用工比较集中的开发区、产业园区，以及一些用工比较集中的大企业，以优先满足本单位职工的居住需求为前提，同时也一定程度上承担了提供公共租赁住房房源的社会责任。三是公共租赁住房建设的市场化尝试。青岛市黄岛区辛安公共租赁住房项目总投资约 8 亿元，规划总建筑面积 24 万平方米，建成后可提供 3500 余套（间）公租房，是国内较大的公共租赁住房建设项目。该项目建筑面积的 3/4 以上由两家民营企业负责开发，成为我国公共租赁住房建设市场化模式的一次有益尝试。

关于公共租赁住房的保障对象，目前各城市主要从户籍、居住面积、家庭收入等方面进行界定。一是关于户籍的规定。目前，北京、重庆、上海、郑州、宁波等城市将公共租赁住房的覆盖范围扩展至非户籍人口，而深圳、天津等城市目前仍将户籍人口中的住房困难家庭作为公共租赁住房的主要保障对象，但对于非户籍人口也有一定程度的覆盖。例如，北京市颁布的《关于加强本市公共租赁住房建设和管理的通知》就将公共租赁住房的供应对象明确为三类：廉租住房、经济适用住房和限价商品房的轮候家庭、刚就业的职工、外省市来京连续稳定工作一定年限的人员。二是关于保障对象住房面积的规定。目前实施公共租赁住房政策的城市普遍要求保障对象在城市内无自有住房或家庭人均住房面积低于某个标准。天津市要求公共租赁住房保障对象为“人均住房建筑面积 12 平方米（含）以下，且尚未享受其他住房保障政策的家庭”。重庆市要求公共租赁住房保障对象为“本市无住房或家庭人均住房建筑面积低于 13 平方米的住房困难家庭”。上海市要求公共租赁住房保障对象为“在该市无自有住房或人均住房建筑面积低于 15 平方米”。宁波市要求公共租赁住房保障对象为“在该市无自有住房或人均住房建筑面积低于 18 平方米”。三是关于保障对象收入的规定。目前实施公共租赁住房政策的城市，对保障对象的收入规定普遍较为模糊，仅个别城市有具体规定。北京市规定公共租赁住房申请家庭的收入标准为：3 口及以下家庭年收入 10 万元（含）以下、4 口及以上家庭年收入 13 万元（含）以下。郑州市要求保障对象的家庭人均月收入低于城镇居民最低生活保障标准的 5 倍。天津市要求保障对象上年人均年收入低于 3 万元。重庆市要求保障对象单身人士月收入不高于 2000 元，家庭月收入不高于 3000 元。

关于公共租赁住房的保障标准，笔者将从公共租赁住房的租金标准和配租面积、配租期限等方面进行介绍。关于公共租赁住房的租金标准，各城市均是在保本微利的原则下，综合考虑承租家庭负担能力、物价变动情况以及同类地段类似房屋市场租金等因素进行定价。一些城市给出了明确规定：重庆市明确公共租赁住房的租金构成为建设成本利息和维护费，控制在市场租金的 60% 以内；郑州市、贵阳市均要求公共租赁住房的租金原则上控制在同地段市场价租金水平的 70% 以内；宁波市要求公共租赁住房的租金按同区域同类住房市场租金 60 ～ 80% 的比例分类确定。关于公共租赁住房的配租面积，各城市将保障对象的家庭人口作为主要决定因素。重庆市要求公共租赁住房配租面积与申请人的家庭人数相对应：2 人以下（含 2 人）选择建筑面积 40 平方米以下住房，3 人以下（含 3 人）选择建筑面积 60 平方米以下住房，4 人以上（含 4 人）可选择建筑面积 80 平方米以内的住房。郑州市要求 3 人（含）以下家庭原则上只能租赁 40 平方米以下的公共租赁住房。宁波、深圳、贵阳等城市要求公共租赁住房建筑面积与申请人的保障面积相对应，一人和二人户以单间或一室户型为主，三人及三人以上户以二室户型为主。关于公共租赁住房的配租期限，各城市普遍规定为 3-5 年。郑州、天津、贵阳、厦门等城市规定，公共租赁住房租赁合同期限不得超过 3 年；北京、宁波、重庆等城市规定，公共租赁住房租赁合同期限不得超过 5 年。上述城市同时规定，公共租赁住房租期届满，经审核符合届时公共租赁住房承租条件的原承租人可以续租。上海市对公共租赁住房的单次配租期限与总配租期限均做出了明确规定：租赁合同期限一般不低于 2 年，租赁总年限一般不超过 5 年。

关于公共租赁住房的退出机制，各个城市对过渡期限、延期收费、拒退惩罚等内容均给予了明确规定。深圳市规定："应退出公共租赁住房但暂时无法退出的，经市（区）住房保障管理部门批准可给予 3 个月的过渡期，过渡期从解除租赁合同之日起开始计算。承租人在过渡期届满后不退出承租住房的，按同区域同类住房的市场租金计收其超期居住的租金，并载入其个人诚信不良记录。承租人在超期居住期间及超期居住退房后 5 年内均不得申请住房保障。承租人拒不退出公共租赁住房的，住房保障管理部门可依法申请人民法院强制搬迁。"

关于公共租赁住房的惩罚机制，各个城市对保障对象、产权单位、管理部分等相关责任主体的欺诈、违法、渎职等行为均给予了明确规定，篇幅有限，这里暂不详述。

参考文献

[1] 姜伟新．国务院关于城镇保障性住房建设和管理工作情况的报告．中国人大网，2011 年 10 月 26 日．www.npc.gov.cn。

[2] 姜良义、李凌．对经济适用房的经济学思考与建议．江苏商论，2007（09）：143-144。

[3] 中原地产：北京部分区域经适房出租率超过两成．http://www.soufun.com/news/2010-04-28/3287521.htm

[4] 周艳琼．发展廉租住房制度任重道远．中国住宅设施，2006（10）：26-28。

[5] 我国廉租住房建设迈出新步伐．网易新闻．2010 年 1 月 13 日．http://news.163.com/10/0113/18/5SU7PA13000120GU.html

[6] 章鸿雁．限价房性质和发展方向研究．上海房地，2008（11）：28-31。

[7] 三定四限两公开 青岛再推九块限价房用地．中华新闻网 .2006 年 7 月 2 日．http://news.china.com/zh_cn/news100/11038989/20060702/13441807.html

[8] 刘晓君、任志胜．我国限价房实施中的主要问题及对策建议．住宅产业．2008（9）：80-82。

[9] 全球超过 10 亿人居住在城郊棚户区．人民网，2007 年 12 月 7 日．http://house.people.com.cn/GB/98385/98479/6626325.html

[10] 李克强：扎实推进棚户区改造 实施好重大民生工程．中央政府门户网站．2009 年 08 月 10 日．http://www.gov.cn/ldhd/2009-08/10/content_1388127.htm

[11] 政策解读：两部门出台办法推动城市棚户区改造．中央政府门户网站．2010 年 7 月 14 日．http://www.gov.cn/jrzg/2010-07/14/content_1653475.htm

[12] 郝永涛．我国城镇廉租房建设的房源供应研究．重庆大学硕士学位论文，2007：25。

[13] 谷俊青．发展公共租赁住房的背景与意义——2007—2009 年保障性住房实施效果评价及政策建议（连载四）．中国建设信息，2010（9）：15-17。

[14] 齐骥．建设公共租赁住房可以有多种模式．城市开发，2011（06）：1。

[15] 今年重庆将新开工建设 1300 万 m^2 公共租赁住房．新华网．2011 年 01 月 03 日 http://news.xinhuanet.com/house/2011-01/03/c_12941073.htm

第2章

我国城镇住房保障体系的货币补贴政策

我国城镇住房保障体系包括实物保障和货币补贴两种实施方式。上一章，笔者就实物保障方式及其五种政策内容进行了系统介绍，本章，笔者将对我国城镇住房保障体系的货币补贴进行介绍。

2.1 我国城镇住房保障货币补贴方式的概念及意义

住房保障的货币补贴方式可以分为狭义和广义两种概念。狭义上的货币补贴是指政府在进行实物住房保障的同时，也对城镇部分低收入住房困难家庭发放租赁住房补贴，支持他们在市场上租赁住房。广义上的货币补贴是指政府在进行实物住房保障的同时，向城镇部分中低收入住房困难家庭发放购房补贴或租房补贴，提高其住房支付能力，使其通过市场上购买或租赁房屋解决住房困难。可见，住房保障的货币补贴方式狭义概念和广义概念的主要区别在于前者仅指租赁住房补贴，而后者包括租赁住房补贴和购房补贴。笔者之所以将住房保障的货币补贴方式以狭义概念和广义概念加以区分，主要是因为目前国家政策仅涉及租赁住房补贴，即仅承认住房保障的货币补贴方式的狭义概念，相反，一些城市在住房保障的政策实践中已经较为广泛地实施了经济适用住房的货币补贴，即对城镇部分中低收入住房困难家庭发放购房补贴，因此，笔者认为有必要提及住房保障货币补贴方式的广义概念。

综合各种研究成果，笔者认为，我国城镇住房保障体系之所以在实行实物保障的同时，也实行货币补贴，其主要原因在于住房保障政策执行过程中，货币补贴政策有其不可替代的优势。这种优势主要体现在以下几个方面。

首先，住房保障货币补贴政策可以满足更多中低收入群体的个性化住房需求。比较于专门建设一定规模的保障性住房供中低收入家庭居住，短期内向同样数量的中低收入家庭发放住房补贴，政策执行的资金成本要小得多，因而在投入相同的资金来解决中低收入家庭的住房问题时，短期内采取货币补贴方式比实物补贴方式的资金利用效率更大，政策覆面更广。更为重要的是，货币补贴方式更加能够满足保障对象个性化的住房需求。相比建设保障性住房这种硬性规定保障对象居住地点的保障方式而言，实施货币补贴为保障对象留下了充足的住房选择空间。从保障对象的角度而言，只有他们自己才知道什么住房最适合他们，例如有的人喜欢住得离上班近一点，哪怕住得贵一些小一些也愿意；有的人就是喜欢住得大一些，哪怕为此上班路上累一些也乐意。[1] 这些个性化的住房需求信息是政府及其他人无法完全获知的，因此只有将住房选择权留给保障对象，辅之以货币补贴缓解其住房消费压力，才能在较大程度上满足低收入家庭不同的居住需求。

其次，货币补贴方式的政策执行程序更加简捷，政策执行成本较低。住房保障的货币补贴方式其实质是通过住房市场机制与政府政策扶持一并来解决中低收入群体的住房困难。相对于住房保障的实物补贴而言，货币补贴使政府的负担减轻，免除了政府在保障性住房筹资、建设、实物分配和日常管理等方面的责任，使得政府可以更加关注于保障对象的资格审核、货币补贴标准以及补贴发放等分配环节。

第三，货币补贴方式可以提升住房保障政策执行过程中的灵活性。当客观条件发生变化时，货币补贴的政策灵活性就进一步展示出来。当政府降低住房保障政策的准入标准时，更多的中低收入住房困难家庭被纳入保障体系，这种情况下，实物保障很难在短期内筹集到相应规模的房源，新纳入的保障对象需要有一个享受保障政策的等待过程；相反，在短期补贴资金充足的情况下，货币补贴政策在保障对象的资格审核通过以后，可以迅速地将保障资金发放到保障对象手中，进而迅速地使新纳入的保障对象享受到政策保障。在住房保障政策的退出环节，各地的实物保障政策一般规定不符合条件的保障对象应在一定期限内（通常为6个月）腾退保障性住房，否则给以罚款等处罚。但由于地方政府难以采取强制措施进行腾退，受保障家庭承担各种处罚的能力有限，目前实物保障政策的住房腾退工作普遍开展不力。相反，在货币补贴方式下，政府一旦发现保障对象不再符合准入要求，既可以通过停止发放补贴的方式迫使其即刻退出住房保障体系，政策执行难度大大降低，执行效率则大大提高。

最后，货币补贴方式改“暗补”为“明补”，政策执行更加透明、公正。相对于货币补贴而言，住房保障实物补贴形式实际上是一种“暗补”或者间接补贴，政府通过补贴开发商等间接渠道对中低收入住房困难家庭进行住房保障。在这种补贴方式过程中，政府给予开发商多少政策优惠和资金支持，这些政策优惠和资金支持有多少转化为保障对象的福利，有多少转化为开发商的利润，有多少成为政策执行损失，有多少成为政策寻租收益均很难清楚地知晓，其监管过程复杂，监管成本较高。相反，货币补贴是“明补”，以货币量化的方式实施住房保障政策，这使得政策执行过程更加简捷、公开、透明，避免了实物保障过程中可能出现的一些社会问题。

2.2 住房保障货币补贴方式的政策实践Ⅰ：租房补贴

上文已经谈到，从国家政策层面而言，目前住房保障的货币补贴仅仅指租赁住房补贴，主要表现为廉租住房的租赁补贴。2007年颁布的《国务院关于解决城市低收入家庭住房困难的若干意见》明确指出：“城市廉租住房保障实行货币补贴和实物配租等方式相结合，主要通过发放租赁补贴，增强低收入家庭在市场上承租住房的能力。”同年，建设部等九部门联合发布了《廉租住房保障办法》也规定：“廉租住房保障方式实行货币补贴和实物配租等相结合。货币补贴是指县级以上地方人民政府向申请廉租住房保障的城市低收入住房困难家庭发放租赁住房补贴，由其自行承租住房。实物配租是指县级以上地方人民政府向申请廉租住房保障的城市低收入住房困难家庭提供住房，并按照规定标准收取租金。实施廉租住房保障，主要通过发放租赁补贴，增强城市低收入住房困难家庭承租住房的能力。廉租住房紧缺的城市，应当通过新建和收购等方式，增加廉租住房实物配租的房源。”从上述政策规定不难看出，关于廉租住房的补贴方式，中央政策明确为“以货币补贴为主，实物补贴为辅”。

以天津市为例，天津市实行的房租租赁补贴主要有两种形式：经济租赁房租房补贴和廉租住房租房补贴。经济租赁房租房补贴标准为天津市内六区每月每平方米使用面积16元；环城四区和滨海新区每月每平方米使用面积14元；武清区、宝坻区和静海、宁河、蓟县每月每平方米使用面积12元。廉租住房租房补贴标准为天津市内六区每月每平方米使用面积30元；环城四区和滨海新区每月每平方米使用面积28元；武清、宝坻区和静海、宁河、蓟县每月每平方米使用面积23元。

2.3 住房保障货币补贴方式的政策实践Ⅱ：购房补贴

从国家政策层面而言，目前我国住房保障的货币补贴并不涉及购房补贴，对于经济适用住房政策国家一直坚持实物保障形式。2007年修订后的《经济适用住房管理办法》对于经济适用住房有如下明确定义：“经济适用住房，是指政府提供政策优惠，限定套型面积和销售价格，按照合理标准建设，面向城市低收入住房困难家庭供应，具有保障性质的政策性住房。”根据上述说法，笔者认为，在中央政策制定层面，一直将实物保障作为经济适用住房政策的补贴方式。在政策执行层面，我国经济适用住房政策也一直遵循实物补贴的基本方式，即政府通过实行行政划拨，免除了土地出让金；建设和经营中的行政事业性收费减半征收；小区外基础设施建设费用完全或部分由政府负担等优惠政策，减少经济适用房的开发成本，进而降低其市场价格，对具备购买资格的中低收入者进行间接的经济支持。

针对经济适用住房在执行中出现的种种问题，部分城市结合本地区的实际情况积极探索购房补贴这种新型的住房保障货币补贴方式。笔者认为，目前各地执行的购房补贴政策主要有以下两种基本模式：一是以大连市为代表的“购房补贴与经济适用住房实物补贴并行模式”；二是以长沙市、常州市为代表的“以购房补贴代替经济适用住房实物补贴模式”。

2.3.1 购房补贴与经济适用住房实物补贴并行模式

2009 年，大连市开始同时采用经济适用住房实物补贴和购房补贴两种方式解决城市低收入家庭住房困难——在供应经济适用住房的同时，首次推出普通商品房购房补贴，解决经济适用住房房源数量有限，供求缺口不断扩大的问题。大连市规定，符合经济适用住房政策条件的家庭可择其一提出申请，获得货币补贴资格的家庭在购房后，可享受每户 13 万元的货币补贴。享受货币补贴政策的家庭购买普通商品房标准为价格每平方米不得高于 1 万元，建筑面积最高不得超过 144 平方米。申请购房补贴的家庭需具备以下条件：(1) 申请人须具有大连市内四区城镇常住户口且家庭成员至少有一人具有市内四区城镇常住户口五年以上；(2) 家庭人均年收入低于上一年度居民人均可支配收入水平（大连市 2008 年居民人均可支配收入为 17500 元）；(3) 家庭人均住房建筑面积为 17 平方米（含本数）以下（包括申购之日起前五年交易或者拆迁的住房建筑面积）；(4) 未婚、丧偶无子女或离异后不直接抚养子女等单独生活的人员申请货币补贴，除应符合前款条件外，还应年满 30 周岁。2009 年，大连市通过公开摇号方式，安排经济适用住房 8000 套，补贴资金 10.4 亿元。另外，沈阳、西安等多个城市也相继采取了大连市这种购房补贴与经济适用住房实物补贴并行的模式。

2.3.2 以购房补贴代替经济适用住房实物补贴模式

与购房补贴与经济适用住房实物补贴并行的模式相比，哈尔滨、长沙、常州等城市实行的以购房补贴代替经济适用住房实物补贴的模式则更加突出了货币补贴的倾向。

2008 年 7 月，长沙市颁布了《长沙市经济适用住房货币补贴实施方案》，其主要目的是改革经济适用住房保障方式，运作方式由政府运作改为市场运作，分配制度由实物分配改为货币分配，通过发放经济适用住房货币补贴，支持保障对象以自主购房的方式解决住房问题。上述方案的基本目标为：通过发放经济适用住房货币补贴的方式，力争两到三年内全面解决经济适用住房历史积压保障对象的住房问题；新增经济适用住房保障对象逐年运用货币补贴的方式予以保障，有效改善居民居住条件。住房货币补贴的保障对象为符合长沙市经济适用住房申购条件的保障对象。补贴标准结合商品房与经济适用住房差价以及国家规定的经济适用住房保障面积确定。2008 年补贴标准为低收入无房家庭每户 8 万元，低收入住房困难家庭和棚户区、片区改造等重点工程拆迁户中享受经济适用住房货币补贴的每户 5 万元。补贴标准每年由市政府根据实际情况适时进行调整，并向社会公布执行。领取经济适用住房货币补贴凭证的保障对象，应在发证之日起一年内在本市城市规划控制区范围内自主选择购买成套商品房一套，但户型建筑面积最大不得超过建设部规定的 120 平方米普通商品住房建筑面积标准。一年内未购买住房的，补贴凭证作废。今后还需要享受经济适用住房货币补贴的，应当重新申请审批。保障补贴不得发放现金，由住房保障部门与开发商凭证结算支付。

2009 年 2 月，常州市颁发了《关于加快推进常州市市区住房保障工作的实施意见》，停建经济适用房，对符合条件的经济适用住房申请家庭全部实行购房货币补贴，将经济适用房政策由“暗补”变为“明补”，由“补砖头”变为“补人头”。常州市购房货币补贴的申请条件为以下 4 个：一是在本市实际居住，且具有市区（武进区、新北区、钟楼区、天宁区、戚墅堰区）城镇常住户口 3 年以上；二是已婚（含离异或丧偶并带未成年子女且拥有监护权）或年龄在 35 周岁以上的单身未婚家庭；三是家庭人均住房建筑面积低于 18 平方米（含）；四是家庭人均月可支配收入在 1440 元（含）以下。经申请、审核，符合条件的家庭每户能享受一次经济适用住房购房货币补贴，由市房管局发给《常州市市区经济适用住房货币补贴资格认定书》。2009 年补贴标准为每户 8 万元，以后每年由市政府根据实际情况进行调整。上述购房货币补贴的发放不会直接发给补贴家庭，而是拨付到所购房屋开发建设单位指定的银行账户。另外，领取经济适用住房货币补贴资格认定书的保障对象，要求在发证之日起 3 个月内在市区（含武进、新北区）范围内自主选择购买新建成套普通商品房一套。3 个月内未购买住房的，补贴资格认定书作废，今年不再享受经济适用住房货币补贴政策。

2.3.3 购房补贴的政策特征分析

综合分析上述城市出台的购房货币补贴政策，笔者认为这些政策在政策背景、政策内容、政策实施等方面都存在着一定的共性特征。

首先，购房货币补贴政策的出台，需要以房地产市场宽松供求状态为前提，即房地产市场有足量的可供选择的普通商品住房且房价趋稳甚至逐步下跌。上述购房货币补贴政策的出台主要集中在 2008 年至 2009 年间，尤其是实施以购房补贴代替经济适用住房实物补贴政策的城市其政策出台多集中在这个时期。这一时期正值我国受国际金融危机冲击最为严重的时期，房地产市场一度低迷，充满悲观情绪，部分城市实施购房货币补贴政策不仅在于探索城镇住房保障政策的多元化实施方式，也想通过上述政策进一步刺激中低收入群体的住房需求，带动当地房地产市场回暖。以常州市为例，受国际金融危机冲击，2008 年下半年开始，常州市商品房销售大幅萎缩 2 成以上，商品房可售余量最高攀升至 1300 多万平方米，居民住房消费意愿急剧下降。与此同时，中低收入家庭的收入预期也随之降低，导致对经济适用房的申购热情出现了大幅降温。2008 年常州市集中供应的飞龙新苑、蓝天新苑等经济适用房实物房源，通过摇号选房等程序共发放经济适用房准购证 1321 张，而最后实际签约数仅为 811 份，510 户家庭由于种种原因，放弃购买资格，经济适用房首次出现了大面积“弃购”现象，已进入预售的经济适用房房源也出现了存量积压。[2] 在常州市房地产市场供求矛盾缓解，房价稳中有降的背景下，常州市适时采取了停建经济适用住房，全面实施购房货币补贴政策。

其次，购房货币补贴政策补贴标准的统一性和动态性。虽然由于财力、发展速度、生活水平等方面存在显著不同，各城市购房货币补贴标准存在很大差异[①]，但是对于单个城市而言，符合货币补贴标准的家庭其购房补贴金额是统一的。大连市规定，货币补贴资格的家庭在购房后，可享受每户 13 万元的货币补贴。长沙市 2008 年补贴标准为低收入无房家庭每户 8 万元，低收入住房困难家庭和棚户区、片区改造等重点工程拆迁户中享受经济适用住房货币补贴的每户 5 万元。常州市 2009 年补贴标准为每户 8 万元。与补贴标准的统一性相对应，实施购房货币补贴政策的城市均对补贴标准做出了动态调整的规定——补贴标准每年由市政府根据实际情况进行调整。

最后，购房货币补贴政策保障资格的时限性。对于认定享受购房货币补贴的保障对象，实施购房货币补贴政策的城市均要求在一定的时限内享受这一政策。常州市规定，领取经济适用住房货币补贴资格认定书的保障对象，要求在发证之日起 3 个月内在市区（含武进、新北区）范围内自主选择购买新建成套普通商品房一套。3 个月内未购买住房的，补贴资格认定书作废，今年不再享受经济适用住房货币补贴政策。长沙市则将这一政策时限延长至 1 年。

参考文献

[1] 陈杰 . 货币化住房补贴是更好的住房保障方式 . 中国中小企业，2009（9）：22-24。

[2] 朱建文：常州市经济适用房货币化补贴探究 . 地产中国网 . 2009 年 12 月 16 日 . http://house.china.com.cn/newscenter/view/113393.htm

① 株州市对低收入家庭每户补贴金额为 1.8 万元，哈尔滨市为 3 万元，文登市为 3.5 万元，常州市和长沙市为 8 万，大连市为 13 万。

第二篇
我国城镇住房保障政策的实施效果

第3章 我国城镇住房保障政策效果的实证调查

从上世纪90年代初，首次提出“经济适用的商品房”概念至今，我国城镇住房保障政策已经经历了整整20个年头，不仅显著改善了城镇中低收入家庭的住房条件，而且促进了经济增长和社会和谐发展。截至2010年底，我国累计用实物方式解决了近2200万户城镇低收入和部分中等偏下收入家庭的住房困难，实物住房保障受益户数占城镇家庭总户数的比例达到9.4%，还有近400万户城镇低收入住房困难家庭享受廉租住房租赁补贴。笔者认为，我国城镇住房保障政策的实施效果不仅体现在其所取得的骄人成绩上，更体现在保障对象对该项政策的评价上，让中低收入住房困难家庭满意，是我国城镇住房保障政策的出发点和落脚点。本章将以相关实证调查结果为基础，全面展示近年来我国城镇住房保障政策的实施效果及民众满意度。[①]

3.1 关于我国住房保障政策实施效果实证调查的介绍

本章关于我国城镇住房保障政策实施效果的研究，主要是基于几个相关调查的结果开展的。下面笔者将对这几项实证调查的基本情况进行介绍。

① 受客观条件的限制，笔者在撰写本书的过程中尚无足够的人力、物力、财力大范围开展住房保障政策实施效果及满意度的调查，因此，本章采取对以往的相关调查结果进行梳理和分析的形式，展示我国城镇住房保障政策实施效果。

一是15个重点城市购房者信心状况的调查。2009年第三季度新浪乐居和零点研究咨询集团针对北京、成都、大连、广州、杭州、济南、南京、上海、深圳、沈阳、石家庄、天津、武汉、重庆和长沙等15个重点城市，3396名购房者进行了购房信心状况调查，调查指标包括房地产消费环境、购买能力、房地产供应水平的信心评价。保障性住房政策是稳定房地产市场的重要政策，所以调查中也针对保障性住房的相关问题进行询问。[1]

二是广州市政府从2007年12月至2008年3月在全市范围内开展的城市低收入住房困难家庭住房状况调查。此次住房调查采用自行申报和入户调查核实相结合的方法，调查对象是广州市10个市辖区具有城镇户籍且自有产权住房人均居住面积低于10平方米、上一年度人均可支配收入低于18287元的低收入住房困难家庭。广州市10个市辖区共有84377户居民家庭参加申报，接受入户调查核实79110户，有效问卷72829份。[2]

三是重庆大学"大学生科研训练计划"的"廉租房社会保障功能的实证调研"。项目课题组于2010年1月至2月在全国范围内对颇具代表性的一、二、三、四线城市的廉租房社会保障功能进行了历时2个月的大规模田野调查。①课题组共回收有效问卷120份。[3]

四是南京农业大学"2009年国家大学生创新性实验计划"的"东部发达地区廉租房制度调查"。此次调查于2010年3月在南京进行，共发放问卷100份，回收100份，有效问卷98份，合格率为98%。[4]

五是西北大学硕士研究生李英开展的"2009年西安市经济适用住房政策效果问卷调查"。此次问卷调查采用随机抽样的方法，共发放问卷150份，经刷筛选最终有效份数为140份，有效率达到93.3%。[5]

① 根据我国现行的经济发展现状，课题组选取了我国颇具代表性的一、二、三、四线城市作为调查地点：以北京、上海为一线城市代表；以重庆、成都、石家庄、济南等6个城市为二线城市代表；以南通、沧州、东营等10个城市为三线代表；以瑞昌、红河、延吉、漯河等12个城市为四线城市代表。另外，课题组根据各市的地理位置以及经济状况等因素选取2个区，最后在每个区的廉租房住户中随机抽取2名进行调查。

3.2 我国城镇住房保障政策的认知度和整体实施效果评价

关于住房保障政策的认知度。新浪乐居和零点研究咨询集团合作发布的《2009 年第 3 季度购房者信心指数研究报告》显示，3396 名受访者中有 75.7% 的人表示听说过保障性住房政策，有接近 1/4 的购房者对于保障性住房政策仍毫不知情。[1] 重庆大学“廉租房社会保障功能的实证调研”项目的调查结果与上述调查结果基本保持一致。该项调查显示，廉租房实物配租者中 13% 的家庭从未关注过现今廉租住房政策，77% 的家庭仅仅是偶尔关注过这一政策，只有 10% 的家庭经常关注廉租住房政策。[3] 可见，实施了多年的住房保障政策在购房者、租房者中的认知度仍然有待提高。

关于住房保障政策的整体效果。《2009 年第 3 季度购房者信心指数研究报告》显示，在表示了解保障性住房政策的受访者中，仅有 22.8% 的受访者对保障性住房政策的整体实施效果表示肯定（9.1% 的购房者表示该政策效果“非常好”，13.7% 的购房者表示该政策效果“还可以”），另有近四成（39.6%）购房者表示该政策效果一般，有超过三成（30.8%）购房者对保障性住房持否定态度。[1] 南京农业大学“东部发达地区廉租房制度调查”结果显示，廉租住房实物配租者中表示对廉租住房政策的整体效果满意的仅为 20%，表示政策效果一般的为 32%，另有 48% 的受访者表示不满意。[4] 可见，不管是保障性住房政策的整体效果还是廉租住房政策效果，目前表示“肯定”态度的受访者仅为 20% 左右。

关于保障性住房政策能否起到抑制房价的作用。《2009 年第 3 季度购房者信心指数研究报告》显示，在表示了解保障性住房政策的受访者中，有 31.2% 的受访者认为保障性住房政策可以起到抑制房价的作用，另有近三成（26.9%）购房者表示该政策对房价不会产生影响，更有近三成（28.9%）购房者表示该政策会一定程度地推高房价。

3.3 我国城镇住房保障政策体系设计的效果评价

住房保障政策的实物保障方式和货币补贴方式、实物保障方式租、售政策比例一直是我国城镇住房保障政策顶层设计的核心内容。关于这两项决定我国城镇住房保障政策顶层设计和未来走向的核心内容，上述调查也展示出了民意取向。

关于住房保障政策的实施方式。广州市政府在全市范围内开展的城市低收入住房困难家庭住房状况调查显示，在 23586 户调查对象中，有 20026 户调查对象选择了实物配租，所占比例为 84.9%；选择租赁补贴的仅有 3560 户，所占比例为 15.1%。同时，调查结果还显示，在已经享受租赁补贴的家庭中，有 78.8% 的家庭希望重新获得实物配租，仅有 21.2% 的家庭希望继续享受租赁补贴。[2] 另外，西北大学硕士研究生李英开展的“2009 年西安市经济适用住房政策效果问卷调查”显示，关于经济适用住房政策的实施方式，有 34.9% 的受访者对经济适用住房的实物保障表示支持，另有 69% 的受访者对经济适用住房的货币补贴表示支持。[5] 笔者认为，上述调查结果并不矛盾，相反，它们表现出了不同保障对象群体的政策偏好。广州市调查的对象为城市低收入住房困难家庭，这部分家庭主要是廉租住房的既定保障目标。由于收入水平和财产存量的限制，这部分家庭更加注重政策的保障性和福利性，因此倾向于直接享受实物保障。相反，2009 年西安市经济适用住房政策效果问卷调查的对象主要是经济适用住房保障人群，即城市中低收入住房困难家庭，这部分人群在收入水平和财产存量上要明显高于广州市的调查对象，这些群体对于经济适用住房的选择在关注经济适用住房保障性的同时，也考虑到自身个性化的需求，对保障性住房品质要求较高，更倾向于货币补贴方式，在购房补贴的帮助下自主地在市场上选择住房。

关于住房保障政策中实物保障方式租、售政策比例。广州市政府在全市范围内开展的城市低收入住房困难家庭住房状况调查显示，低收入住房困难家庭选择销售型保障性住房的有30567户，占总体调查对象的39.61%；选择租赁型保障性住房的有44600户，占总体调查对象的57.79%。另外，有915户家庭选择了希望政府提供其他政策保障方式，其中，“既想租也想买”、“先租后买”两种方式占比较高。[2] 可见，“十二五”时期国家重点发展公共租赁住房，对于人口净流入量大的大中城市要较大幅度提高公共租赁住房建设比重的政策设计思路是符合百姓意愿的。

3.4 我国城镇住房保障政策实施各环节的效果评价

关于保障性住房的户型设计。广州市政府在全市范围内开展的城市低收入住房困难家庭住房状况调查显示，66.7%的受访者表示所需保障性住房的最小户型为两居室，选择所需保障性住房的最小户型为一居室、三居室和四居室及以上的比重分别为2.9%、25.5%和4.9%。可见，从保障对象的需求特征而言，两居室应是我国保障性住房设计的主体户型。

关于保障性住房的分配机制。南京农业大学“东部发达地区廉租房制度调查”显示，受访的廉租住房实物配租者中有59%的人对廉租住房的申请程序表示“不满意”，仅有17%的受访者表示“满意”；58%的受访者对于廉租住房政策的公正性表示“不满意”，仅有19%的受访者表示“满意”。[4] 西北大学硕士研究生李英开展的“2009年西安市经济适用住房政策效果问卷调查”显示，有41%的受访者对经济适用住房政策的公正性表示“满意”或“很满意”，另有32%的受访者对经济适用住房政策的公正性表示“不满意”或“很不满意”；另外，对经济适用住房政策的申请公示、轮候制度表示“满意”或“很满意”比率分别为62%和45%，对经济适用住房政策的申请公示、轮候制度表示“不满意”或“很不满意”比率分别为8%和23%。[5]

3.5 我国城镇住房保障政策效果的实证分析总结

综合分析上述五项调查结果，笔者认为可以得出以下几点基本结论。

一是目前我国城镇住房保障政策执行中较高认知度和较低满意度并存，对住房保障政策整体效果不足 20% 的满意度显示出我国住房保障政策仍有较大的提升空间。

二是对于住房保障政策整体效果的评价不高，主要来自于对于住房保障政策房价抑制功能的质疑和对于保障性住房分配公正性的质疑。

三是关于住房保障政策的实物保障方式和货币补贴方式、实物保障方式租、售政策比例这两个顶层设计问题。作为廉租住房保障对象的城镇低收入住房困难家庭倾向于享受实物保障方式，相反，作为经济适用住房保障对象的城镇中低收入住房困难家庭则倾向于依靠货币补贴自行选择住房。城市低收入住房困难家庭对于享受租赁型住房保障政策的意愿明显高于享受购置型住房保障政策。令人欣慰的是，当前我国住房保障政策实行以实物保障为主政策取向以及“十二五”时期重点发展公共租赁住房的政策走向与上述民众意志高度吻合，充分体现了我国住房保障政策设计的科学性和民主性。

参考文献

[1] 班淼琦．保障性住房政策高认知低满意度，地位尴尬．市场研究．2010（1）：17-18。

[2] 陈琳、丁烈云、谭建辉、周耀旭、吴开泽．低收入家庭住房需求特征与住房保障研究——来自广州的实证分析．中国软科学，2010（10）：133-142。

[3] 邓世缘、田亦尧、郭学鸿．廉租房社会保障功能的实证研究．社会科学家，2010（10）：123-126。

[4] 李金花、周婷婷、胡福光、李放．廉租房实物配租者的满意度及其影响因素——基

于南京市的调查．南方农村，2010（4）：42-46。
[5] 李英．我国经济适用住房政策效果研究——以西安市为例．西北大学硕士学位论文，2010。

第4章

我国城镇保障性住房的供求均衡度①

上一章，笔者依据几项实证调查对我国城镇住房保障政策的实施效果进行了评述，需要注意的是，上述基于保障对象的主观满意度调查虽然可以直观地反映民意诉求，但是这种个体意见的汇总很难反映我国住房保障政策的宏观政策效果，例如，保障性住房的整体供求情况以及保障性住房政策宏观调控职能的发挥等。鉴于此，笔者将采用实证分析的方法对上述两个问题进行逐一分析，以展现我国住房保障政策实施效果的全貌。本章，笔者将以我国大中城市经济适用住房的有效供求度为研究对象，间接地反映出我国保障性住房的实际供求情况。

4.1 我国城镇保障性住房供求情况概述

1998年我国实行住房分配货币化改革之后，保障性住房的建设力度不断加大，尤其是2008年年底以来，为应对国际金融危机冲击，党中央、国务院确定了进一步扩大内需、促进经济平稳较快增长的十项措施，其中第一项就是加快保障性安居工程建设，将我国保障性住房建设推向了一个新的发展阶段。2008年四季度至2010年年末，全国保障性安居工程完成总投资累计超过1.3

① 本章以笔者曾经发表的文章《我国大中城市经济适用房有效供求均衡度研究——基于“非均衡计量模型”的实证分析》为基础撰写而成。

万亿元，其中中央财政和预算内投资 1300 多亿元；共开工建设保障性住房和棚户区改造住房 1300 万套，竣工 800 万套，其中 2010 年开工 590 万套，竣工 370 万套，是历年来建设进度最快的一年。[1] 在大力兴建保障性住房的同时，我国城镇住房保障体系逐步完善——强化了廉租住房建设并突出了公共租赁住房发展，更加注重政策的覆盖面和层次性。经过两年多的发展，保障性安居工程从一项兼具保障性和经济刺激功能的阶段性政策，转化成为我国保障和改善民生的标志性工程。"十二五"规划纲要提出，未来五年我国将建设保障性住房、棚户区改造住房 3600 万套，其中 2011 年开工建设 1000 万套。未来五年，我国保障性住房占城镇住房总量比率要由目前的不足 7%，提高到 20% 左右。[1]

在我国城镇保障性住房建设力度不断加大，保障性安居工程取得显著成效的同时，我国城镇住房市场价格快速攀升，在金融危机冲击逐渐消退后出现了报复性上涨趋势，我国城镇住房供求矛盾日益突显，城镇居民住房的负担不断加重。上述因素进一步刺激了我国城镇中低收入住房困难家庭对保障性住房的潜在需求。

在保障性住房潜在需求不断扩大，保障性安居工程顺利推进的双重背景下，我国保障性住房实际供求情况如何，成为评价我国住房保障政策执行效果的一个重要标准。鉴于此，笔者以我国 33 个大中城市的经济适用住房供求统计数据为基础，以"非均衡计量模型"为研究方法，对我国大中城市的经济适用住房有效供求均衡情况进行实证分析，希望从一个侧面揭示出我国保障性住房的真实供求情况。①

① 受数据可获得性等因素的限制，目前我国城镇住房保障体系中其他类型保障性住房（廉租住房、公共租赁住房、限价商品住房等）的实证研究尚缺乏可靠而连续的数据基础，因此，笔者仅以经济适用住房的供求情况为研究对象。

4.2 非均衡理论及非均衡计量模型介绍

4.2.1 非均衡理论简介与相关研究综述

非均衡理论（Non-Equilibrium Theory）也称非瓦尔拉斯均衡理论（Non-Walrasian Equilibrium Theory），起源于对新古典经济学中的经典理论——瓦尔拉斯均衡（Walrasian Equilibrium）这一概念的修正。瓦尔拉斯均衡是指在“完全竞争”的市场结构中，市场具有通过价格调节机制使得消费品和生产要素的供求趋于平衡的属性。Bapro 和 Grossman 于 1971 年正式构建了一个非瓦尔拉斯均衡模型，从而奠定了非瓦尔拉斯均衡理论的基础。随着非均衡理论的不断发展和计量经济学方法的广泛应用，自上个世纪 70 年开始，非瓦尔拉斯均衡计量模型开始应用于对非瓦尔拉斯均衡状态的定量描述之中，并最早应用在房地产市场非均衡状态的分析。[2]

我国经济学界于上世纪 90 年代初正式引入非均衡理论，王成璋较早地将非均衡计量模型引入我国宏观经济研究中。[3] 近些年来，不少学者又纷纷将该模型引入房地产市场和经济适用住房市场的研究 [4] [5] [6]，但是这些文章在以下几个方面均存在缺陷：由于数据获取上的限制，文章列举出的影响有效供求的潜在因素较少，研究关注的主体比较模糊（以省级行政区为单位），回归分析样本数据量过小等。鉴于此，笔者收集了大量相关数据，较为全面地列举出影响经济适用住房供求的因素。同时，笔者选择了我国有代表性的 33 个大中城市作为研究对象①，这些城市不仅代表了我国城市化的发展方向，而且也是我国经济适用住房政策实施的重点地区。笔者试图通过这些努力，更为客观、科学地揭示我国大中城市经济适用住房的有效供求情况。

---

① 笔者选取的33个大中城市是将我国统计部门普遍采用的36个大中城市中剔出经济适用住房统计数据缺失的三个城市（上海、深圳和拉萨）而得到的。这 33 个大中城市具体是指：北京、天津、石家庄、太原、呼和浩特、沈阳、大连、长春、哈尔滨、南京、杭州、宁波、合肥、福州、厦门、南昌、济南、青岛、郑州、武汉、长沙、广州、南宁、海口、重庆、成都、贵阳、昆明、西安、兰州、西宁、银川、乌鲁木齐等城市。

4.2.2 非均衡计量模型的基本形式[7]

关于非瓦尔拉斯均衡计量模型的参数设定和计算原则，基本上存在两派意见：一种意见以 Benassy 和 Portes 为代表，他们坚持认为在非瓦尔拉斯均衡分析中应该遵循供求数量调节机制，而且市场供求在决定市场交易量过程中，应该遵循“短边规则”，即市场的交易量决定于市场上需求量和供给量两者之间的较小者；另一种意见以 Kornai 为代表，他坚持认为由于市场机制中存在“交易摩擦”，上述“短边规则”只是一种理想状态，市场的交易量将严格小于市场上需求量和供给量两者之间的较小者。笔者认为，Kornai 的“交易摩擦”概念非常接近与新制度经济学中的经典概念“交易费用”的定义，因而更加贴近经济运行的现实。延续 Kornai “短边规则”不成立的非均衡分析思路，Burkett 提出了双曲线型市场聚合方程：$Q_t = \frac{1}{2}(D_t+S_t) - \frac{1}{2}\sqrt{(D_t-S_t)^2+4*r^2*D_t*S_t}$，其中，$Q_t$、$D_t$ S_t 分别表示市场的有效需求、有效供给和实际交易量，r 为反映宏观市场结构摩擦程度的指标——市场的聚合程度系数，因此，r>0 为市场常态。对于任意 r（r>0），都存在 $Q_t < \min(D_t,S_t)$ 且 LimQt=min（Dt，St）$^{r\to 0}$。因此，双曲线型市场聚合方程的真实含义为市场的聚合程度系数 r 越小，表明市场上“交易摩擦”程度越低，市场机制越趋于有效，聚合后的宏观市场就越接近于“短边规则”成立的市场情况。

首先，符合“短边规则”的非均衡模型的基本形式主要由以下 3 个方程构成：

$$D_t=\alpha_0 Xd_t+\alpha_1 P_t+\mu d_t (t=1,2,\cdots\cdots T) \tag{1}$$

$$S_t=\beta_0 Xs_t+\beta_1 P_t+\mu s_t (t=1,2,\cdots\cdots T) \tag{2}$$

$$Qt=\min(D_t, St) \tag{3}$$

在上述方程组中，（1）为需求方程，（2）为供给方程，（3）为交易量方程；D_t 表示时期 t 的需求量，St 表示时期 t 的供给量，P_t 表示时期 t 的价格，Q_t 表示时期 t 的成交量；μd_t 和 μs_t 表示方程的随机扰动项，假设 μd_t 和 μs_t 的均值为

0、方差为常数、无序列相关且与 Xd_t 和 Xs_t 相互独立；Xd_t 和 Xs_t 分别表示除了价格 P_t 和扰动项 μd_t 和 μs_t 以外影响需求和供给的各种变量的项量。α_0、β_0、α_1、β_1 为方程变量的系数。

在符合“短边规则”的非均衡分析中，市场交易量 Q_t 并不等于需求量和供给量，而是等于需求量和供给量中较小的一个，即有 Qt =min（D_t，St），该交易量方程常被称为最小原则方程。

其次，在上述基本模型的基础上，我们进一步引进包含“交易摩擦”概念的双曲线型市场聚合方程来表示市场上的交易量。这样，包含双曲线型市场聚合方程的非均衡模型主要由以下 3 个方程构成：

$$D_t=\alpha_0 Xd_t+\alpha_1 P_t+\mu d_t (t=1,2,\ \cdots\cdots T) \tag{1}$$

$$S_t=\beta_0 Xs_t+\beta_1 P_t+\mu s_t (t=1,2,\ \cdots\cdots T) \tag{2}$$

$$Q_t=\frac{1}{2}(D_t+S_t)-\frac{1}{2}\sqrt{(D_t-S_t)^2+4*r^2*D_t*S_t} \tag{4}$$

r 为反映宏观市场结构摩擦程度的指标——市场的聚合程度系数，市场的聚合程度系数 r 越小，表明市场上“交易摩擦”程度越低，市场机制越趋于有效，聚合后的宏观市场就越接近于“短边规则”成立的市场情况。同时，r>0 为市场常态，因此，对于任意 r（r>0），都存在 Q_t<min（D_t，S_t）且 $\lim_{r\to 0} Q_t$=min（D_t，S_t）。上述包含双曲线型市场聚合方程的非均衡模型正是本文进行计量分析所采用的基本模型。

4.3 我国大中城市经济适用住房有效供求非均衡计量模型

经济适用住房市场的均衡状态是指市场通过价格调节机制使得商品（经济适用住房）的供求在某段较短的时期内迅速调整，进而保持经济适用住房市场出清的状态，即市场的实际住宅空置率与自然空置率持平。经济适用住房市场的非均衡状态是指由于政策干预和商品本身的属性，经济适用住房市场机制不完善，不能通过市场竞争和价格机制实现供求平衡。笔者选择“非均衡计量模型”作为经济适用住房有效供求情况的实证研究方法，其原因在于：经济适用住房的本质特征在于其兼具保障性和商品性双重功能，首先，作为保障功能的载体，经济适用住房的土地成本、市场定价、销售方式等多方面因素具有一定的计划性和政策性，不是简单的市场行为，因此，价格机制的调节作用非常有限；另一方面，由于房地产市场兼具投资功能和消费功能，加之住宅具有不可移动性、耐用性和差异性，市场交易中的摩擦因素较多，作为商品性载体的经济适用住房，也不应该简单地运用一般均衡理论对其供求状况进行分析。非均衡分析的理论价值就在于其描绘了非完全竞争市场条件下的经济行为，而且为在价格缺乏弹性情况下的资源配置提供了科学的分析框架。

关于本文非均衡回归模型的参数构建，笔者首先综合以往相关研究结论，较为全面地列举出影响我国大中城市经济适用住房供给和需求的因素。笔者认为，影响我国大中城市经济适用住房有效需求（笔者用当年经济适用住房销售面积代替有效需求量）的潜在因素有：经济适用住房的平均销售价格、商品房集中成交价、人均住房使用面积、城镇居民人均可支配收入或人均地区生产总值、人口密度、上年经济适用住房销售面积；影响我国大中城市经济适用住房有效供给（笔者用当年经济适用住房销售面积代替有效供给量）的潜在因素有：经济适用住房的平均销售价格、商品房集中成交价、人均住房使用面积、人均地区生产总值、上年经济适用住房销售面积、土地面积、经济适用住房当年完成投资额、经济适用住房竣工造价。

笔者采用我国 33 个大中城市 10 个年度（2000-2009）的面板数据，运用 SPSS 统计分析工具对上述因素进行初步回归，以确定最佳回归方程。经过统计分析，笔者确定我国大中城市经济适用住房有效供求非均衡模型由以下三个方程构成：

$$D_{it}=\alpha_1 * AHP_{it}+\alpha_2 * CHP_{it}+\alpha_3 * PCGDP_{it}+\alpha_4 * AHSA_{it}^{-1}+\alpha_0+\mu d_{it}$$

$$S_{it}=\beta_1 * AHP_{it}+\beta_2 * AHI_{it}+\beta_3 * AHC_{it}+\beta_4 * AL_{it}+\beta_5 * AHSA_{it}^{-1}+\beta_0+\mu s_{it}$$

$$Q_{it}=\frac{1}{2}(D_{it}+S_{it})-\frac{1}{2}\sqrt{(D_{it}-S_{it})^2+4*r^2*D_{it}*S_{it}}$$

上述式中，i=1，…，33，表示我国 33 个大中城市，t=2000，…，2009，

表示年份。

上述式中，D_{it} 为各城市经济适用住房有效需求量；S_{it} 为各城市经济适用住房有效供给量；Q_{it} 为各城市经济适用住房交易量，用各城市经济适用住房销售面积（$AHSA_{it}$）代替；r 为市场摩擦系数；α_1、α_2、α_3、α_4、β_1、β_2、β_3、β_4、β_5 为模型系数，β_0 和 α_0 为常数项，它们都是待估参数；μd_{it} 和 μs_{it} 为随机误差项，代表无法用现有统计数据表示的影响经济适用住房供求的因素，如政策因素和消费者心理因素等，其他重要变量含义及数据来源请见下表：

表 4.1　我国大中城市经济适用住房有效供求非均衡计量模型的变量统计

变量名称	变量含义	变量单位	变量数据来源
AHP_{it} (Affordable House Price)	经济适用住房的平均销售价格	元 / 平方米	《中国房地产统计年鉴》
CHP_{it} (Commercial House Price)	商品房集中成交价	元 / 平方米	《中国物价统计年鉴》(2007) 和《中国统计年鉴》(2000-2008)
$PCGDP_{it}$ (Per Capita GDP)	人均地区生产总值	万元 / 人	《中国城市统计年鉴》
$AHSA_{it}^{-1}$ (Affordable House Sales Area)	上年经济适用住房销售面积	万平方米	《中国房地产统计年鉴》
AHI_{it} (Affordable House Investment)	经济适用住房当年完成投资额	亿元	《中国房地产统计年鉴》
AHC_{it} (Affordable House Cost)	经济适用住房竣工造价	元 / 平方米	《中国房地产统计年鉴》
AL_{it} (Area of Land)	土地面积	万平方公里	《中国城市统计年鉴》

对于上文设定的回归模型，笔者采用 SPSSv16.0 作为统计分析工具，并采用了线性回归中的最小二乘法（OLS）对方程进行函数形式的拟合。在依据理论分析，列举出潜在合理自变量（解释变量）的基础上，采用 SPSS 软件中的逐步回归法（Stepwise Selection）① 对上述变量进行验证和筛选，并最终确定了

① 逐步回归法(Stepwise Selection)综合了 SPPS 软件中另外两种变量筛选方法，即向前选择变量法（Forward Selection）和自后淘汰变量（消元）法（Backward Selection）的优势，是一种较为科学的变量筛选方法。

回归方程的最优形式。

需求方程：$Dt=0.002*AHP_t+0.004*CHPt-6.151*PCGDP_t+0.568*AHSA_t^{-1+}+6.915$

供给方程：$St=-0.005*AHP_t+2.064*AHI_t-0.011*AHC_t+6.945*Al_t+0.294*AHSA_t^{-1}$
$+17.300$

交易量方程：（由于数据限制，这里我们采用简化式，即令 r=0）$Q_t \leq Min(D_t, S_t)$

首先，笔者对上述回归方程涉及的变量进行了基本统计描述。从单变量的偏度（Skewness）和峰度（Kurtosis）的统计数值来看，回归方程变量的数据分布可以近似地看作正态分布的形式。

附录 4.1 给出了我国大中城市经济适用住房有效供求非均衡计量回归所得的自变量系数和相关统计检验的具体结果。

从回归方程自变量系数的 t 检验的显著性看，有效需求方程中得 AHP 变量的系数不显著异于零，其他变量系数的 P 值均小于显著性水平 0.05，这说明，上述回归系数与零有显著差异，能够较好地解释说明因变量的变化，应该保留在回归方程中。

从方程的拟合优度检验看，有效需求方程和有效供给方程调整后的 R^2 值分别为：0.489 和 0.703，这说明回归方程的拟合度较为理想。从回归方程的 F 检验来看，有效需求方程和有效供给方程的检验结果均非常理想（Prob > F：0.000），可以通过 F 检验。

在残差序列的独立性分析中，有效需求方程和有效供给方程经过 SPSS 分析后生成的 D-W（Durbin-Watson）值分别为 1.402 和 1.522，均处在区间 [1.54，2.46] 内，按照检验准则，可以判断模型不存在一阶自相关。

最后，笔者通过 SPSS 对自变量和残差绝对值进行必要分析，结果显示两回归方程可以通过异方差性检验。

4.4 我国大中城市经济适用住房有效供求非均衡度

上述实证研究显示，关于我国大中城市经济适用住房有效需求的影响因素主要有以下几个：经济适用住房的平均销售价格（AHP_{it}）、商品房集中成交价（CHP_{it}）、人均地区生产总值（$PCGDP_{it}$）和上年经济适用住房销售面积（$AHSA_{it}^{-1}$）。其中，商品房集中成交价与我国大中城市经济适用住房有效需求呈正相关关系，其理论含义为，商品房价格的不断攀升催生了大众城市居民对于经济适用住房的需求，这一推论与现实情况完全相符。另外，人均地区生产总值与我国大中城市经济适用住房有效需求呈负相关，人均地区生产总值是一个城市整体富裕程度的显著标志，这也预示着随着城市整体富裕程度的提高，居民对于经济适用住房的需求将逐步降低。另外，依据上述结论，我们可以得出推论，在城市房价不断攀升的情况下，如果经济适用住房售价控制在合理范围内，城市整体富裕程度（人均地区生产总值）可以保持同步增长，那么城市居民对于经济适用住房的有效需求不会迅速膨胀。

关于我国大中城市经济适用住房有效供给的影响因素主要有以下几个：经济适用住房的平均销售价格（AHP_{it}）、经济适用住房当年完成投资额（AHI_{it}）、经济适用住房竣工造价（AHC_{it}）、城市土地面积（AL_{it}）和上年经济适用住房销售面积（$AHSA_{it}^{-1}$）。这里需要强调的是，虽然笔者在进行初步回归时将人均地区生产总值（$PCGDP_{it}$）和城市土地面积（AL_{it}）两个变量均列为影响有效供给的潜在限制变量，但是实际回归的过程中，城市土地面积（AL_{it}）作为影响因素被保留，但是人均地区生产总值（$PCGDP_{it}$）却没有被纳入最后的回归方程，这说明随着我国大中城市的不断扩张，城市经济适用住房建设规模也将不断扩大，但是一个城市的富裕程度（人均地区生产总值）却对城市经济适用住房建设规模不构成影响，这也从一个层面说明目前我国大中城市兴建经济适用住房过程中有雄厚的资金支持。

综合上述实证分析结果，笔者得出三个研究结论：(1) 在城市房价不断攀升的情况下，如果经济适用住房售价可以控制在合理范围内，城市整体富裕程度（人均地区生产总值）与普通商品房价的增速差异，决定了城市居民对于经济适用住房的有效需求的变化情况；(2) 随着我国大中城市的不断扩张，城市经济适用住房建设规模应随之扩大。同时，目前我国大中城市兴建经济适用住房过程中的资金约束程度不高，即经济适用住房的兴建有稳定的资金支持；(3) 2004 年以后我国 33 大中城市出现了比较严重的经济适用住房有效供求的失衡现象，笔者认为这主要源于普通商品房价格的持续攀升，大大超过了经济适用住房扩建速度，造成了我国 33 大中城市经济适用住房有效供求严重失衡。

为了更加直观地展示出我国大中城市经济适用住房有效供求力量对比情况，笔者采用了下面的公式衡量有效供求之间的非均衡程度：

$$Z_t = \frac{D_t - S_t}{\min(D_t, S_t)}$$

其中 Z 为经济适用住房有效供求之间的非均衡程度，D_t 为计量模型估计出的有效需求量（当年 33 个城市有效需求之和），S_t 为计量模型估计出的有效供给量（当年 33 个城市有效供给之和），min（D_t，S_t）为计量模型依据“短边原则”估计出的有效交易量。根据上述公式的计算结果，我们描绘出了图 4.2，即 2000 年至 2009 年全国 33 个大中城市经济适用住房市场有效供求之间的非均衡程度。

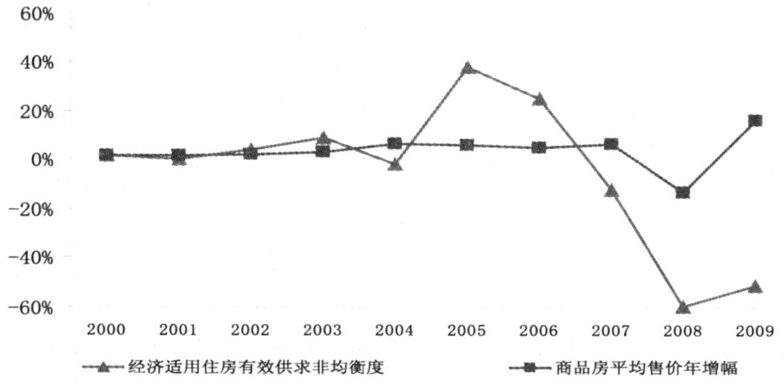

图 4.2　我国 33 个大中城市经济适用住房有效供求非均衡度

笔者认为上述 33 个大中城市经济适用住房有效供求非均衡度走势图将我国大中城市的经济适用住房供求情况较为真实地展示出来。本世纪初的几年（2000 年至 2004 年），我国商品房价格年增幅基本保持在 3% 以内，同时，我国保障性住房有效供求基本保持平衡。2004 年开始，我国住房市场价格一路攀升，2004 年至 2007 年 33 个大中城市商品房均价增速均保持在 5%-6% 水平，其滞后效应进一步刺激了城镇中低收入居民对于经济适用住房的潜在需求，但同期，经济适用住房的供给却没有保持同步增长，这种差异的长期积累使得 33 个大中城市经济适用住房有效供求非均衡度从 2005 年开始一路下跌，降低了经济适用住房既定保障对象享受住房福利的可能性，缩小了经济适用住房政策的覆盖范围。2008 年开始的国际金融危机冲击并没有改变我国住房市场价格不断攀升的趋势，在经历了短暂低迷后，2009 年我国住房市场价格开始出现报复性反弹，但与此同时随着保障性安居工程的出台和推进，2009 年开始我国保障性住房有效供求失衡现象有所缓解，但仍然存在着巨大的供求缺口，这说明保障性安居工程必须作为一项长期任务加以贯彻、落实。

参考文献

[1] 李克强．大规模实施保障性安居工程逐步完善住房政策和供应体系．求是，2010（08）：3-8。

[2] R.C.Fair & D.M.Jaffee.Maximum Likelihood Methods for Market Disequilibrium. *Econometrica*, vol.3. 1972. pp.497-515.

[3] 王成璋、龙志和、贾志永、胡氓．中国消费和投资两市场非均衡分析．数量经济技术经济研究，1993（8）：3-9。

[4] 刘芳、郭颖．我国房地产市场供求的非均衡分析——基于 1987—2005 年数据的实证研究．上海机电学院学报，2007（6）：142-146。

[5] 李岩松．北京市经济适用房非均衡发展特征及对策分析．北京师范大学硕士学位论文，2006。

[6] 李佳乐．我国经济适用房非均衡发展研究．湖南大学硕士学位论文，2008。

[7] R.R.Fair & H. Kelejian. Methods of Estimation For Markets in Disequilibrium. *Econometrica*, Vol.42. 1974. pp.177-190.

第5章 我国城镇住房保障政策的调控功能

我国城镇住房保障政策作为一项公共政策，不仅肩负着为中低收入住房困难家庭提供住房的社会保障功能，而且是我国实施宏观调控的重要工具，肩负着平抑房价和刺激经济的双重职能。近年来，针对房价居高不下、住房市场投机行为活跃的现实，我国城镇住房保障政策成为政府平抑房价的一项重要措施；在国际金融危机冲击，国内经济发展压力增大的背景下，我国城镇住房保障政策（保障性安居工程）又承担起了扩大公共投资、拉动内需、刺激经济增长的职能。肩负宏观调控职能的住房保障政策，其政策效果如何，将是本章研究的重点。

5.1 近年来我国住房市场调控政策回顾

2004年开始，我国住房市场转为活跃，部分地区出现了房价快速上涨的现象。为了防止住房市场由活跃转为过热，从2005年开始，国家启动了新一轮的住房市场调控政策。2005年3月，国务院下发了《国务院办公厅关于切实稳定住房价格的通知》，从八个方面规定了抑制住房价格过快上涨，促进房地产市场健康发展的政策措施，简称“国八条”，至此，土地政策作为调控手段开始崭露头角。2006年5月，国务院总理温家宝主持召开国务院常务会议研究促进房地产业健康发展措施，包括：切实调整住房供应结构；进一步发挥税收、信贷、土地政策的调节作用；合理控制城市房屋拆迁规模和进度，减缓被动性住房需求过快增长；进一步整顿和规范房地产市场秩序；加快城镇廉租住房制度建设，规范发展经济适用住房，积极发展住房二级市场和租赁市场，有步骤地解决低收入家庭的住房困难；完善房地产统计和信息披露制度等六项措施，被称为“国六条”。国务院办公厅随后下发了《关于调整住房供应结构稳定住房价格的意见》对“国六条”进一步细化，而且在套型面积、小户型所占比率、新房首付款等方面做出了量化规定，提出 90 平方米、双 70%的标准。随后，本轮房地产市场调控政策的效果逐步显现。

进入 2008 年第 4 季度，受国际金融危机的严重冲击，国内房地产市场迅速降温，部分城市和地区甚至出现了萧条的景象。针对这一变化，国家对房地产市场调控政策进行了适时、适度调整，房地产市场调控政策进入以拉动内需，刺激经济为主要内容的发展阶段。一系列关于促进房地产市场健康发展的政策措施相继出台，新建商品住房成交面积大幅度增加，保障性安居工程建设进度进一步加快，上述措施活跃了住房市场，提振了消费者信心，缓解了中低收入家庭的住房困难、为“保增长、扩内需、惠民生”目标的实现发挥了重要作用。

2009 年下半年开始，随着住房市场的迅速回暖，全国多数城市再次出现了房价上涨过快的现象，部分城市甚至出现了房价报复性上涨的端倪。在这一背景下，国家再次开启了住房市场紧缩性调控政策，以期达到稳定市场预期，促进房地产市场平稳健康发展的目的。2010 年 1 月，国务院办公厅下发了《国务院办公厅关于促进房地产市场平稳健康发展的通知》，提出了加强第二套房贷款管理等 11 项措施，简称“国十一条”。同年 4 月，国务院办公厅出台了《国务院关于坚决遏制部分城市房价过快上涨的通知》，重申房地产市场调控十项措施，坚决遏制部分城市房价过快上涨，切实解决城镇居民住房问题，简称“新国十条”。2011 年 1 月，国务院办公厅下发了《国务院办公厅关于进一步做好房地产市场调控工作有关问题的通知》，提出加大保障性安居工程建设力度等八项措施，以巩固和扩大房地产市场调控成果，简称“新国八条”。

依据上述分析，我们不难看出，近年来我国住房市场调控政策表现出“疏堵结合、双管齐下”的政策特征：在“堵住”房地产市场投机行为的同时，加大保障性安居工程的建设力度，“疏通”多元化住房供给渠道。可以说，住房保障政策逐渐成为我国住房市场调控政策体系的一项重要内容。

5.2 实证研究的技术工具——VAR 模型介绍

与上一章依赖非均衡计量模型开展我国大中城市经济适用住房有效供求的实证研究不同，本章针对我国城镇住房保障政策平抑房价和刺激经济两项宏观调控功能开展的实证研究主要依赖向量自回归模型（Vector Auto-regression Model，简称 VAR 模型）。传统的经济计量方法是以经济理论为基础来描述变量关系。但是，经济理论通常并不足以对变量之间的动态联系提供一个严密的说明，而且内生变量既可以出现在方程的左端又可以出现在方程的右端，使得估计和推断变得十分复杂。为了解决上述问题，一种用非结构性方法来建立各个变量之间关系的模型——VAR 模型应运而生。[1] VAR 模型是基于数据的统计性质建立模型，该模型把系统中每一个内生变量作为系统中所有内生变量的滞后值的函数，从而将单变量自回归模型推广到由多元时间序列变量组成的向量自回归模型。源于其非结构化特征，VAR 模型广泛应用于多个经济指标相关关系的研究之中。

5.3 我国城镇住房保障政策的房价抑制功能

5.3.1 住房保障政策房价抑制功能的理论分析

5.3.1.1 保障性住房与多层次城镇住房供应体系

住房保障政策之所以具备抑制房价过快上涨的功能，笔者认为，其根本原因在于保障性住房是我国多元化住房供给体系的重要组成部分。1998 年，国家在实施住房分配货币化改革的同时，提出对不同收入家庭实行不同的住房供应政策，建立多层次城镇住房供应体系，即最低收入家庭租赁由政府或单位提供的廉租住房；中低收入家庭购买经济适用住房；其他收入高的家庭购买、租赁市场价商品住房。[①] 保障性住房政策是一个不断丰富发展的政策体系，目前已经涵盖经济适用住房、廉租住房、公共租赁住房、限价商品住房和各类棚户区改造住房等五项基本内容。保障性住房政策体系中的各项内容均有明确的保障对象，通过一定的政策组合，实现保障对象的全覆盖，切实满足社会中低收入群体的住房需求。

住房作为生活的基本条件，人们对其需求是存在“刚性”特征的，即无论以何种形式，人们必须要有一个居住的场所。在多层次城镇住房供应体系中，如果保障性住房供给不足，那么原本属于保障范围的部分中低收入家庭不得不转向住房市场通过其他途径满足住房需求：原本属于经济适用住房和限价商品房的保障对象可能通过租赁的形式暂时解决住房需求或者在信贷支持下在住房市场上购置中小户型、中低价位普通商品房；原本属于廉租住房和公共租赁住房的保障对象，只能转向住房租赁市场，以降低租房标准、承担更大的租房经济压力为代价，解决其基本住房需求。因此，在多层次城镇住房供应体系中，如果保障性住房供给不到位，商品房租、售市场就面临着更多潜在需求，在商品房供给短期内无法迅速增加的情况下，住房市场就可能面临价格上涨的压力。

目前，全国城镇保障性住房覆盖率与我国中低收入家庭比重仍相差甚远，据调查，截至 2010 年底，我国仍有 2000 多万户城镇低收入家庭和少量中等偏下收入家庭的住房设施简陋，其中 1000 多万户居住在棚户区中。国家提出“十二五”时期计划建设城镇保障性住房和棚户区改造住房 3600 万套（户），到“十二五”时期末，全国保障性住房覆盖面达到 20% 左右。即使达到 20% 左右的覆盖面，这与公共住房比率一般都在 50% 以上的成熟市场经济国家相比仍相去甚远。可以说，当前和今后相当长的一段时期，我国保障性住房供给和需求之间仍然存在巨大缺口，住房保障政策的任务仍然十分艰巨。在这一现

① 详见《关于进一步深化城镇住房制度改革，加快住房建设的通知》。

实情况下，增加保障性住房供给，并不是分流商品房市场的需求，相反是使那些原本属于保障性住房覆盖范围的家庭回归保障范畴。从这个意义上说，抑制住房市场价格不仅是住房保障政策的功能也是住房保障住房政策的义务。

5.3.1.2 住房保障政策与市场预期

住房作为一种特殊商品，在满足人们居住需求的同时，兼具保值、增值等投资品属性。因此，住房市场需求不仅包含了刚性的自住需求，也包含了投资性需求①，后者弹性大、变化快，受预期等心理和社会因素影响显著。住房市场的运行规律表明，带有冒险性、破坏性和挤压性的投资性行为可以使住房市场短期内走向非理性、虚假的繁荣，也可以让住房市场顷刻崩盘。以香港为例，亚洲金融危机以来，香港的房价 6 年间下跌了 65%。房子的供给没有激增，人口规模和社会收入水平基本保持稳定，所谓刚性需求一方没有太大变化，但是，仅仅因为人们对于房价走势预期的悲观导致投资性需求瞬间萎缩，致使房价出现大规模下跌。[2] 美国次级抵押贷款危机爆发后的情况与香港类似，几年间不断攀升至高位的房价，短期内直线下跌，主要是投资性需求的变化所致。

多项研究表明，目前我国住房市场过热现象与上述投资性需求存在着很大关系，这也是近期大中城市纷纷出台“限购”政策的基本理论依据。相对于税费政策、金融政策等间接调控政策而言，住房保障政策可以通过增加供给直接干预住房市场，进而显示出政府抑制房价的能力和决心，这对于住房市场投资者心理预期可以形成显著的影响。可以说，对于住房市场参与者心理预期的干预，是住房保障政策发挥调控功能的又一个重要渠道。

5.3.1.3 对住房保障政策房价抑制功能的质疑

对于住房保障政策是否具有显著的房价抑制功能，国内不少学者和业内人士也提出了质疑。一种观点认为，保障性住房与商品房实际上是政策分割的两

① 住房需求可以简单地分为居住需求、投资需求和投机需求三个方面。其中，投资需求是指通过房屋租金的回收获取投资回报，或担心货币的贬值以求通过持有房屋对资产进行升值或保值；投机需求是指期望通过房价的上升获取差价收益，这类需求主要取决于对房价上涨的预期。本文，笔者将那种不以自住为目的、非改善性的、以交易利润为终极追求的房屋购买行为统称为投资性需求（包括投资需求和投机需求）。

个不同的细分住房市场，住房保障政策只能间接影响商品房市场供求和价格走势。长期看，商品房价格主要由其供求力量决定，商品房的需求方是不被列入保障范围的中高收入群体，作为商品房供给方的房地产开发商则依据市场走势做出投资和定价判断，双方受住房保障政策的影响非常有限。

另一种观点认为，目前住房保障政策实施过程中仍存在诸多问题，使得保障性住房在地理位置、户型设计、小区环境、社区服务等方面与商品房有一定的差距，对于保障对象中收入水平相对较高的家庭来说，他们有动力放弃享受保障性住房政策的机会，以更大的经济负担为代价，购买或者租住商品房，以获取一些保障性住房尚不具备的使用价值。[3]

从上述分析不难看出，目前关于住房保障政策是否具有房价抑制功能仍上存在争议，同时目前关于住房保障性政策与住房价格之间关系的实证研究尚处于空白。鉴于此，笔者将以 VAR 模型为技术工具，对我国住房保障政策与住房价格之间的相关关系进行实证研究。

5.3.2 住房保障政策房价抑制功能的实证分析

5.3.2.1 实证指标与数据描述

本文采用保障性住房供给面积与住房价格两项指标检验住房保障政策是否具有房价抑制功能。考虑到多种住房保障政策数据的可获取性，这里笔者采用“经济适用住房实际销售面积”这一指标代表保障性住房供给面积，用符号 JSF（简写为 J）代表；采用“商品房平均销售价格”这一指标代表房价，用符号 PRICE（简写为 P）代表。本文的研究样本数据区间为 1997 年至 2009 年，数据来源为《中国统计年鉴》。同时，为了减少异方差的影响，笔者对所有的变量进行对数处理，并对数据取对数后的变量分别命名为 lnJ，lnP。

5.3.2.2 变量平稳性检验

时间序列数据往往表现出一致的变化趋势，呈现非平稳状态——即使两列数据之间没有任何相关关系，进行回归时也可表现出较高的可决系数，产生“伪回归”现象。因此，在对时间序列数据进行计量分析时，首先要对各变量进行平稳性检验，以保证回归结果的无偏性和有效性。笔者采用 ADF 检验方法对各组变量的数据进行单位根检验，进而确定各变量的平稳性。从变量 lnJ 和 lnP 的原序列检验及二阶差分检验可知，lnJ 的原序列平稳，但 lnP 的原序列不平稳，只有在 lnJ，lnP 均为二阶差分序列时，在各个水平下（1%，5%，10%）序列平稳。因此，我们可以认为，两个时间序列 LnJ 和 LnP 都是二阶单整序列。

5.3.2.3 格兰杰因果检验

格兰杰因果检验运用了信息集的概念，在假设变量是平稳的前提下，利用交叉谱密度函数从频域角度研究变量之间的先行关系，常用于检验变量之间的因果关系。鉴于格兰杰因果检验对于滞后阶极其敏感，选取不同的滞后阶有可能带来截然不同的检验结果，因此，在进行格兰杰因果检验前必须严格确定 VAR 模型的滞后阶。关于 VAR 模型滞后阶的确定，笔者先根据 AIC、SC 准则确定各组变量 VAR 方程的滞后阶，再以极大似然比统计量 LR、残差序列的 Ljung2Box Q 统计量和 Jarque-Bera 统计量检验来辅助确定 VAR 模型的滞后阶。各项准则与检验表明，VAR 模型的最优时滞为 2，因此，笔者选择滞后期为 2 年。

格兰杰检验结果显示，该检验拒绝“lnP 与 lnJ 相互之间不存在因果关系”的原假设，即两者之间存在显著的因果关系。格兰杰检验表明 lnP 与 lnJ 之间存在因果关系。

5.3.2.4 VAR 模型的分析结果

根据滞后阶检验，我们选择滞后期为 2 年建立 VAR 模型，并将模型最终设定为 $Y_t = c + A(L)Y_{t-1} + \mu_t$，其中 $Y_t = (\Delta(\Delta\ln J), \Delta(\Delta\ln P))$（均为二阶差分），A（L）是滞后算子，$\mu_t$ 为残差向量。VAR 模型的估计结果显示，模型的 $R^2 > 0.6$，说明模型能够较好地解释变量之间的影响。

在进行进一步分析之前，我们有必要对 VAR 模型分析过程的平稳性进行检验。因为一旦 VAR 模型不平稳，模型分析结果将不是有效的，后续分析也就失去了意义。在这里，我们对 VAR 模型的根表进行平稳性检验，如果被估计的 VAR 模型所有根的模的倒数小于 1，即位于单位圆内，则其是平稳的。经检验，本文的 VAR 模型的分析过程均是平稳的。

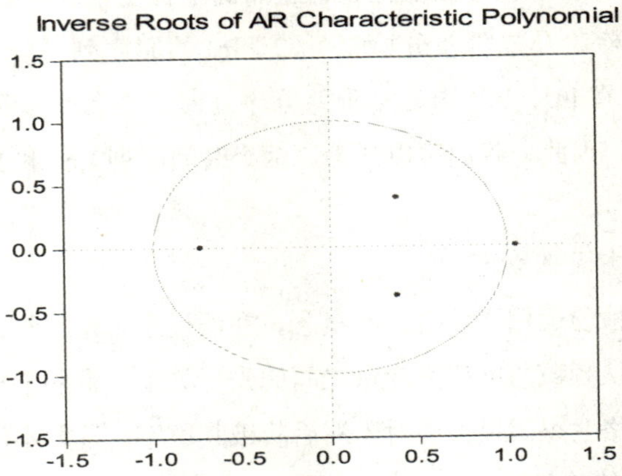

图 5.1 VAR 模型变量的平稳性进行检验结果（房价抑制功能研究）

接下来，我们依据 VAR 模型估计数据和脉冲响应函数对“经济适用住房实际销售面积”与“商品房平均销售价格”之间的动态关系进行分析（详见图 5.2）。图 5.2 的右上角图（Response of JSF to PRICE）是“经济适用住房实际销售面积”的冲击引起“商品房平均销售价格”变化的脉冲响应图。可以看出，当在本期给“经济适用住房实际销售面积”一个标准差的冲击后（即经济适用住房的销售面积增加），其对于“商品房平均销售价格”是一个从正响应向负响应过渡的过程，在第 3 期到达正响应的顶点后逐渐变为负响应，之后慢慢地收敛。因此，增加经济适用住房的供给确实起到了抑制房价作用，但是这一作用的显现需要一个时间过程。

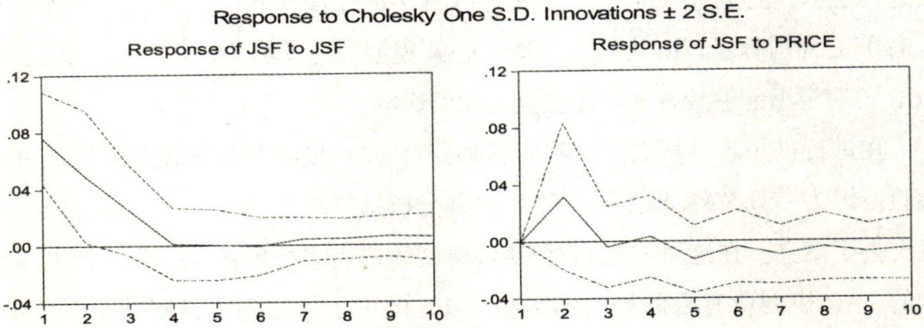

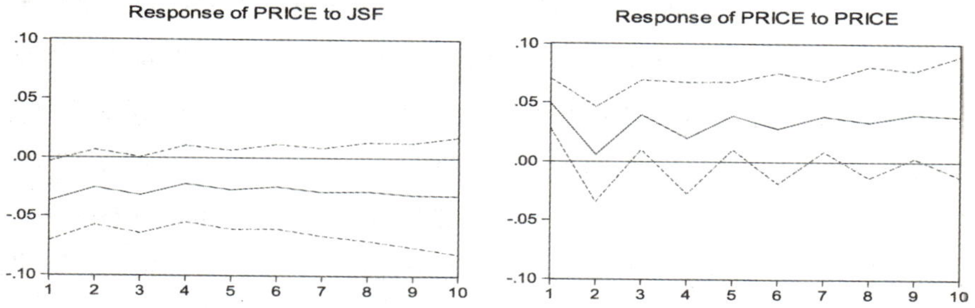

图 5.2 VAR 模型变量间脉冲影响图（房价抑制功能研究）

5.3.3 加强住房保障政策房价抑制功能的建议

VAR 模型的研究结果证明了住房保障政策具有抑制住房价格过快上涨的功能，但这一功能的显现需要一个 2 至 3 年的过程。鉴于其他种类保障性住房供给量的时间序列数据难以获得，本文的实证研究仅以“经济适用住房实际销售面积”代表了保障性住房的供给，在廉租住房和公共租赁住房快速发展的政策背景下，这种技术处理显然低估了保障性住房的供给能力。笔者有理由相信，保障性住房供给对于住房价格的实际影响，可能要明显大于模型给出的分析结果，例如，有学者提出，廉租住房与房价呈反比关系，廉租住房的供给每增加 5%，就会迫使房价下降 3%-4%。[4] 上述结论为当前“疏堵结合、双管齐下”的房地产市场调控政策提供了很好的理论依据。同时，我们也要注意到，虽然住房保障政策具有抑制住房价格的作用，但在实际操作过程中，充分发挥该政策的调控功能，我们需要注意以下几点。

一是住房保障政策的调控能力与保障性住房的覆盖面直接相关。近年来，我国政府加大了保障性安居工程的建设力度，截至 2010 年底，全国累计用实物方式解决了近 2200 万户城镇低收入家庭和部分中等偏下收入家庭的住房困难，实物住房保障受益户数占城镇家庭总户数的比例达到 9.4%，还有近 400 万户城镇低收入住房困难家庭享受廉租住房租赁补贴。“十二五”期时期，我国要完成 3600 万套保障性住房的建设任务，其中 2011 年完成 1000 万套保障性安居工程建设任务，届时我国保障性住房覆盖率将提升至 20% 左右。即使如此，笔者认为，大力推进保障性住房建设将是一项长期的任务，通过保障性住房政策抑制房价的政策空间仍然较大。国际经验表明，当公共住房覆盖面不足 50% 时，难以对住房价格形成有力的约束，如 1966 年以来的日本（占比 44.7%）和 1980 年以来的英国（占比 20%）；保障性住房占比超过 50% 时，住房价格明显受到抑制，如 1961 年以来的新加坡（占比 90%），1950-1959 年的英国（占比 68.2%）。[5] 可以说，我国保障性住房建设任重而道远，其房价抑制功能的最佳水平远未达到。

二是住房保障政策的调控功能与保障性住房本身的经济性和实用性高度相关。作为满足中低收入群体住房需求的主要方式，保障性住房在科学定价的同时，必须在地理位置、户型设计、小区环境、配套设施等方面充分考虑保障对象的实际需求，不能以牺牲保障性住房质量和品质为代价换取保障性住房的廉价。这样才不会使得一些应被纳入保障范围的人群主动放弃享受政策的机会，转向商品房市场。

三是住房保障政策的调控功能与政策本身执行力度相关。住房保障政策在申请审核、后期管理、退出机制方面政策执行是否科学、严格、透明，直接关系到保障性住房能否真正被中低收入住房困难家庭享有，进而影响到住房保障政策的调控力度和效果。

5.4 我国城镇住房保障政策的经济刺激功能

5.4.1 住房保障政策经济刺激功能的理论分析

5.4.1.1 住房保障政策的直接投资功能

成熟市场经济国家的发展经验表明，房地产行业在国家经济发展中具有无可替代的战略作用。以美国为例，1990 年美国房地产的市场总价值高达 8.8 万亿美元（其中 70% 是居住物业），占当年全国财富总额 15.6 万亿美元的 56%。[6] 可见，房地产行业的发展情况直接关系到国民经济的整体发展态势，房地产市场如果出现不景气对于国民经济的负面影响是巨大的，甚至可以引发全国乃至全球范围内的经济危机，美国次级抵押贷款危机的升级和蔓延就是鲜明的例证。

作为一种特殊住房，保障性住房投资、建设过程与一般商品房没有本质区别，可以对经济发展产生直接的刺激作用。研究显示，2008 年，我国新增的 75 亿元廉租住房建设投资及其所带动的地方和社会投资，可以拉动钢材消费量 65 万吨，水泥消费量 50 万吨。另外，国家安排的 17 亿元中央投资用于棚户区改造基础设施工程建设，可以拉动铸铁消费量 20000 万吨，钢材消费量 10 万吨，水泥消费量 30 万吨。[7]

2008 年底，为了防止国际经济危机的蔓延，减弱国际经济危机对我国的冲击，中国政府适时果断地做出了 4 万亿投资计划，以实现“有效拉动内需，促进经济增长”的政策目标。在上述 4 万亿投资计划中，投向“保障性安居工程”的资金就达到了 9000 亿，计划在 2009 年至 2011 年的三年间，增加 200 多万套的廉租住房、400 多万套经济适用住房，预计每年可带动投资近 6000 亿元。

5.4.1.2 住房保障政策的产业带动功能

房地产行业在国家经济发展中无可替代的战略作用还表现在对相关产业具有很强的带动效应。成熟市场经济国家的发展经验表明，房地产业的产值每增加 1 个百分点，就能使相关产业的产值增加 1.5 到 2 个百分点。根据日本 1990 年国民经济投入产出表计算，日本住宅业生产诱发系数为 1.961，即住宅每增加一个单位的投资将诱发有关产业国内产值之和（包括住宅建筑业本身）达 1.961。在我国，住宅业生产诱发系数为 1.479，被带动的直接相关或间接相关较大的产业有 60 多个。[8]

不仅如此，住宅消费还能带动城镇居民室内装饰装修支出的增加。据我国部分城市有关抽样调查资料，城镇居民购买经济适用房后的装饰装修支出几乎相当于或接近其购房款的 50%，其它商品住宅装饰装修支出也占其购房款的 20%-50% 不等。经济适用房和城镇商品住宅的大批投入使用，将有力地带动国内装饰装修业的发展。[9]

5.4.1.3 住房保障政策释放消费的功能

随着住房价格的飙升，住房支出在居民生活开支中所占的比重越来越大，直接影响到了居民当期消费的水平和结构。可以说，住房支出对于居民消费是存在明显的“挤出效应”。[10] 目前，住房保障政策的大力推进改变了过去公共财政政策单纯依靠基础设施劳动经济增长的思路，公共政策承担了社会收入再分配的职能，实现了扩大公共投资和保障民生并举的目标。在这种政策导向下，住房保障政策实际上使财政承担了房价（租金）与部分居民支付能力的差额，缓解了居民住房压力，释放了居民被高房价绑架了的住房需求，起到了刺激居民消费的功能。如果上文提到的保障性住房政策房价抑制功能可以切实发挥，那么，住房保障政策刺激居民消费的力度将进一步加大。

5.4.2 住房保障政策经济刺激功能的实证分析

5.4.2.1 实证指标与数据描述

本文采用保障性住房投资完成额与全社会固定资产投资额两项指标检验住房保障政策是否具有经济刺激功能。考虑到多种住房保障政策数据的可获取性，这里笔者采用“经济适用住房投资完成额”这一指标代表保障性住房投资完成额，用符号 IC 代表；“全社会固定资产投资额”SIC 代表。本文的研究样本数据区间为 1997 年至 2009 年，数据来源为《中国统计年鉴》。同时，为了减少异方差的影响，笔者对所有的变量进行对数处理，并对数据取对数后的变量分别命名为 lnIC，lnSIC。

5.4.2.2 变量平稳性检验

时间序列数据往往表现出一致的变化趋势，呈现非平稳状态——即使两列数据之间没有任何相关关系，进行回归时也可表现出较高的可决系数，产生“伪回归”现象。因此，在对时间序列数据进行计量分析时，首先要对各变量进行平稳性检验，以保证回归结果的无偏性和有效性。笔者采用 ADF 检验方法对各组变量的数据进行单位根检验，进而确定各变量的平稳性。从变量 lnIC 和 lnSIC 的原序列检验及二阶差分检验可知，只有在 lnIC 和 lnSIC 均为二阶差分序列时，在各个水平下（1%，5%，10%）序列平稳。因此，我们可以认为，两个时间序列 LnIC 和 LnSIC 都是二阶单整序列。

5.4.2.3 格兰杰因果检验

格兰杰因果检验运用了信息集的概念，在假设变量是平稳的前提下，利用交叉谱密度函数从频域角度研究变量之间的先行关系，常用于检验变量之间的因果关系。鉴于格兰杰因果检验对于滞后阶极其敏感，选取不同的滞后阶有可能带来截然不同的检验结果，因此，在进行格兰杰因果检验前必须严格确定VAR 模型的滞后阶。关于 VAR 模型滞后阶的确定，笔者先根据 AIC、SC 准则确定各组变量 VAR 方程的滞后阶，再以极大似然比统计量 LR、残差序列的 Ljung2Box Q 统计量和 Jarque-Bera 统计量检验来辅助确定 VAR 模型的滞后阶。各项准则与检验表明，VAR 模型的最优时滞为 2，因此，笔者选择滞后期为 2 年。

格兰杰检验结果显示，该检验拒绝“lnIC 与 lnSIC 相互之间不存在因果关系”的原假设，即两者之间存在显著的因果关系。格兰杰检验表明 lnIC 与 lnSIC 之间存在因果关系。

5.4.2.4 VAR 模型的分析结果

根据滞后阶检验，我们选择滞后期为 2 年建立 VAR 模型，并将模型最终设定为$Y_t = c + A(L)Y_{t-1} + \mu_t$，其中$Y_t$=(Δ（$\Delta\ln IC$),Δ（$\Delta\ln SIC$))（均为二阶差分)，A（L）是滞后算子，$\mu_t$为残差向量。VAR 模型的估计结果显示，模型的 R^2 ＞ 0．6，说明模型能够较好地解释变量之间的影响。

在进行进一步分析之前，我们有必要对 VAR 模型分析过程的平稳性进行检验。因为一旦 VAR 模型不平稳，模型分析结果将不是有效的，后续分析也就失去了意义。在这里，我们对 VAR 模型的根表进行平稳性检验，如果被估计的 VAR 模型所有根的模的倒数小于 1，即位于单位圆内，则其是平稳的。经检验，本文的 VAR 模型的分析过程均是平稳的。

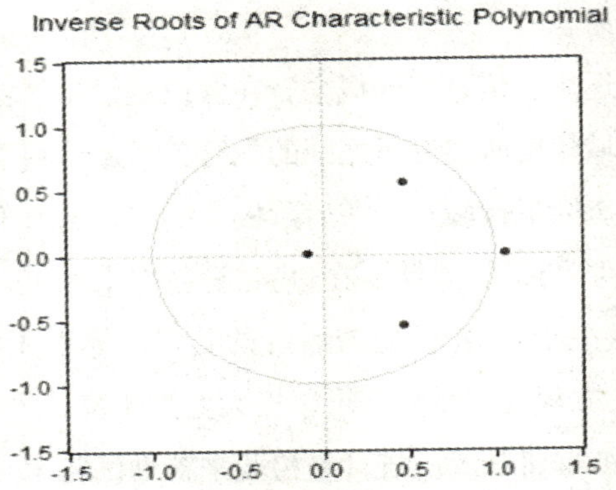

图 5.3　VAR 模型变量的平稳性进行检验结果（经济刺激功能研究）

接下来，我们依据 VAR 模型估计数据和脉冲响应函数对“经济适用住房投资完成额”与“全社会固定资产投资额”之间的动态关系进行分析（详见图 5.4）。图 5.4 的右上角图（Response of IC to SIC）是“经济适用住房投资完成额”的冲击引起“全社会固定资产投资额”变化的脉冲响应图。可以看出，当在本期给“经济适用住房投资完成额”一个标准差的冲击后（即经济适用住房的投资额增加），其对于“全社会固定资产投资额”是一个从负响应向正响应过渡的过程，在第 2 期到达负响应的顶点后逐渐变为正响应，之后慢慢地收敛。因此，增加经济适用住房的投资额可以对全社会投资起到带动作用，但是这一作用的显现需要一个时间过程。

5.4.3 加强住房保障政策经济功能的建议

VAR 模型的研究结果证明了住房保障政策具有扩大投资、拉动经济增长的功能，但这一功能的显现需要一个 2 至 3 年的过程。鉴于其他种类保障性住房投资完成额的时间序列数据难以获得，本文的实证研究仅以“经济适用住房投资完成额”代表了保障性住房的投资规模，在廉租住房和公共租赁住房快速发展的政策背景下，这种技术处理显然低估了保障性住房的投资规模。笔者有理由相信，住房保障政策对于全社会固定资产投资的实际影响，可能要明显大于模型给出的分析结果。为充分发挥住房保障政策的经济刺激功能，笔者建议

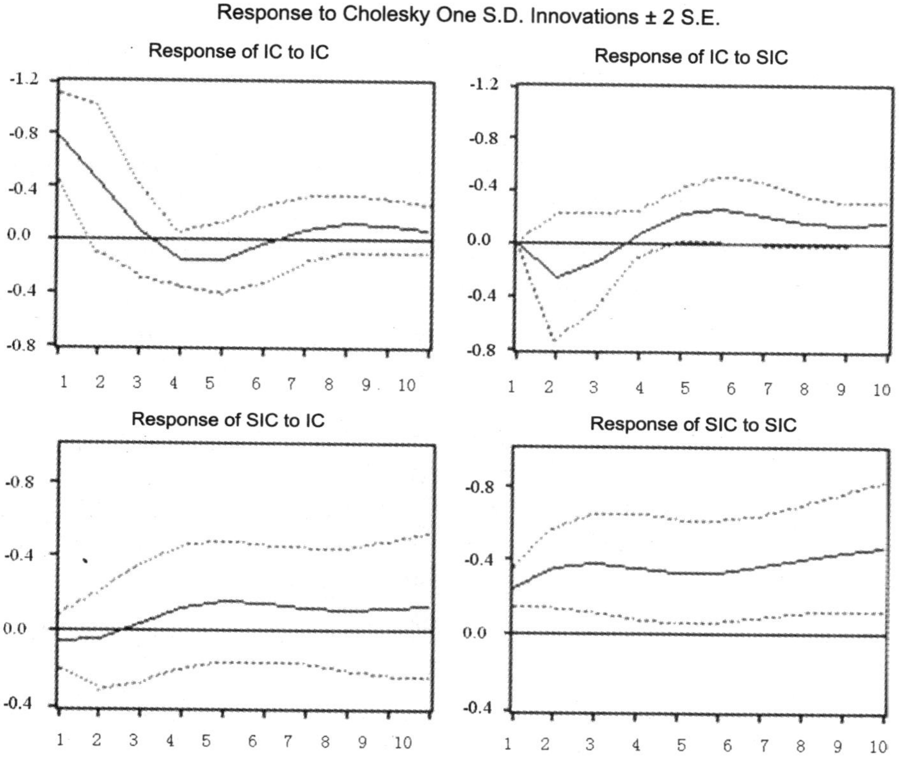

图 5.4　VAR 模型变量间脉冲影响图（经济刺激功能研究）

在政策执行中应注意以下两点。

一是鉴于住房保障政策兼具扩大公共投资和保障民生的政策导向，在政策执行过程中，住房保障政策往往可以发挥扩大公共投资、带动消费、调整国民收入分配格局等多元政策功能，是实现多元宏观调控政策目标的一个理想政策工具。

二是通过多种融资手段，积极引入社会资金参与保障性住房建设，缓解住房保障政策在执行中的财政资金压力。这一点对于经济适用住房、公共租赁住房、限价商品住房这些兼顾保障性和商品性的住房保障政策尤为重要。

参考文献

[1] 王伟、陶士贵 . 我国股票市场与货币政策关系的实证研究——基于 VAR 模型的分析 . 南京邮电大学学报（社会科学版），2011（06）：39-46。

[2] 李拉 . 能否以保障性住房建设抑制高房价 . 产权导刊，2009（12）：11-13。

[3] 曲媛 . 保障性住房：房价冷却剂？ . 上海经济，2008（06）：62-63。

[4] 胡能灿 . 廉租房是平抑房价的“稳压器” . 上海房地，2010（9）：29-31。

[5] 陈西宜 . 保障性住房政策对房地产市场及其价格的影响分析 . 价格理论与实践，2009（03）：34-35。

[6] 赵燕菁 . 廉租房建设的“一揽子”效应 . 瞭望新闻周刊，2005（32）：21。

[7] 发改委：加快建设保障性安居工程争取实现一举多得 . 世华财讯 . 2008-12-04。

[8] 顾建发 . 从宏观经济看房地产与相关产业 . 东方早报 .2011-11-23。

[9] 伊南 . 经济适用房：新的经济增长点 . 中国投资，1999（7）：21-23。

[10] 杨俊 . 中国保障性住房制度与房地产业的发展 . 浙江社会科学，2010（3）：10-12。

第三篇

我国城镇保障性住房的供给模式

第6章 我国城镇保障性住房供给模式的政策取向

为提升我国城镇保障性住房的整体供给水平，缓解当前我国城镇保障性住房的供求矛盾，本章将从宏观的视角，研究我国保障性住房供给模式的整体思路，为我国城镇保障性住房供给模式的政策取向提供理论依据。

6.1 成熟市场经济国家保障性住房的供给模式

纵观世界各国，尤其是成熟市场经济国家的保障性住房供给政策，我们不难发现，其政策思路主要是围绕“政府主导”还是“市场主导”进行政策选择。

以英国为例，英国主要采取政府主导的保障性住房供给模式，成为欧洲乃至世界范围内住房福利水平较高的国家之一。20世纪40年代开始，英国政府采取集中建设公共住房的政策，建成的公共住房出租给中低收入者。经过多年的政策实践，英国住房供求矛盾得到了有效缓解，全面的住房补贴政策凸显了英国“福利国家”的特色。以此同时，长期执行“政府主导”的供给模式不可避免地使英国财政背负沉重负担，并一定程度上干扰了住房市场的正常运行，因此从撒切尔夫人执政后，英国逐渐转变了这种“政府主导”的供给模式，政府不再组织公共房屋建设，但规定开发商必须将其建设住宅的5%至35%给政府作为福利性房屋分配给收入较低、住房困难的人士。[1]

美国住房保障政策也经历了由“政府主导”向“政府供给与市场供给相结合”的政策转变，并逐渐突出市场机制在保障性住房供给中的作用。目前，美国建设保障性住房主要有两种模式：一种是政府直接建造保障性住房，称为“公共住房计划”；一种是政府提供优惠政策鼓励私人开发商建设符合标准的保障性住房，称为“私人所有权项目”。“公共住房计划”中，美国联邦政府设立了住房与城市发展部，负责管理保障性住房建造，并提供拨款用于建造保障性住房；地方政府设住房局，监督保障性住房的建造，并负责住房分配。“私人所有权项目”中，美国政府提供低息贷款、补贴、免税等优惠政策，鼓励私人开发商建设符合标准的住房，出租或出售给低收入者。从目前的发展趋势看，美国保障性住房供给越来越倚重于“私人所有权项目”。[2]

从英国、美国和其他成熟市场经济国家保障性住房供给模式的发展趋势来看，在住房极度短缺、城镇住房供求矛盾凸显的特殊情况下，以政府主导建设保障性住房模式是一种行之有效的方式。但是，这种模式所带来的财政压力以及对市场的干扰是不可忽视的，尤其是当住房供求矛盾趋缓，保障性住房存量不断增加的情况下，采取保障性住房政府直接建设和社会化供给相结合的方式，并逐步向社会化供给转换是保障性住房供给模式长期的政策取向。

6.2 我国保障性住房的供给模式

随着我国城镇住房保障政策的深入推进，我国逐渐确立了保障性住房建设由地方负责、中央给予支持的工作机制，明确了保障性住房建设中的土地、财税和信贷支持政策；国务院及有关部门先后制定了廉租住房、经济适用住房、公共租赁住房建设和管理办法，并加强了监督检查工作。2011年颁布的《国务院办公厅关于保障性安居工程建设和管理的指导意见》明确提出了保障性安居工程建设和管理的基本原则——“坚持政府主导、政策扶持，引导社会参与；坚持加大公共财政的投入，同时发挥市场机制的作用”。

在上述基本原则的指导下，我国各城市结合自身实际情况，围绕政府主导供给还是社会化供给探索了形式多样的保障性住房供给模式。

厦门市是我国保障性住房建设先行城市，其保障性住房建设的经验被称为“厦门蓝本”，中央电视台先后多次进行深入报道。厦门市保障性住房供给倾向于政府主导的模式，不管是租赁房还是商品房，均由政府投资兴建。政府做出规划以后，委托有实力的大型国有房地产开发企业进行建设，国企完成项目工程以后，仅能获取很低的代建费。

与厦门市保障性住房建设模式形成鲜明对比，上海市保障性住房建设一直倾向于发挥市场机制的作用，引入社会资源参与保障性住房建设。目前，上海市保障性住房建设的基本思路是首先确保廉租住房和经济适用住房的财政支持，对公共赁租住房以引导社会资金为主，政府给予政策支持。《上海市发展公共租赁住房实施意见（征求意见稿）》明确提出，市、区（县）政府应组织和扶持一批从事公共租赁住房投资经营管理的专业机构，负责公共租赁住房建设投资、房源筹措、定向供应和经租管理。运营机构应具有法人资格，按《公司法》有关规定组建，采取市场机制进行运作。上海市政府承诺，如果确定公共租赁住房的建设规模以及资金量，上海市财政会着力解决 10%-20% 的资本金。公共租赁住房运营机构也可以通过多元化经营获得部分利润。[3]

相比厦门市和上海市，南京市保障性住房建设模式则采取相对折中的方案。经济适用住房实行建管分开，只在建设过程中，采用市场化手段，降低建设成本。在其他方面，由南京市政府统一管理。[4]

各城市保障性住房供给多种模式在实践中均取得了显著效果，可见，目前我国保障性住房供给模式在实践中呈现多元化发展趋势，对保障性住房建设模式的政策规划仍缺乏系统的理论支撑和指导。

6.3 我国城镇保障性住房供给模式的政策取向

对于我国城镇保障性住房供给模式的政策选择，笔者认为应该坚持以下几个基本准则：

一是长期来看，保障性住房社会化的供给模式是发展方向；短期来看，保障性住房供给政府主导的现状难以改变。前文已经谈到，无论从理论还是实践的层面，长期来看坚持保障性住房社会化的供给模式是住房保障政策的最终归宿。但是，我国目前的情况是，在住房供给货币化改革之后，保障性住房有效供给没能与我国城镇中低收入住房困难家庭的需求同步增长，保障性住房供求矛盾突出，住房保障政策的覆盖面亟待提升。尤其是在当前住房价格快速上涨的背景下，短期内增加保障性住房实物供给是我国住房保障政策面临的紧迫任务，这种情况下，以政府作为保障性住房建设的主导力量是必要的。

二是对于不同保障性住房类型实施不同的供给模式，逐步推广社会化供给模式。从经济适用住房、廉租住房、公共租赁住房、限价商品住房和棚户区改造住房等五种保障性住房类型来看，公共租赁住房、限价商品住房因其商品属性突出，在建设过程中存在实施社会化供给的条件，应该大力提倡；相反，对于经济适用住房、棚户区改造住房等保障性住房而言，因其商品属性并不十分显著，因此在推行社会化供给模式的过程中需要体制、机制创新；对于廉租住房这种带有极强保障性质的保障性住房而言，无论从政策层面还是实践层面，目前缺乏推行社会化供给模式的条件，应长期坚持政府主导的供给模式。

三是扩宽思路，充分认识保障性住房社会化供给模式的现实含义。狭义而言，通过一定的回报率吸引社会资金参与保障性住房建设，或由私人开发商直接兴建保障性住房是保障性住房社会化供给模式的主要实现方式。但是，广义而言，对保障性住房转让实施限制，进行政府回购，用工集中地区用人单位集中建设单元型或宿舍型公共租赁住房，单位集资合作建设经济适用住房等都是保障性住房社会化供给的实现形式。

参考文献

[1] 左停、王丽丽．世界各地公共房屋保障体系对我国公租房建设的启示．经济论坛，2011（3）：144-149。

[2] 冯念一、陆建忠、朱嫱．对保障性住房建设模式的思考．建筑经济，2007（8）：27-30。

[3] 公租房社会化运作的上海模式．领导决策信息，2010（26）：19。

[4] 经济适用房建设的“南京模式”．领导决策信息，2005（30）：16-17。

第7章

我国城镇保障性住房的政府供给——基于博弈论的研究

本章，笔者将针对保障性住房政府主导的供给模式，构建博弈分析模型，深入分析政策实施主体——中央政府和地方政府的利益诉求和目标冲突，进而挖掘出当前保障性住房有效供给不足的内在原因，为增加保障性住房的政府供给提供理论指导。

7.1 保障性住房供给博弈的相关研究

关于保障性住房供给过程中面临的中央政府与地方政府利益矛盾问题，我国已经有不少学者采用博弈论的分析框架开展了相关研究。

谭学良、李灿（2009）利用博弈分析方法具体分析了中央政府与地方政府的博弈过程，并据此提出中央政府为激励地方政府积极建造保障性住房可以从以下几个方面设计政策措施：(1) 加大财政补贴力度；(2) 健全精神激励体系，从道德责任方面约束地方政府，促使其树立服务理念，正确定位自身角色，自觉承担社会公共责任，积极履行相应服务职能；(3) 完善政治晋升方面激励体系，健全行政首长问责制；(4) 通过立法途径，建立并完善相关的法律法规体系；(5) 针对保障性住房体系的特殊性设置具体可行、科学有效的绩效考核体系。[1]

张昕鹏（2006）和魏建、张昕鹏（2008）从政府、开发商和购买者三方博弈的角度展开分析，认为经济适用房政策之所以在推行过程中困难重重，其原因是经济适用房政策造成了市场的制度性分割，从而产生了市场套利行为，瓦解了经济适用房的制度基础。具体而言，在经济适用房政策的约束下，地方政府、开发商和购房者都对“最优选择”不满意，导致了经济适用房政策不会被地方政府有效执行，开发商尽力变相开发和销售经济适用房，购房者则只有失望和忍受福利损失，经济适用房政策陷入执行困境。[2] [3]

肖新华（2009）运用期权博弈理论分析地方政府在当前经济适用房开发问题上的决策选择，并通过不同情形下的期权博弈均衡情况分析了当前经济适用房政策在执行过程中的困难根源。他认为，政府应该采取的政策模式是“政府出让土地 + 开发商市场运作 + 市场形成价格 + 货币明补”。[4]

由于保障性住房建设中政府间的博弈是非对等的博弈，在保障房兴建过程中，中央政府与地方政府地位不对等、实力不对等、承受的后果也不对等，多个学者选择非对等博弈模型的典型——“智猪博弈”模型①分析中央政府与地方政府之间的博弈关系。

蔡冰菲（2009）使用“智猪博弈”模型研究了中央政府和地方政府在保障性住房建设上的态度和策略选择过程。文章认为，中央政府与地方政府均可以选择投资建设保障性住房或者不投资建设保障性住房。在设定两级政府的策略空间时，无论中央政府还是地方政府选择投资建设，它们均需付出成本 5，投资建设保障房在地方产生的收益为 10，在整个社会产生的总收益为 15。根据这个假定，博弈达到纳什均衡的结果是（中央政府投资建设，地方政府不投资建设）。[5]

尚宇梅（2008）使用博弈论分析了取消经济适用房政策的必要性。与蔡冰

① 在博弈论中，“智猪博弈”是一个著名的非对等博弈双方达到纳什均衡的例子。假设猪圈中有一头大猪和一头小猪。猪圈的一头有猪食槽，另一头安装中控制着猪食供应的按钮，按一下按钮会有 10 个单位的猪食近槽，但是谁按按钮就会首先付出 2 个单位的成本。若大猪首先到槽边，则大小猪吃到的食物收益比是 9:1；同时到槽边，收益比是 7:3；小猪先到槽边，收益比是 6:4. 如果两头猪都是理性的猪，则博弈的结果是大猪按按钮，小猪等待。

菲（2009）研究相似，尚宇梅在分析经济适用房兴建过程中中央政府与地方政府的博弈时，也设定了相应的数字，得到的结论是中央政府会执行住房保障政策而地方政府会放任开发企业。同时，该文还分析了地方政府与开发企业之间的“合作博弈”，认为地方政府会放任开发企业建设经济适用房，而开发企业也不会执行相关规定。[6]

汪磊（2008）以“智猪博弈”为分析框架，具体分析了中央政府与地方政府、上级地方政府和下级地方政府之间的博弈过程。他的研究认为，中央政府提出建设经济适用房，预期该政策会对建立适应居民不同住房支付能力、分层次的住房保障体系具有重要作用。但是，在政策的实施过程中，地方政府落实经济适用房政策时会以地方政府的经济利益为出发点，并不完全与中央政府保持一致，这样就形成了小城市政府看中等城市政府的决策，中等城市政府看大城市政府的决策，大城市政府与中央政府博弈僵持的局面。[7]

上述研究使用“智猪博弈模型”分析中央政府与地方政府之间的博弈关系，把握了两级政府在兴建保障性住房上的本质关系。然而，上述研究在设立博弈模型的过程中，都是人为地为中央政府和地方政府博弈得失设置具体数字，带有很强的主观性，使得博弈模型的研究缺乏精准度和科学性。鉴于此，笔者认为，有必要为保障性住房兴建过程中央政府与地方政府之间的博弈建立一个统一的分析框架。这个分析框架不但可以根据实际情况推导博弈结果，而且还能根据现实中某个或某些参数的变化来分析博弈关系的具体变化。这样的博弈框架不但能静态地解释我国保障性住房建设中存在的现实问题，而且还能够从动态的视角进行研究，在政策前景可以预料的情况下，可以有效预测博弈结果的变化，进而提高博弈模型的现实解释能力。

7.2 保障性住房供给的博弈分析

笔者充分参考了汪磊（2008）在研究保障性住房兴建过程中中央政府和地方政府之间，上级地方政府与下级地方政府之间的“智猪博弈”的分析框架，[7]

建立了保障性住房供给的博弈分析模型。

假设 1：中央政府的行为目标假设。在保障性住房建设过程中，中央政府关注的是全社会住房保障问题，其行为目标是社会福利的最大化。假设中央政府的收益函数为 $U_1 = U$（a，H，S_1）。其中 a 表示保障性住房的供给率，H 表示提供每单位保障性住房获得的社会收益，S_1 表示为提供每单位保障性住房中央财政投入。由于中央政策的行为目标是关注低收入者的住房问题，维护和社会稳定，一般而言，在一定供给率范围内，提供的保障性住房越多，低收入者所获得的社会福利越大，分配越趋向于公平，社会整体福利就越大。因此，笔者认为 U_1 为 a 的增函数，即 $\partial U_1 / \partial a > 0$。$S_1$ 表示中央政府为落实保障性住房政策下拨的财政补贴。保障性住房支出的增加，必然会增加中央政府的财政压力，因此，笔者认为 U_1 为 S_1 的减函数，即 $\partial U_1 / \partial S_1 < 0$。H 表示中央政府通过提高保障性住房供给而得到的社会整体福利，可以知道，$\partial U_1 / \partial H > 0$ 成立。为方便起见，笔者将中央政府的收益函数 U_1 简化为以下形式：$U_1 = U$（a，H，S_1）= a（H- S_1）。

假设 2：地方政府的行为目标假设。一般而言，保障性住房兴建过程中，地方政府会以当地经济发展为直接目标，更加关注本地短期经济发展和财政收入。因此，地方政府的收益函数可以表示为 U_2=U（a，R，S_2，C）。其中，R 表示兴建保障性住房为地方政府带来的短期收益；S_2 表示地方政府为兴建保障性住房提供的财政补贴；C 表示地方政府达不到中央政府保障性住房建设目标而受到的惩罚性损失或反监管成本。根据以上参数的定义可以得到，$\partial U_2 / \partial R > 0, \partial U_2 / \partial S_2 < 0$，以及 $\partial U_2 / \partial C < 0$。为简单起见，我们假设地方政府的收益函数可以简略表示为 U_2 =a（R-S_2-C）。

假设 3：地方政府完全不执行保障房政策会造成巨大的政治影响，包括地方主要领导人被问责甚至免职等。这也就是说，地方政府完全不执行保障房政策的成本无限大，因此，地方政府的策略空间只可能是严格执行政策或不严格执行政策。

假设4：保障性住房开发过程中，中央政府虽然有能力杜绝地方政府不实施住房保障政策的情况出现，但是难以有效监督各级地方政府按时、保质、保量落实保障性住房建设目标。随着中央政府对于保障性安居工程的关注度不断提高，住房与城乡建设部等相关管理部门对于保障性住房开发建设的监管力度不断加强，对于政策落实不力的地方政府实施了督查、约谈等制度。面对上述压力，各级地方政府往往倾向于单纯完成上述政策任务，一味追求开工率，不仅上报数据有待进一步核实，而且保障性住房建设快速推进的背后，保障性住房的质量和实际功能尚不能得到有效保证。虽然中央政府难以有效监督各级地方政府按时、保质、保量落实保障性住房建设目标，但中央政府一旦发现地方政府政策执行不力，会给予惩罚性措施，增加地方政府成本。

根据上述假设，博弈的四个选择区域分别为：(中央政府严格执行，地方政府严格执行)、(中央政府严格执行，地方政府不严格执行)、(中央政府不严格执行，地方政府严格执行)、(中央政府不严格执行，地方政府不严格执行)。

（1）如果中央政府和地方政府都严格执行保障性住房建设目标，此时保障性住房供给率最大，为a。此情况下，两级政府的收益各为：$a(H-S_1)$ 和 $a(R-S_2-C)$。

（2）在中央政府严格执行保障性住房建设目标，但地方政府不严格执行的情况下，保障性住房供给率为a'；此时，兴建保障性住房为地方政府带来的短期收益为R'，且 $R<R'$；此时，地方政府达不到中央政府保障性住房建设目标而受到的惩罚性损失或反监管成本为C'，且 $C<C'$。两级政府的收益各为：$a'(H-S_1)$ 和 $a'(R'-S_2'-C')$。

（3）在中央政府不严格执行保障性住房建设目标但地方政府严格执行的情况下，保障性住房供给率为a"；此时，兴建保障性住房为地方政府带来的短期收益为R"，且 $R<R'<R''$；由于中央政府自身并不严格执行保障性住房的政策，在此情况下，地方政府达不到中央政府保障性住房建设目标而受到的惩罚性损失或反监管成本为0。两级政府的收益各为：$a''(H-S_1)$ 和 $a''(R''-S_2)$。

（4）若中央政府和地方政府都不严格执行保障性住房建设政策，则对保障性住房的供给将为0。两级政府的收益均为0。

根据上述假设，笔者认为，上述三种情况保障性住房供给率的关系为：$0 < a'' < a' < a < 1$。这样，中央政府与地方政府执行保障性住房政策的博弈策略空间可以表示为表 7.1。

表 7.1　中央政府和地方政府在执行保障性住房政策中的博弈策略空间

		地方政府	
		严格执行	不严格执行
中央政府	严格执行	$a(H-S_1)$ $a(R-S_2-C)$	$a'(H-S_1)$ $a'(R'-S_2-C')$
	不严格执行	$a''(H-S_1)$ $a''(R''-S_2)$	0 0

首先，我们分析中央政府执行保障性住房建设任务的博弈策略选择。中央政府存在 3 个可能的博弈收入选择：$a(H-S_1)$、$a'(H-S_1)$、$a''(H-S_1)$。上述三个收益函数主要的区别在于保障性住房供给率的差异。在目前我国房价快速增长的背景下，中央政府对于保障性住房带来的社会和谐、安定收益（H）的关注度要远远大于中央政府为兴建保障性住房而付出的财政补贴支出（S_1）。笔者认为，在中央政府的收入函数中，$H >> S_1$，即 $H- S_1>>0$ 成立。由于我们已知 $0< a'' < a' <a <1$，因此，对于中央政府而言，$a(H-S_1) > a'(H-S_1) > a''(H-S_1) >0$。这样，无论地方政府在执行保障性住房建设任务的博弈中选择何种策略，中央政府的策略均是严格执行保障性住房建设政策。

如果中央政府会坚定地选择严格落实保障性住房兴建任务，且将上述政策信息明确传递给地方政府，那么地方政府就存在一个在中央政府严格落实保障性住房建设任务的背景下，如何进行策略选择的问题，即对 $a(R-S_2-C)$ 和 $a'(R'-S_2-C')$ 进行比较的问题。下面笔者将就地方政府的策略选择进行详细分析。

令 $\Delta = a(R-S_2-C) - a'(R'-S_2-C')$，由于 $C'> C$ 且 $R'> R$，令 $C'=C+\Delta C$ $(\Delta C>0)$，$R'=R+\Delta R$ $(\Delta R>0)$，则 $\Delta = (a-a')(R- S_2-C) - a'(\Delta R - \Delta C)$。

当$\Delta > 0$ 时，地方政府将选择严格落实保障性住房建设任务。此时 $(a-a')$

（R- S_2-C）> a’（ΔR - ΔC），即 R-S_2-C > $\frac{a'}{a-a'}$（ΔR-ΔC）。其中，R- S_2-C 可以理解为地方政府在严格落实保障性住房建设任务时，每单位保障性住房供给为地方政府带来的净收益。ΔC 是地方政府不严格落实保障性住房建设任务所多付出的惩罚损失或反监管成本，ΔC 的大小取决于中央政府对地方政府的监督、检查力度，或者说中央政府对于地方政府的有效约束力。ΔR 是地方政府不严格落实保障性住房建设任务比严格落实任务所多得到的短期收益（包括：土地出让收入等）。由于$\frac{a'}{a-a'}$>0，因此，ΔR 越小，ΔC 越大，$\frac{a'}{a-a'}$（ΔR-ΔC）就越小，R-S_2-C > $\frac{a'}{a-a'}$（ΔR-ΔC）越有可能成立。同时，$\frac{a'}{a-a'} = \frac{a'}{\frac{a}{a'}-1}$，当$\frac{a}{a'}$越大时，$\frac{a'}{a-a'}$越小，也就是说地方政府严格落实保障性住房建设任务和不严格落实保障性住房建设任务对保障性住房供给率造成的差距越大，$\frac{a'}{a-a'}$就会越小，R-S_2-C > $\frac{a'}{a-a'}$（ΔR-ΔC）越有可能成立。从不等号左边来看，R 越大，即保障性住房兴建为地方政府带来的短期收益越大，S_2 越小，即地方政府为兴建保障性住房投入的财政补贴越小，R-S_2-C > $\frac{a'}{a-a'}$（ΔR-ΔC）越有可能成立。

下面笔者将结合我国的现实情况，对上述不等式涉及的关键变量进行逐一分析。

首先，笔者对目前我国保障性住房供给率进行分析。由于保障性住房需求是一个主观性特征明显的变量，因此，保障性住房规模占实际需求规模的比重很难用一个准确的数据进行刻画，但是我们可以采用“保障性住房占住房存量比重”这一指标间接刻画保障性住房的供给率。从国际经验来看，在房地产市场发展的初级阶段（即当住房供应总量不足时），各国政府都会通过大规模的保障性住房建设来缓解住房供求矛盾，维护社会的稳定。历史上，在保障性住房建设高峰期，英国的保障性住房占住房存量的比重曾一度接近 60%、日本超过 50%、中国香港地区超过 45%、新加坡超过 90%，相比之下，2010 年我国这一指标仅为 10% 左右，保障性住房存量严重不足。[8] 根据上述情况，我们可以推断，目前我国地方政府严格落实保障性住房建设任务时的保障性住房供给率与不严格落实任务时的保障性住房供给率均处于数值较低水平，且两者相距不会太大，因此，目前$\frac{a'}{a-a'}$应该为一个正值，且数值较大。

第二，我们估算$\Delta R-\Delta C$这一变量的变化区间，其中，ΔC是地方政府不严格落实保障性住房建设任务所多付出的惩罚损失或反监管成本，ΔC的大小取决于中央政府对地方政府的监督、检查力度，或者说中央政府对于地方政府的有效约束力；ΔR是地方政府不严格落实保障性住房建设任务比严格落实任务所多得到的短期收益。笔者认为目前我国体制内存在的两种现象使得$\Delta R>\Delta C$，且两者差距较大。

现象一是我国地方财政对于土地出让收入的依赖性越来越大，很多学者将这种现象称之为“土地财政”。所谓“土地财政”是指地方政府通过各种土地经营手段，获得土地出让金、土地税费以及利用土地进行投融资的行为。“土地财政”的表现形式主要包括：第一，土地出让收入。地方政府低价征用耕地通过招标、拍卖、挂牌将之高价出售给市场，从而获得巨额土地出让收入。第二，土地税费收入。地方政府通过土地及其附着物开发获得一些税费收入。第三，土地投融资。地方政府将土地作为抵押获得的信贷资金，当前各地区纷纷建立各种开发区和投融资平台公司，以地方财政的未来增收和土地收益作为还款来源，通过银行贷款、债券发行获得货币资金，将之投入到城市基础设施建设中。[9] 仅从土地出让成交收入来看，“十一五”时期全国土地出让成交总价款累计超过 7 万亿元，地方财政总收入中土地出让成交总价款占比从 2006 年的 38.9%，增长到 2009 年的 46.0%，再增至 2010 年的 65.9%，地方政府对土地收入的依赖程度可见一斑。[10] 如果综合考虑到土地收入金融杠杆带来的投融资收入，那么我国地方财政对于土地财政收入的依赖程度则将进一步提升。审计署全国地方政府性债务审计工作领导小组在全国范围内的调查结果显示，截至 2010 年底，全国省市县三级政府的负债总额 10.7 万亿元，地方政府负有偿还责任的债务 6.7 万亿元，其中有 2.5 万亿全靠土地出让收入偿还，换言之，超过三分之一的债务要靠土地出让收入来还。可以说，考虑到各项直接或者间接的土地收入，我国地方财政对于土地收入的依赖程度已经相当高，未来一些尚未交易转让的土地收入实际上已经被地方政府通过举债的方式预支了出去，土地收入和土地预期收入对于地方财政的重要性可见一斑。

现象二是我国中央政府对于地方政府在落实保障性住房建设任务上的有效约束力较弱。目前，我国保障性住房建设任务实行的是省级政府负总责，市县政府负责抓落实，而且要负直接的责任。2010 年的国务院 10 号文件和 2011 年的国办 1 号文件对于保障性住房建设任务的问责机制均给予了特别的强调。温总理在政府工作报告中，对于上述制度也有明确要求："有关部门要加快完善巡查、考评、约谈和问责制度，对稳定房价、推进保障性住房建设工作不力、影响社会发展和稳定的地方，要追究责任。"住房与城乡建设部依据国务院要求，具体负责监督、监控各地保障性住房建设任务的落实情况。住房和城乡建设部已经就如何落实问责制度、如何建立考评体系、如何使用约谈方式等一系列具体问题着手研究，但具体要求尚未实施。另外，约谈制度作为中央有关部门监督地方政府落实保障性住房任务的一个重要的监督措施，其操作弹性很强，约谈主体、约谈方式、约谈级别的不同会直接影响中央政府的政策约束能力。更为重要的是，就目前情况来看，全国各地同步推进保障性住房建设，保障性住房建设任务繁重、内容复杂，不排除部分地区为追求短期效果而出现虚报、夸大行为，在当前情况下，中央有关部门对于上述工作做到逐一、详细核查的难度是非常大的。

第三，我们对地方政府落实保障性住房任务获取的短期净收益：$R-S_2-C$，进行分析。保障性住房作为一项惠及中低收入全体、着眼稳定的民生工程，是实施收入再分配的一项重要政策措施，虽然长期看可以间接拉动地方经济增长并创造更多的就业机会，但是其为政府带来的短期收益并不明显，相反，地方政府还需要从地方财政中划拨相当数量的经费投入保障性住房建设当中。与此同时，地方政府为了按时完成中央下达的规模庞大的保障性住房建设任务，或多或少地需要投入一些反监管成本。因此，笔者认为，地方政府落实保障性住房任务获取的短期净收益（$R-S_2-C$）整体规模偏小，甚至可能出现负收益的情况。

综合以上三点的分析，笔者认为，就当前我国的情况而言，博弈结果出现 $R-S_2-C<\frac{a'}{a-a'}(\Delta R-\Delta C)$ 的可能性非常大，即在中央政府和地方政府落实保障性住房建设任务的博弈过程中，出现“中央政府严格落实政策，而地方政府不严格落实政策”的可能性比较大，保障性住房的兴建有可能出现地方政府懈怠、拖延等问题，这源于不同层级政府间的利益博弈。

7.3 我国保障性住房的供给困境：基于博弈的视角

近几年来，随着我国商品房价格的不断上涨，国家逐步加大了保障性住房政策的推行力度，尤其是国际金融危机爆发之后，保障性安居工程的政策推行力度进一步加大。2010 年，中央政府要求全国范围内兴建 580 万套保障性住房，而 2011 年，这个供给数字要达到 1000 万套以上。与中央政府的高度重视形成反差，目前不少地方政府对兴建保障性住房缺乏积极性，致使保障性住房开工率偏低，上报数据存在夸大成分，保障性住房政策落实力度有待加强。

《南风窗》记者邢少文撰文指出，目前我国保障性住房的建设要求与实际行动之间都存在相当大的差距。根据住房和城乡建设部的数据，以 2009 年为例，我国的保障性住房在 2009 年上半年开工率不足 40%，大多数是在三季度和第四季度开工的，且开工数据与地方政府的土地供给数据不相符合。[①] 这说明地方政府可能存在为了政绩而虚报数目等问题，政策目标与效果之间存在相当大的差距。此外，文章还指出，地方政府有限的土地供给和财政收入限制了保障性住房的资金和土地来源，且经济适用房和廉租住房的利润很低，开发商

① 根据世界银行的数据，2009 年中国计划新建 310 万套保障性住房，实际只建成了三分之二。在中国的楼市中，保障性住房销售面积所占的比例也从 2004 年的 10% 下降到了 2008 年的 6.1%。

投标保障性住房项目的积极性不高。不少地方政府在落实保障性住房建设任务时，会采取捆绑政策或对承担保障性住房项目的房地产开发商在其商品房项目上给予一定的优惠条件，这不但影响了商品房项目的公平性，也减少了地方财政收入。[11]

笔者根据 2011 年 8 月 5 日《人民日报》文章《保障房进度西部快于东部》[12] 的相关数据以及国家统计局网站公布的相关数据，整理形成了《2011 年上半年我国部分省市保障性住房施工进度统计表》（详见附录 7.1）。从官方统计数据的角度来看，2011 年上半年，我国保障性住房建设进度整体良好，较上年度有明显改善，西部地区表现尤为突出。笔者认为，2011 年保障性住房开工率的普遍提升主要得益于中央政府落实保障性住房政策的决心和监管力度加大，地方政府在落实保障性住房政策时面临着更加“严峻”的反监管形势，从博弈的角度来看，$R-S_2-C > \frac{a'}{a-a'}(\Delta R-\Delta C)$ 的可能性变小，地方政府普遍变得更“积极”了。

另外，从附录 7.1 的统计数据中我们不难发现，2011 年上半年，我国中西部地区的保障性住房开工率明显高于东部地区——经济发达的省份兴建保障性住房的积极性偏低，而经济欠发达省份兴建保障性住房的积极性则较为高涨。① 在本文博弈框架下，上述现象具有其内在逻辑。

首先，在保障性住房建设过程中，资金和土地供给始终是难点所在，也是各地区工作的着力点。与东部地区经济较为发达相对应，保障性住房建设过程中建筑、拆迁成本较高，资金压力相对较大，在一定程度上加大了保障房建设的难度。更为重要的是，对于经济发达但土地供应相对紧张的地区而言，将土地用于建设商品房，地方政府的收入 R 要远大于将土地建设保障性住房。而经济不发达地区建设商品房和保障性住房时，地方政府的收入 R 的差距会小得多，即经济发达地区的 $R-S_2-C$ 比经济不发达地区的 $R-S_2-C$ 大，即 $R-S_2-C$

① 截至 2011 年 6 月底的统计数据，陕西省保障性住房开工率达到 101%，位列第一，而上海市保障性住房开工率 50.17%，位列倒数第二。截至 2011 年 7 月底，宁夏回族自治区保障性住房的开工率为 90.20%，位列第一；安徽省保障性住房开工率为 84.30%，位列第二；广东省保障性住房开工率仅为 56.20%，位列倒数第一；北京市保障性住房开工为 62.60%，位列倒数第三。

$> \frac{a'}{a-a'}$（ΔR-ΔC）更容易在经济发达地区成立。

可见，如何调动地方政府在保障性住房建设中的积极性，破解我国保障性住房建设中中央政府和地方政府的博弈困境是我国增加保障性住房有效供给的关键所在，而如何增强经济发达地区大中城市的保障性住房的有效供给又是整个问题的重中之重。

7.4 增加保障性住房政府供给的政策建议

针对保障性住房建设环节，中央政府与地方政府目标不一致，地方政府履责不力导致的保障性住房供给困境问题，笔者认为中央政府应加强住房保障政策落实情况的监管，切实调动地方政府的积极性为基本思路，缓解保障性住房有效供给不足的难题。

首先，中央政府需要长远规划，把保障性住房建设作为一项长期任务加以落实。目前，我国保障性住房建设仍处于起步阶段，保障性住房供给量占房地产市场比重仅为 10% 左右，不仅远远低于发达国家平均水平，而且远远低于我国中低收入住房困难家庭的实际需求。因此，我国应把大力兴建保障性住房作为一项长期任务，中央政府需要长远规划，常抓不懈，通过坚定的政策执行态度，纠正部分地方政府突击完成任务的短期观念。

其次，完善相关的法律法规，明确保障性住房的基本概念和统计口径。目前我国尚未出台《基本住房保障法》，保障性住房领域的法律法规还限于国务院和各部委出台的相关规定和通知。严格意义上来说，目前所说的保障性住房仅限于经济适用住房、限价商品住房、棚户区改造住房、廉租住房和公共租赁住房等五种形式。然而，在政策执行过程中，地方政府对保障性住房的理解则不尽相同，有的省市甚至将保障性住房范围扩展至十种甚至更多，这种政策概念不清、统计口径不一致的情况为部分地方政府虚夸开工率等弄虚作假行为提供了条件。

最后，加强对地方政府问责机制，将保障性住房的质量和数量与地方政府（尤其是地方主要官员）的政绩考核挂钩。目前，我国一些地方政府已经将保障性住房的质量与开发商终身挂钩，实行保障性住房“终身责任制”，中央政府对于上述做法也给予了高度肯定。然而，针对地方政府落实保障性住房政策的不积极现实，我国尚未执行相应的问责机制，致使中央政策与地方政策出现偏离。因此，笔者建议，有必要将保障性住房的实施情况与政府政绩考核相挂钩：将保障性住房的建设进度、质量和保障效果纳入地方官员的绩效考核范畴，切实调动地方政府落实保障性住房的积极性。

参考文献

[1] 谭学良、李灿 . 完善保障性住房体系取向下的政府激励机制改革探讨——以博弈论为研究视角 . 金卡工程：经济与法，2009（05）：149-150。

[2] 张昕鹏 . 市场的制度性分割与统一：经济适用房制度的经济分析 . 山东大学硕士学位论文，2006：20-30。

[3] 魏建、张昕鹏 . 市场的制度性分割：经济适用房制度的博弈分析 . 山东大学学报（哲学社会科学版），2008（1）：83-90。

[4] 肖新华 . 经济适用房政策失效问题研究——基于期权博弈视角 . 华东经济管理，2009（3）：60-63。

[5] 蔡冰菲 . 保障性住房建设中地方政府与中央政府的博弈分析 . 社会科学家，2009（12）：40-43。

[6] 尚宇梅 . 用博弈论分析取消经济适用房政策的必要性 . 商业研究，2008（2）：123-125。

[7] 汪磊 . 经济适用住房政策研究 . 上海大学硕士学位论文，2008：28-35。

[8] 巴曙松 . 保障性住房的变革力量与宏观效应 . http://house.focus.cn/news/2010-08-11/1014366.html。

[9] 蒋震、邢军 . 地方政府“土地财政”是如何产生的 . 宏观经济研究，2011（1）：20-24。

[10] 房地产蓝皮书：地方政府过度依赖土地财政 . http://www.chinanews.com/estate/2011/05-05/3019248.shtml。

[11] 邢少文 . 保障性住房落差 . 南风窗，2011（3）：68-70。

[12] 人民日报，保障房建设进度西部比东部快。2011 年 8 月 5 日。

第8章

我国城镇保障性住房的社会化供给——融资模式的创新

正如第6章谈到的那样，保障性住房社会化供给模式有多种实现方式，如：对保障性住房转让实施限制，进行政府回购；用工集中地区用人单位集中建设单元型或宿舍型公共租赁住房；单位集资合作建设经济适用住房等。但是，整体来看，目前我国保障性住房供给不足的主要核心障碍在于资金缺乏，如何在保障性住房的保障性与商品性之间找到平衡点，如何在解决中低收入家庭的住房困难与保障开发商利益之间寻找到平衡点，是保障性住房社会化供给模式的关键所在。因此，本章将以融资模式创新为核心，研究保障性住房社会化供给的可行性。

8.1 我国城镇保障性住房建设面临的资金压力

随着我国保障性安居工程的大力推进，保障性住房建设的资金缺口日益突显。我国“十二五”规划纲要提出，未来五年将建设保障性住房3600万套，其中仅2011年就要建设1000万套，预计需要总投资1.3—1.4万亿元。根据住房和城乡建设部的测算，如此庞大的资金需求中仅有5000亿能够通过中央、省级财政拨款以及市县政府财政收入来筹集（中央用于保障性安居工程的资金为 1000 多亿元，地方政府将筹集 4000 亿元）。而其余近 8000 亿的资金缺口则将主要通过社会机构的投入和保障对象以及其所在的企业来满足。相对于购置型保障性住房，公共租赁住房、廉租住房等租赁型保障性住房建设面临着更为严重的资金困境。由于公共租赁住房、廉租住房具有一次性投入大、资金占用周期长、投资回报率低等特点，无法像购置型保障性住房那样快速地、一次性地回收投入资金，对追求利润最大化的社会资金更加缺乏吸引力，社会化筹资的难度进一步加大。

针对这一问题，2011 年出台的《国务院办公厅关于保障性安居工程建设和管理的指导意见》明确提出“增加政府投入”、“规范利用企业债券融资”、“加大信贷支持”和“落实税费减免政策”等四方面意见。在“增加政府投入”方面，《国务院办公厅关于保障性安居工程建设和管理的指导意见》表达了非常坚决的政策态度，提出：“中央继续加大资金补助力度。地方各级人民政府要在财政预算安排中将保障性安居工程放在优先位置，加大财政性资金投入力度。按照‘省级负总责、市县抓落实’的原则，加大省级政府统筹力度，确保项目资本金足额及时到位。完不成保障性安居工程建设任务的城市，一律不得兴建和购置政府办公用房。”

8.2 保障性住房建设的传统资金渠道

结合《国务院办公厅关于保障性安居工程建设和管理的指导意见》提到的几种资金渠道，笔者将对当前保障性住房建设依赖的几条主要资金渠道进行介绍。

一是土地出让收益。自改革开放以来，“融资平台 + 土地财政 + 打捆贷款”的融资模式在各地区房地产建设中发挥了非常重要的作用。地方政府通过注入财政资金、股权、国有资产存量、土地收益以及赋予特许经营权等方式对融资平台进行扶持，以地方政府信用作担保，获得打捆贷款，再将筹集来的资金用于该片土地周围的基础设施建设，完工后获取土地升值收益，从而偿还融资平台的债务和利息。此种模式下的保障房建设前期投入资本金主要来自土地出让收入。另外，诸多平台公司申请贷款时抵押给银行的抵押品还是土地，因此，土地出让收益成为地方政府支持保障性住房建设的主要资金渠道之一。《国务院办公厅关于保障性安居工程建设和管理的指导意见》提出："土地出让收益用于保障性住房建设和棚户区改造的比例不低于10%。"

二是住房公积金。住房公积金是一项强制性购房储蓄计划，旨在通过由基金提供按揭贷款补贴，为普通工资阶层提供帮助。2010年10月23日，住房和城乡建设部等七部委联合发出《关于利用住房公积金贷款支持保障性住房建设试点工作的实施意见》，从而使住房公积金参与保障性住房建设成为可能。根据上述新政，地方政府可动用住房公积金盈余资本。鉴于住房公积金内的闲置资金规模庞大，盈余资本可以有效填补保障性住房建设的资金缺口。《国务院办公厅关于保障性安居工程建设和管理的指导意见》也提出："住房公积金增值收益在提取贷款风险准备金和管理费用后，全部用于廉租住房和公共租赁住房建设。"

三是信贷资金。商业银行贷款的优势在于资金较为充裕，风险控制机制相对成熟。按揭贷款由保障性住房所有公司以房产做抵押向银行贷款，贷款期限为10年以上，以保障性住房建成投入使用后的租售收入（含车库）、配套商业设施出售收入和财政兜底等作为主要还款来源。国家开发银行作为贷款力度最大的银行，提出了2011年1000亿元的保障房贷款计划，部分贷款项目已在重庆、南京、深圳等地落实。

四是信托资金。比较信贷资金，信托融资具有机制灵活等优势，同时，信托融资的成本相对较高，需要与其他商业性项目配合，比较适合政府规划的土地中配套建设的保障性住房。这种融资模式由商业银行、信托公司、政府等多部门共同推进。首先，由信托公司发行专门用于保障房建设的理财产品，然后由商业银行向特定投资者（机构和个人）销售这些理财产品，同时，政府成立专门担保公司对理财产品提供一定的担保。信托公司将银行筹集的资金以委托贷款形式贷给开发公司，信托公司和银行参与资金管理和监督。信托融资的还款来源仍然是保障性住房建成投入使用后的租售收入（含车库）、配套商业设施出售收入和财政兜底。这种模式，既满足了融资者和投资者的不同需求，同时也可通过滚动发行等期限设计，提了资金的使用效率，扩展保障性住房建设的资金来源。据用益信托工作室统计，截至 2011 年 5 月份，共有 9 家信托公司发行了 21 款保障房集合信托项目，发行总规模为 65 亿元，平均收益率为 9.52%，高于全部产品的平均收益率 0.74 个百分点。

五是地方债券融资。在国家发展和改革委员会发布《关于利用债券融资支持保障性住房建设有关问题的通知》之后，保障性住房建设的债券融资模式悄然兴起。债券融资模式支持符合条件的地方政府投融资平台公司通过发行企业债券进行保障性住房项目融资。相比股票融资模式，债券融资由于其税盾作用和财务杠杆作用①，在成熟的资本运作市场上往往更受企业的青睐。《国务院办公厅关于保障性安居工程建设和管理的指导意见》提出："中央代发的地方政府债券资金要优先安排用于公共租赁住房等保障性安居工程建设。"

不可否认，上述传统融资模式在筹集保障性住房建设资金、应对金融风险等方面发挥了积极的作用。与此同时，传统融资模式固有的弊端也在逐步显现和强化。以商业银行贷款为例，商业银行贷款面临诸如借款人的独立企业法人地位、资本金比例要求、四证齐全、贷款最长期限、抵押物落实等难题。此外，受房地产信贷调控政策、稳健货币政策和审慎监管政策影响，商业银行虽然有心支持，但其放贷能力却受到制约。关于信托融资模式，较高的信托融资成本对多数企业构成了财务压力。信托融资监管从严的趋势限制了未来房地产信托的发展规模和节奏。一旦经济周期进入下行通道，房价下跌可能会导致地方政府土地收入锐减，信用无法兑现，届时保障性住房建设将面临巨大的资金压力。

---

① 债券的税盾作用来自于债务利息和股利的支出顺序不同，这对企业而言相当于债券筹资成本中的相当一部分是由国家负担的，因而负债经营能为企业带来税收节约价值。债券融资的财务杠杆作用是指企业负债对经营成果具有放大作用。企业发行债券除了按事先确定的票面利率支付利息外（衍生品种除外），其余的经营成果将为原来的股东所分享。如果纳税付息前利润率高于利率，负债经营就可以增加税后利润，从而形成财富从债权人到股东的转移，使股东收益增加。

8.3 保障性住房建设可借鉴的新兴融资模式介绍

鉴于传统融资模式的弊端逐渐凸显，近年来保障性住房建设的融资模式创新已经成为社会各界关注的焦点。包括房地产投资信托基金（REITs）及资产证券化、债券融资、项目融资（BOT、BT、PPP、PFI、ABS 等）在内的新兴融资模式的相继提出，极大地拓宽了保障性住房融资模式的思路。目前，各种新兴的融资模式正陆续引入国内，相关的实践方兴未艾。

8.3.1 房地产投资信托基金

房地产投资信托基金（Real Estate Investment Trust，简称 REITs）产生于 20 世纪 60 年代的美国，是一种专营于房地产项目的金融工具。它是通过公开发行股票或收益凭证募集特定多数投资者的资金，由专门投资机构进行房地产投资经营管理，并将投资综合收益按比例分配给投资者的一种信托基金。房地产投资信托基金是房地产项目融资证券化的主要形式之一。将保障性住房贷款证券化，一方面可以增加资金来源，另一方面可以改善资产负债表，分散金融机构风险。2005 年，中国建设银行和国家开发银行进行了首批保障性住房信贷资产证券化试点：一是以试点城市的保障性住房项目或商业项目为基础，在银行间市场筹集资金；二是在证券市场发行股权性质 REITs。2008 年底在国务院出台的“金融国九条”的政策措施中，房地产信托投资基金首次在国家政策层面受到认可。仅仅十天之后，国务院办公厅发布了更为细化的“金融国 30 条”，再次明确提出“开展房地产信托投资基金试点，拓宽房地产企业融资管道”。

8.3.2 项目融资

项目融资是近些年兴起的重要融资模式，是以项目的名义筹措一年期以上的资金，以项目营运收入承担债务偿还责任的融资形式。常见的项目融资模式有如下几种：

一是特许权经营（Build - Operate - Transfer，简称BOT）融资模式。BOT融资模式是指私营企业通过参与基础设施建设从而向社会提供公共服务的模式。BOT融资方式的优越性主要体现在以下几个方面：首先，在政府自有资金不足时能够减轻项目对政府财政预算的依赖。其次，把私营企业中的效率引入公用项目，可以极大提高项目建设质量并加快项目建设进度。同时，政府也将项目风险转移给了私营发起人。第三，吸引外国投资并引进国外的先进技术和管理方法。BOT主要用于建设收费公路、发电厂、铁路、废水处理设施和城市地铁等基础设施项目。除了上述的普通模式外，BOT融资模式还有20多种演化模式，比较常见的有：BOO（建设－经营－拥有）、BT（建设－转让）、TOT（转让－经营－转让）、BOOT（建设－经营－拥有－转让）、BLT（建设－租赁－转让）、BTO（建设－转让－经营）等。

二是建设－转让（Build - Transfer，简称BT）融资模式。BT模式作为BOT的演化模式近年来在我国一些工程建设项目中被广泛采用。BT模式是由项目发起方通过招标的方式确定投资方，然后由投资方负责项目资金筹措和工程建设，并承担项目的建设风险，项目建成竣工验收合格后，项目发起方按照签署的回购协议接管项目，并向投资方支付回购款的一种融资建设方式。

三是公私合伙或合营（Public - Private - Partnership，简称PPP）融资模式。随着项目融资的发展，PPP融资模式开始出现并逐渐在欧洲流行。PPP融资模式是指政府与私营商签订长期协议，授权私营商代替政府建设、运营或管理公共基础设施并向公众提供公共服务。PPP融资模式可以分为外包、特许经营和私有化三大类。外包类PPP项目一般是由政府投资，私人部门承包整个项目中的一项或几项职能，例如只负责工程建设，或者受政府之托代为管理维护设施或提供部分公共服务，并通过政府付费实现收益。在外包类PPP项目中，私人部门承担的风险相对较小。特许经营类PPP项目需要私人参与部分或全部投资，并通过一定的合作机制与公共部门分担项目风险、共享项目收益。由于项目的资产最终归公共部门所有，因此一般存在使用权和所有权的移交过程，即合同结束后要求私人部门将项目的使用权或所有权移交给公共部门。私有化类 PPP 项目则需要私人部门负责项目的全部投资，在政府的监管下，通过向用户收费收回投资并实现利润。由于私有化类 PPP 项目的所有权永久归私人拥有，并且不具备有限追索的特性，因此，私人部门在这类 PPP 项目中承担的风险最大。

四是民间主动融资（Private Finance Initiative，简称 PFI）模式。PFI 融资模式是英国政府于 1992 年提出的一种新的基础设施投资、建设和运营管理模式。PFI 模式是对 BOT 项目融资模式的优化，指政府部门根据社会对基础设施的需求，提出需要建设的项目，通过招投标，由获得特许权的私营部门进行公共基础设施项目的建设与运营，并在特许期（通常为 30 年左右）结束时将所经营的项目完好地、无债务地归还政府，而私营部门则通过收取费用来回收成本的项目融资方式。

8.4 保障性住房建设可借鉴的新兴融资模式比较

8.4.1 BOT 系列（BOT、BOO 和 BOOT）项目融资模式比较分析

BOT（建设—经营—移交）模式和 BOO（建设—拥有—运营）模式的相同之处在于它们都是利用私人投资承担公共基础设施项目。在这两种融资模式中，私人投资者根据东道国政府授予的特许协议或许可证，以自己的名义从事授权项目的设计、融资、建设及经营。在特许期内，项目公司拥有项目的占有权、收益权以及为特许项目进行投融资、工程设计、施工建设、设备采购、运营管理和合理收费的权利，并承担对项目设施进行维修、保养的义务。在我国，为保证特许权项目的顺利实施，在特许期内，如因我国政府政策调整使项目公司受到重大损失的，允许项目公司合理提高经营收费或延长项目公司特许期；对于项目公司偿还贷款本金、利息或红利所需要的外汇，国家保证兑换和外汇出境。但是，项目公司也要承担投融资以及建设、采购设备、维护等方面的风险，政府不提供固定投资回报率的保证，国内金融机构和非金融机构也不为其融资提供担保。

BOT（建设—经营—移交）模式和 BOO（建设—拥有—运营）模式最大的区别在于：在 BOT 项目中，项目公司在特许期结束后必须将项目设施交还给政府；而在 BOO 项目中，项目公司有权不受任何时间限制地拥有并经营项目。从 BOT 的字面含义也可以推断出基础设施国家独有的含义：私人投资者在经济利益驱动下，本着高风险、高回报的原则，投资于基础设施的开发建设。为收回投资并获得投资回报，私人投资者被授权在项目建成后的一定期限内对项目享有经营权，并获得经营收入。期限届满后，将项目设施经营权无偿移交给政府。由此可见，项目设施最终经营权仍然掌握在国家手中，而且在 BOT 模式整个运作过程中，私人投资者自始至终都没有对项目的所有权。说到底，BOT 模式不过是政府允许私人投资者在一定期限内对项目设施拥有经营权，但该项目的本质属性没有任何改变。换句话说，运用 BOT 模式，项目发起者可在一定时期内拥有项目经营权，之后，项目交还给政府。而 BOO 模式，项目的所有权不再交还给政府。

BOOT（建设—拥有—经营—转让）与 BOT（建设—经营—移交）的区别有两点：一是所有权的区别。BOT 模式，项目建成后，私人只拥有所建成项目的经营权；而 BOOT 模式，在项目建成后，在规定的期限内，私人既有经营权，也有所有权。二是时间上的差别。BOT 模式，从项目建成到移交给政府这一段时间一般比 BOOT 模式短一些。BOT 意味着一种很低的私有化程度，因为项目设施的所有权并不转移给私人。BOOT 代表了一种居中的私有化程度，因为设施的所有权在一定时间内转给私人。最后，就项目设施没有任何时间限制地被私有化并转移给私人而言，BOO 代表的是一种最高级别的私有化。换句话说，一国政府所采用的建设基础设施的模式，反映出其所愿意接受的某一行业私有化程度。

8.4.2 BOT 类项目融资模式与 PPP 项目融资模式的比较分析

BOT 模式与 PPP 模式的共同点：首先，这两种融资模式的当事人都包括融资人、出资人、担保人。融资人是指为开发、建设和经营某项工程而专门成立的经济实体，如项目公司。出资人是指为该项目提供直接或间接融资的政府、企业、个人或银团组织等。担保人是指为项目融资人提供融资担保的组织或个人。其次，两种融资模式都是通过签订特许权协议使公共部门与私人企业发生契约关系的。一般情况下，政府通过签订特许权协议，由私人企业建设、经营、维护和管理项目，并由私人企业负责成立的项目公司作为特许权人承担合同规定的责任和偿还义务。最后，两种模式都以项目运营的盈利偿还债务并获得投资回报，一般都以项目本身的资产作担保抵押。

BOT 模式与 PPP 模式的区别：首先，组织机构设置不同。以 BOT 模式参与项目的公共部门和私人企业之间是以等级关系发生相互作用的。在组织机构中没有一个相互协调的机制，不同角色的参与各方都有各自的利益目标——自身利益最大化，这使得他们之间很容易产生利益冲突。由于 BOT 模式缺乏协调机制，参与各方之间存在信息不对称。PPP 模式是一个完整的项目融资概念，但不是对项目融资的彻底更改，而是对项目生命周期过程中的组织机构设置提出了一个新的模式。它是政府、赢利性企业和非赢利性企业基于某个项目而形成的以“双赢”或“多赢”为理念的相互合作形式，参与各方可以达到与单独行动相比更为有利的结果。在组织机构中，参与各方虽然没有达到最大利益，但总收益却是最大的，实现了“帕累托”最优，即社会效益最大化，这显然更符合公共基础设施建设的宗旨。综上所述，PPP 模式是建立在公共部门和私人企业之间相互合作和交流的基础之上的“共赢”，避免了 BOT 模式由于缺乏相互沟通协调而造成的项目前期工作周期过长的问题，也解决了项目全部风险由私人企业承担的问题，合作各方可以达到互利的长期目标，实现共赢，能创造更多的社会效益，更好地为社会和公众服务。

其次，运行程序不同。BOT 模式运行程序包括招投标、成立项目公司、项目融资、项目建设、项目运营管理、项目移交等环节。而 PPP 模式运行程序包括选择项目合作公司、确立项目、成立项目公司、招投标和项目融资、项目建设、项目运行管理等环节。从运行程序的角度来看，两种模式的不同之处主要在项目前期。PPP 模式中私人企业从项目论证阶段就开始参与项目，而 BOT 模式则是从项目招标阶段才开始参与项目。更重要的是，在 PPP 模式中，政府始终参入其中，而在 BOT 模式中，在特许协议签订之后，政府对项目的影响力较弱。

8.4.3 其他融资方式（TOT、ABS、PFI）的比较分析

TOT（移交—经营—移交）模式多用于桥梁、公路、电厂、水厂等基础设施项目，政府部门将项目移交出去后，能够取得一定资金，用以建设其他项目。因此，通过 TOT 模式引进私人资本，可以减少政府财政压力，提高基础设施运营管理效率。TOT 模式与 BOT 模式相比具有许多优点：TOT 融资方式只涉及经营权转让，不存在产权、股权之争；有利于盘活国有资产存量，为新建基础设施筹集资金，加快基础设施建设步伐；有利于提高基础设施的技术管理水平，加快城市现代化的步伐。

虽然 PFI（民间主动融资）来源于 BOT（建设—经营—移交）模式，也涉及项目的建设、经营、转让等问题，但作为一种独立的融资方式，与 BOT 相比具有以下几个特点：

一是项目主体单一。PFI 的项目主体通常为本国民营企业的组合，体现出民营资金的力量。而 BOT 模式的项目主体既可以是本国私营企业，也可以是外国公司，所以，PFI 模式的项目主体较 BOT 模式单一。

二是项目管理方式开放。PFI 模式对项目实施开放式管理，首先，对于项目建设方案，政府部门仅根据社会需求提出若干备选方案，最终方案则在谈判过程中通过与私人企业协商确定；BOT 模式则事先由政府确定方案，再进行招标谈判。其次，PFI 模式对于项目所在地的土地供给方式及以后的运营收益分配或政府补贴额度等，都要综合当时政府和私人企业的财力、预计的项目效益及合同期限等多种因素而定，不同于 BOT 模式对这些问题事先都有框架性的文件规定。所以，PFI 模式具有更大的灵活性。

三是实行全面的代理制。PFI 模式实行全面的代理制，这也是与 BOT 模式的不同之处。作为项目开发主体，BOT 公司通常自身就具有开发能力，仅把调查和设计等前期工作和建设、运营中的部分工作委托给有关的专业机构。而 PFI 公司通常自身并不具有开发能力，在项目开发过程中，广泛地应用各种代理关系，而且这些代理关系通常在投标书和合同中即加以明确，以确保项目

开发顺利进行。

四是合同期满后项目运营权的处理方式灵活。PFI 模式下合同期满后，如果私人企业通过正常经营未达到合同规定的收益，则可以继续拥有或通过续租的方式获得运营权，这是在前期合同谈判中需要明确的；而 BOT 模式则明确规定，在特许权期满后，所建资产将无偿地交给政府拥有和管理。

8.5 保障性住房融资模式的创新

8.5.1 保障性住房融资模式创新的目标与基本原则

笔者认为，实现保障性住房融资模式创新，至少应该遵循以下几个基本原则：

一是保障性住房融资创新应能够确保稳定的投资回报率，即在确保投资业务的长期稳定性，项目可持续经营的同时，能从节约的投资成本中获取预期的投资回报率。

二是保障性住房融资创新应能够制定出一个满足各投融资主体整体收益最大化的合理的项目融资方案。在保证筹集到足够项目资金的同时，通过设计一个完备的融资方案平衡公共部门、民营部门等各方的利益，确保公共部门和民营部门日后能从做大的市场份额中获得更多的回报。

三是保障性住房融资创新需要政府部门的有力支持。保障性住房融资模式创新是提供公共设施或服务的一种比较有效的方式，但并不是对政府有效治理和决策的替代。在任何情况下，政府均应从保护和促进公共利益的立场出发，负责项目的总体策划，组织招标，理顺各参与机构之间的关系，降低项目总体风险等。

四是保障性住房融资创新应健全法律法规制度。保障性住房建设融资项目的运作需要在法律层面上，对政府部门与企业部门在项目中需要承担的责任、义务和风险进行明确界定，保护双方权益。例如，在 PPP 模式下，项目设计、融资、运营、管理和维护等各个阶段都可以采纳公共民营合作模式，通过完善的法律法规对参与双方进行有效约束。

五是保障性住房融资创新应取得专业化机构和人才的支持。以 PPP 模式为例，PPP 模式的运作广泛采用项目特许经营权的方式，进行结构融资，这需要比较复杂的法律、金融和财务等方面的知识。这一方面要求政策制定者制定规范化、标准化的 PPP 交易流程，对项目的运作提供技术指导和相关政策支持；另一方面需要专业化的中介机构提供具体的服务。

8.5.2 保障性住房融资创新的融资工具选择

目前可以考虑的保障性住房融资创新工具包括：债券融资、房地产信托基金（REITs）以及项目融资等。其中项目融资模式又可分为 BOT 系列模式、PPP、PFI、ABS 等。

针对保障性住房建设过程中的融资难题，笔者认为，项目融资具有独特的优势，尤其是 PPP 模式在强调政府全程参与监督、实现各投资主体互利共赢等方面具有显著优势，非常符合我国保障性住房的建设需求。

针对保障性住房运行过程中的融资难题，目前可以选择的融资工具为债券融资及房地产信托基金（REITs）模式，其中较为成熟且为各界普遍认可的运作模式为 REITs 模式。[1] 从国外经验看，极少有进行开发性投资的 REITs 存在，几乎所有 REITs 的经营模式都是收购已有地产并用于出租。但是，鉴于目前国内保障性住房供不应求的局面将长期存在，尚没有大量的保障性住房库存可供 REITs 进行收购。因此，REITs 模式发挥的空间还比较有限。

目前单独的融资模式不能完全满足保障性住房的融资需求，应该采取多种模式结合的方法解决保障性住房的建设、运营及整个生命周期内的融资问题。鉴于上述分析，笔者认为 PPP+REITs 融资模式是保障性住房融资创新较为理想的技术工具。具体而言，PPP+REITs 融资模式具有以下几个显著优势：

一是显著减少了政府建设管理的工作量，有利于减轻政府的财政负担。采用 PPP+REITs 融资模式建设的保障性住房，其建设资金由 PPP 模式投资人和 REITs 基金负责解决，政府只需要提供少量的项目启动辅助补贴。因此，它能有效降低政府财政负担。另外，PPP 模式下投资人承担了建设项目中融资、建设等工作，大大减少了政府在保障性住房建设、管理过程中的工作量。

二是 PPP 模式与 REITs 模式的整合，极大地克服了单一保障房建设融资模式的固有缺陷。PPP 模式和 REITs 模式分别在保障性住房建设过程中和运营过程中发挥融资优势。

三是 PPP+REITs 融资模式是一种广泛吸收社会资本参与保障性住房建设和运营的有效手段。保障性住房建设需要大量的资金，投资门槛比较高。而 PPP+REITS 模式的出现使得社会资本广泛参与保障房建设和运营成为可能，这有利于激发投资者的热情，同时缓解政府建设资金不足的压力。

四是项目风险的分散。在保障性住房建设和运营过程中实施 PPP+REITs 融资模式，项目风险由投资者、贷款者及其他相关当事人共同分担，其中投资者承担了绝大部分风险。

8.5.3 PPP 模式参与保障性住房融资的可行性分析

公私合伙或合营（PPP）模式是政府、赢利性企业和非赢利性企业基于某个项目而形成的以“双赢”或“多赢”为理念的相互合作的完整的项目融资概念，但不是对项目融资的彻底更改，而是对项目生命周期过程中的组织机构设置提出的新型模式。与 BOT 模式的参与主体各自利益最大化相比，PPP 模式参与各方可以达到较单独行动更为有利的结果。参与各方虽然在组织机构中没有达到自身利益最大化，但却通过总体收益最大化实现了“帕累托”最优，即社会效益最大化，这显然更符合公共基础设施建设特别是保障性住房建设的宗旨。

另外，参与主体风险分担是 PPP 模式的另一个特点。经验表明，合适的风险分摊对于公共基础设施建设项目至关重要。从近十年的发展来看，PPP 模式关于风险分担的理念是不断变化的。例如在英国早期的 PFI 阶段，强调的是将风险全部转移到私人部门。但是通过一段时间的实践，各参与主体认为让各方承担其所能承担的风险将会更有利于项目的发展。PPP 的风险分担理念解决了传统公共部门建设不能处理好项目风险的问题。因此，针对目前我国保障性住房建设开工数量巨大，投资回收期漫长等诸多系统性风险，引入 PPP 模式能够很好地缓解各参与主体的风险，增强各参与主体的积极性。

最后，PPP 模式不同于传统的承包做法。后者是让私人部门来运营一个曾经为公共部门运营的项目。在这种情况下，私人部门没有提供任何资本，也没有任何责任和控制权的转移。PPP 模式也不同于完全的私有化，在私有化的情况下，除去一些必要的规制外，是不需要政府参与的。而在大多数的 PPP 项目中，政府一般都扮演着重要的角色。目前，PPP 融资模式已经在国内外的众多公共基础项目中得到了推广应用，涉及交通、卫生、公共安全、教育和公共性租赁住房等多个领域，大量实践案例充分证明 PPP 模式参与公共基础建设的有效性。① 即使在起步较晚的我国，PPP 融资模式也已经在工程建设领域得以成功实践。②

总而言之，PPP 模式将私人部门引入公共领域，提高了公共设施服务的效率和效益，可以有效克服保障性住房项目建设超额投资、工期拖延、服务质量差等弊端。在 PPP 模式下，项目建设与经营的部分风险由特殊目标公司承担，分散了政府的投资风险。在 PPP 模式下，私营合作者可以更好地发挥其拥有的专门技能，提高了项目的运作效率和质量。

8.5.4 REITs 模式参与保障性住房融资的可行性分析

房地产信托投资基金（REITs）有两种形式：一种是通过公开募集方式发行的公司型的信托投资基金；二是信托集合理财以及证券公司集合理财计划模式。[2] 公开募集方式发行的公司型的信托投资基金是在基金管理公司成立后，由基金公司发起和管理 REITs 基金，基金管理公司可以形成自己的房地产管理团队，可以聘用专业房地产管理公司在投资、管理、业务拓展等方面进行商业化运作。[3] 尽管两种 REITs 融资模式不尽相同，但它们都可以归结为一点：

① 2000年的英国伦敦地铁就采取了PPP模式。当时，由英国政府负责地铁车站、轨道和洞体等土建和公益部分的投资和建设，包括车辆、信号等设备的投资、运营和维护，由政府吸收社会资本组建的 PPP 项目公司来完成，这套比较可行的办法为国际和国内的大型市政基础设施的建造和运营提供了参考依据。

② 在国内，我国城市地铁轨道交通建设已引进了 PPP 融资模式。2005 年 2 月，香港地铁公司与北京市政府草签北京地铁四号线项目《特许经营协议》，揭开了中国内地轨道交通建设引入 PPP 模式的序幕。

REITs 模式是良好的融资模式与优秀的商业模式完美结合，打造出可持续扩张的增长路径，最终通过规模效应创造溢价。经过几十年的发展，房地产信托投资基金（REITs）模式积累了大量成功案例，其运作模式也逐渐走向成熟。

通过对美国公司型信托投资基金的案例研究，笔者发现，REITs 模式成功的关键是具有稳定的投资回报，这一点对于保障性住房融资具有至关重要的意义。一方面，稳定的投资回报率可以增强投资参与主体的投资信心和参与热情，另一方面当 REITs 成为标准的房地产证券化产品后，稳定的投资回报率可以在流动性更强的证券市场获得投资者的青睐和追捧。国外的实践经验表明，基于 REITs 模式衍生出的规模化经营加文件金融模式、多样化租户组合加低成本融资模式、租户定制开发加合资基金等融资模式，可以实现保障性住房周边配套商铺的融资租赁模式放大，抵抗周期风险。

真正的 REITS 是一种房地产证券化产品，即对流动性较差、未来具有稳定现金流的房地产资产转化为流动性强的 REITS 份额，使房地产企业通过盘活存量资产获得新的发展资金。如果还是按照原来私募的形式推出，并不是真正意义上的制度创新，从这个意义上讲，我国还没有一家上市的房地产信托投资基金。2008 年 11 月，中国房地产投资信托基金（REITs）的原则性方案获国务院原则性同意。[①] 随着真正意义上的 REITs 推出，笔者相信，我国保障性住房将迎来真正意义上的融资模式的变革与创新。

8.5.5 PPP + REITs 融资模式的运作流程

PPP+REITS 融资模式的基本运作程序：首先，由政府或其授权的单位经过法定程序选择有实力的企业按照保障性住房规划要求进行融资、建设；项目建成后，由政府或其授权单位通过引入 REITs 回购保障性住房项目；在运营阶段，REITs 将保障性住房经营过程中产生的持续、稳定的租金收入用来回报投资者。完成上述融资过程通常需要以下几个步骤：（1）确定拟实施 PPP+REITS 模式融资的保障性住房建设项目。（2）确定保障性住房 PPP+REITS 模式投资

① 此前我国的REITs产品仅停留在信托公司推出的集合理财计划，它至多可称为准REITs产品，仅是地产公司的变相债务融资手段。

人。政府或其授权机构通过公开招标等形式择优选择保障性住房 PPP 模式的投资人，并签订 PPP 模式的投资合同，明确双方权利及义务、不可抗力及风险分担等内容。（3）PPP 模式投资人筹集资金并完成保障性住房建设。合同签订后，由投资人成立项目公司，项目即进入实施阶段，开始工程设计、工程招标、工程施工等工作。（4）成立 REITs 融资公司。首先成立基金管理公司，发起、管理基金，并投入一定资金成为该基金的投资者，同时，REITs 基金向投资者签发收益凭证。（5）政府或其授权机构引入 REITs 回购 PPP 模式下投资人建成的保障性住房项目。按照合同约定，政府或其授权机构将其回购权利与义务赋予由 REITs 负责回购，PPP 模式下投资人建成的保障性住房项目。（6）委托租赁管理。REITs 融资机构将保障性住房委托给政府保障性住房管理机构进行租赁管理，以保障住房分配的公益性。（7）租金收取与移交。保障性住房管理机构将房屋出租给满足条件的租户并按时收取租金，保障性住房管理机构扣除管理费用后将租金收益交由基金托管机构保管。（8）收益分配。 基金托管机构提取一定比例的资产保管和服务费后按期支付投资者的相应收益。

8.5.6 PPP + REITs 融资模式的实施条件

首先，PPP+REITS 融资模式对政府的协调管理能力提出了更高的要求。要成功运用 PPP 模式，政府需要先与基金管理公司协商并达成投资意向；然后，政府还需要按照法定程序择优选择 PPP 模式下的投资人；在保障性住房建成后，政府需要协调保障性住房移交和回购资金等问题，因此，PPP+REITs 融资模式中政府的协调工作量是比较大的。对于 PPP+REITs 融资模式这种新型项目融资模式，目前我国相关法律法规尚不完善，因此需要加快相关立法步伐，对各方的权力和责任通过合同的形式进行详细规定。

其次，政府需要承担一定的基金公司选择风险。由于项目成功与否在很大程度上取决于基金管理公司的融资能力和管理能力，所以政府在选择基金管理公司时要承担很大的风险。鉴于上述风险，PPP+REITs 融资模式在实践中应考虑先进行试点，在成熟运作经验的基础上进行大范围推广。

最后，投资者的投资回报率设定问题。投资者投资于保障房建设和运营的资金量较大且存在很大的风险，导致投资者往往要求较高的投资回报率。PPP+REITs 融资模式的核心是通过发行 REITs 筹集保障性住房建设资金，用于支付 PPP 模式投资人的投资和收益，然后通过保障性住房的运营收入回报 REITs 投资者。因此，政府部门应进行充分的调查分析，制定相应的激励措施，以确保投资者获得合理的投资回报。

参考文献

[1] 杨绍萍 . 运用 REITs 模式发展我国公共租赁住房的路径研究 . 中国金融，2010（17）：77-78。

[2] 任宏、秦承波 . 房地产投资信托基金比较及可行性分析 . 山西建筑，2007（12）：255-256。

[3] 张巍、杨莹 . REITs 在我国城镇廉租房建设中的运作模式研究 . 建筑经济，2010（7）：99-102。

第四篇

我国城镇住房保障政策实施的重点环节

第9章

保障性住房的选址规划

本章将重点关注我国保障性住房的建设选址问题。本章将对保障性住房建设过程中的选址问题进行理论研究，在充分总结成熟市场经济国家保障性住房建设选址经验以及我国部分城市保障性住房建设选址经验的基础上，对我国保障性住房的建设选址提出相关政策建议。

9.1 保障性住房选址的重要意义

保障性住房的建设选址及规划不仅直接关系到保障性住房自身保障性功能的发挥，而且在很大程度上影响着整个城市的规划布局，关联着政府、地产商、居民等参与主体的切身利益，其重要性可见一斑。

城市作为现代社会经济活动的主要载体，其发展规划要与社会经济发展水平相适应，要随着经济结构、规模的变化适时调整。科学的城市规划直接关系着城市的空间拓展、交通设施、基础设施、居民生活水平、环境质量等多个方面。作为城市的建设物，保障性住房在选址规划时，首要需要考虑的就是保障性住房的建设选址是否符合城市发展的整体规划。因此，保障性住房建设选址问题不仅是一项实践工作，而且是一个带有前瞻性的科学问题。

保障性住房的建设选址与受保障群体的就业、交通、医疗、教育等基本生活成本息息相关，甚至影响到受保障群体的社会关系网络等精神层面的生活状态。因此，保障性住房选址规划的科学性直接影响着保障性住房的政策功能能否充分发挥。

另外，保障性住房的选址在一定程度上反映了城市社会经济、居住观念、土地资源、人口及生态环境的相互关系。因此，保障性住房选址规划的合理性直接关乎城市产业布局的合理性、社会公共服务设施的完善性、交通服务的便捷性、发展前景是否被人看好等问题。

9.2 保障性住房选址的理论基础

9.2.1 居住空间分异理论

居住空间分异理论是城市经济学和城市社会学研究的一个热点课题。国际上关于城市居住空间分异的研究起源于工业革命中后期，由于当时城市经济发展非常迅猛，城市中涌入了大量人口，城市空间开始快速扩大，城市地理学者、经济学者和社会学者开始关注由此产生的城市居住空间问题。到了19世纪后期，城市居住空间的研究取得了一定的成果，但是学者们的研究视角和方法却不尽相同。其中，最具影响力的是20世纪20年代以帕克为代表的芝加哥城市生态学派提出的“生态过程+空间向度+文化分析”理论。生态过程是城市扩张分化的动力机制；空间向度是这个过程的表现，如同心圆模式，居住区出现的隔离问题等；文化分析是研究过程中的文化因素考虑。该理论指明了城市居住空间分异研究的三个取向：空间分异的表现（空间向度）、表现背后的动力机制（原因分析）以及原因与表现之间的动态联系。具体而言，城市空间分异是指由于居民的职业类型，收入水平及文化背景差异产生的不同社会阶层聚居区。

对城市居住空间分异现象的研究主要从以下几个因素来考虑：首先是中低收入者的空间集聚。由于中低收入者受自身收入水平等因素的影响，不得不选择住在土地租金较低的区域，从而远离工作机会。那些远离就业机会的失业者选择长时间的失业并付出比较少的努力去寻找工作是他们的理性选择，他们自愿选择远离工作机会，以及基础设施完备的地方，是因为他们的短期收益（低房价购大房子）要比他们的长期收益（靠近工作地点，享受基础设施）大很多。其次是通勤距离、成本、时间以及方式。低收入群体由于受空间失配的影响，居住地点与工作地点的距离加大，而由于收入低下，本身拥有较少的机会获得私家车而不得不使用公共交通工具，加大通勤成本，并且到达工作地点耗费时间也长，这就降低了他们和工作机会接触的几率。最后，住房政策和消费者歧视造成的住宅隔离也是导致空间不匹配的重要因素。[3]

随着我国城市化进程的加速，城市人口迅速增加、城市居住成本不断提高，近年来，我国部分城市也出现了一定程度的居住空间分异现象。因此，居住空间分异理论对于我国城市布局和住房建设选址规划具有很强的理论指导意义。

9.2.2 土地竞租理论

竞租是城市经济学中的一个基本概念，是一个“意愿支付租金”的虚拟概念，即某个土地使用者（居民或企业）为竞争得到某块城市土地（某个区位）所愿支付的最高租金。[3] 根据竞租概念，在相同地段，总会有一种用途比其它任何用途都有更高的地租报酬。从微观角度来分析，这种用途的经济效益最大，并且也是土地最有效的利用方式。这种由地租高低决定土地利用方式的竞争形式被称为竞租原理，或称边际转换原理。竞租原理可方便地解释典型城市市区及周边土地利用的分配过程。

胡佛是美国土地利用学派的代表人物之一，他是第一个建立竞价曲线理论的学者。他提出竞价曲线①，用来说明不同使用者之间的关系，从土地利用出发，建立土地供需函数，而土地供需函数是不同类型的城市土地使用者相互竞标的结果。竞价曲线理论能同时处理许多不同类型土地使用的竞标。[4] 在此基础上，美国哈佛大学教授威廉·阿朗索于 1964 年提出了单中心城市地价的竞

① 竞价曲线是需求曲线的一种，它表示买地者在任何一区位愿付出的代价。

租模型。他认为对区位较敏感、支付地租能力较强的竞争者（如商业服务业）将获得城市中心区的土地使用权，其他活动的土地利用依次外推。[5] 随着地价从城市中心向郊外逐渐下降，城市中心至郊外的用地功能依次为商业区、工业区、住宅区、城市边缘和农业区。[6]

以上学者对竞租理论的研究和分析主要集中于权衡有关成本与效益方面，即在住房地址的选择过程中，视经济收益和成本为首要考虑因素。笔者认为，虽然住房选址过程中经济因素起到了重要的作用，但是住房作为人们社会生活的一个重要载体，其社会性因素（如公共服务水平、治安状况、文化传统、教育资源等）也起到了巨大作用，因此，对于住房选址问题的研究必须兼顾住房的多重属性，否则很难得到精准的研究结论。

9.3 保障性住房建设选址的影响因素

保障性住房作为一种特殊住房类型，其选址的影响因素一方面与普通商品住房存在一致性，另一方面还要涉及一些特定因素。笔者将保障性住房建设选址的影响因素归结为：受保障群体的收入水平、受保障群体的就业分布情况、保障性住房的交通情况、保障性住房在城市空间布局中的位置等。

9.3.1 受保障群体的收入水平

在保障性住房建设初期，我国学者将当时我国住房市场划分为三个层次：15% 的高收入者直接从市场上购买一般商品房；5% 的最低收入者由政府提供“廉租屋”；其余 80% 的中低收入者则选择含有多项优惠政策的经济适用房。[7] 随着我国城镇住房保障体系的不断发展和完善，公共租赁住房、限价商品房等政策措施先后施行，加大了中低收入者的住房保障力度。按照传统消费习惯，一个家庭购买或者租住的住房一定是与其收入水平相适应的，随着住房保障对象收入水平的提高，保障性住房建设选址的自由度也会随之扩展。因此，如何科学、准确地界定住房保障对象的收入水平，不仅是保障性住房分配环节的一项重要任务，也直接关系到保障性住房的建设选址与规划。

由于不同国家、不同城市的发展状况不尽相同，国际上尚无对“中低收入阶层”进行明确界定的标准。目前，较为通行的做法是采用收入“中位线”划分方法——只要低于“中位线”就属于低收入群体。以上海市为例，上海市按照收入将居民家庭划分为 6-8 个等级，如果以上述“中位线”作为参照标准，那么最低收入、低收入、中等偏下以及中等收入群体都属于中低收入群体的范围。随着政府和社会各界对于“夹心层”住房问题的关注，目前我国越来越多的中等收入人群：教师、新近就业的大学生、公务员等群体也被纳入保障范围，可以说我国住房保障的覆盖范围不仅仅局限于“中位线”划分方法，而且随着实际情况不断调整、优化。

9.3.2 受保障群体的就业分布情况

对保障性住房的居住主体——中低收入阶层的就业情况进行研究发现：中低收入群体大都从事专业技能要求较低的服务性岗位，较为集中地分布在城市中心区域。所以，保障性住房建设应该位于距离就业密集区较近的地区或者在保障性住房建设区域内提供较多的就业岗位，这样保障性住房政策的保障对象才不会因为享受住房保障而丧失就业机会。

但是，我国的现实情况是普通商品房占据了城市的核心地段，保障性住房不得不选在较为偏远的城郊地区，这在无形间增加了受保障群体的工作和生活成本。中低收入群体面临两难境地——如果选择现有工作和现有保障性住房，则其交通成本就会大大增加；如果放弃原有工作，那么现有的保障性住房区域内能否提供更多的就业机会将成为关键因素。

混合社区模式可以在一定程度上解决保障对象面临的两难境地。例如，当前很多中高档住房的居住群体工作繁忙，所以基本都是聘请家政来进行室内清洁，而且需要大量人员提供各种生活便利化服务，这为周边中低收入群体提供一些诸如钟点工、保姆以及超市、商场服务员、清洁工的就业机会，有利于促进中低收入人群的就业。当然，完善保障性住房社区周边的配套设施也是缓解上述困境的有效方式。以新加坡为例，新加坡保障性住房集中区——组屋区是按新镇来发展的，从布局和结构来看，镇（居住区）的设施配套是比较完善的。为了在住宅周围提供就业机会，新镇内预留 10% 至 20% 的土地用于工业设施配套，一般位于新镇的边缘，主要设置一些无污染的小规模劳动密集型工业，如制衣、纺织和电子配件制造厂等来满足居民就近就业的需求。

9.3.3 保障性住房的交通情况

保障性住房除了要满足保障对象的基本居住需求外，还要尽量提高保障对象生活、工作、交往等各项活动的便宜性。中低收入群体对公共交通的依赖性非常大，调查显示，目前我国保障性住房选址都在城市边缘地区，公共交通数量较少，线路较为单一，服务标准也比较低，这大大增加了中低收入群体出行难度。因此，交通成本应该成为保障性住房建设选址过程中考虑的重要因素。

交通成本包括货币成本和时间成本。虽然时间成本较为隐性，但随着城市生活节奏的加快和生活水平的不断提高，时间成本的重要程度显著提升。如果将保障性住房建设在城市边缘，那么受保障对象不得不承受较高的交通成本。调查显示，北京市经济适用住房居民平均通勤时间为 58 分钟，远远超过北京市的平均水平。[8] 中低收入群体通勤成本提高，不仅会影响其工作效率，同时也意味着其可自由支配的时间大大缩短，而这些时间事实上可以用于知识补充、业务培训或者其他对工作或生活更加有意义的方面。因此，现实中不乏有因交通不便捷而无奈放弃保障性住房的例子，这对保障性住房建设选址提出了很大的挑战。

令人欣慰的是，目前我国很多地方政府在进行保障性住房建设选址过程中已经将保障性住房选址的交通通达性作为一个重要因素。安徽省颁布的《安徽省保障性住房建设导则（试行）》就规定："保障性住房选址应落在地质条件适宜、交通便利、环境宜居、就业方便的区域。同时鼓励在主干道通达、公交便捷的城市新区、产业园区、经济开发区建设以公共租赁住房为主、配套设施完善的综合性社区。"广东省住房和城乡建设厅发布的《保障性住房建筑规程》规定："保障房以社会中、低收入家庭为主要对象，从居住安全、方便就业、整洁卫生、便利交通、环境舒适等要求出发，规划用地应位于公共交通便利、配套设施成熟的区域，其所处的城市环境应有相应的商业、教育、医疗、文化等公共服务设施以及市政配套设施；或公用服务与配套设施能够与保障性住房同步规划、同步建设并同期投入使用。”

9.4 保障性住房选址规划的几种基本模式

综合国内外保障性住房规划、选址的经验，笔者认为保障性住房的选址至少可以总结为以下四种模式：棚户区改造模式、城市边缘区域集中规划建设模式、城市中心小范围集中建设模式以及混合建设模式。

9.4.1 棚户区改造模式

“棚户区”是我国城市和矿区、林区、垦区等部分人群的聚居区，是平房密度大、使用年限久、房屋质量差、人均建筑面积小、基础设施配套不齐全、交通不便利、治安和消防隐患大、环境卫生脏、乱、差的区域。由于历史原因，这里居住的绝大部分居民属于低收入困难人群，尤其是下岗失业、退休职工比较集中。据调查，截至 2008 年底，全国居住在各类棚户区中的家庭共 1148 万户，其中城市棚户区 744 万户，国有工矿棚户区 238 万户，林区和垦区棚户区 166 万户。这些家庭中，有 681 万户为低收入住房困难户，467 万户为中等偏下收入住房困难户。

针对上述棚户区中低收入群体住房困难问题，2009 年，住房和城乡建设部、财政部、国土资源部等五部委联合下发了《关于推进城市和国有工矿棚户区改造工作的指导意见》，开启了我国大规模改造棚户区的工程。随着棚户区改造工作的推进，棚户区更新改造模式由过去单一的“旧房改造”和“旧区改造”转向“旧区再开发”，不仅仅以改善居住条件和居住环境为目标，而且充分发挥改造地段的经济效益和社会、环境效益，实现改造棚户区和加快城市现代化的多重目的。

在棚户区改造过程中，各级地方政府充分考虑到中低收入群体的利益，实施了一系列优惠措施。吉林省棚户区改造过程中，被拆迁居民原则上实行原地回迁；被拆迁房屋原面积拆一还一，不找差价；对扩大面积部分，按照成本价购买。对于城市低保户，扩大面积部分可确认为公有产权，实施廉租办法；无力承担租金的，由房产管理部门记账，代缴租金。上述措施让回迁居民得到实惠，有效解决了“拆迁难”的问题。[9] 长沙市是按照“一健、三改”的思路（即健全住房保障体系，改革制度、改造房屋、改善环境），以住房保障制度改革为切入点来推进棚户区改造。2008 年，长沙市推出了经济适用房货币补贴的改革尝试：向低收入无房户每户发放货币补贴 8 万元；低收入住房困难户每户 5 万元；对改制企业职工，过去没有享受房改政策的，每户增加补贴 2 万元。[10]

9.4.2 城市边缘区域集中规划建设模式

由于城市边缘区域具有土地储备充足、建筑成本较低、方便马上开工等优势，在城市边缘区集中建设保障性住房成为我国保障性住房建设选址的主要模式。以北京市为例，北京市保障性住房建设起初主要集中在城市北部地区（以昌平区为主），逐步形成了天通苑、回龙观等大范围的保障性住房建设区域。2008 年开始，北京市保障性住房建设规划开始向东部、南部的边缘地区倾斜，重点是定福庄、南苑、丰台、石景山等区域。可见，不管是北部区域还是东部、南部区域，北京市保障性住房建设选址均以城市边缘区为主。

虽然城市边缘区域集中规划建设保障性住房是我国当前保障性住房建设选址普遍采用的模式，但是这一模式在实践中也产生了较为明显的负面效应。

首先，在城市郊区集中兴建保障性住房，直接增加了保障对象的居住成本。短期内，在城市郊区集中兴建的保障性住房配套设施不尽完善，直接增加了保障对象的生活成本。同时，在城市郊区集中兴建的保障性住房增加了保障对象的交通成本，进而增加了保障对象的住房负担。这些问题迫使很多具备享受保障性住房资格的人群不得不放弃郊区保障性住房而承担城区的高房价或高租金，使得目前很多城市出现了商品房价格飞涨与保障性住房空置并存的现象。

更为重要的是，在城市郊区集中兴建保障性住房无形间把保障对象与商品房居住人群分割开来，容易导致城市居住空间分异问题。居住空间分异是指不同职业背景、文化取向、收入状况的居民在住房选择上趋于同类相聚，居住空间相对集中、相对独立、相对分化的现象。[1] 一般而言，居住空间分异现象是在多种机制共同作用下形成的，包括转型期社会阶层分化、城市功能结构转变、住宅自由化发展、流动人口涌入、居民自主择居行为等。[2] 城市郊区集中兴建保障性住房迫使保障对象过度聚居，在某种程度上加剧了居住空间分异现象，而居住空间分异现象发展到一定程度不仅会直接引发拥挤、公共设施匮乏等城市发展问题，而且会引发诸如犯罪率提高、失业、严重依赖社会福利政策等社会问题，甚至引发普遍困扰西方国家的“贫民窟”现象。居住空间分异现象不仅是当前诸多城市发展面临的一个顽症，而且与我国构建社会主义和谐社会的主导思想相背离，需大力遏制其恶化。

9.4.3 城市中心小范围集中建设模式

在城市中心小范围集中建设保障性住房的模式在一些城市的实践中也曾出现。以沈阳市为例，沈阳市规定，保障性住房不准建在边边角角，而应选择市中心及生活设施较全，人文、自然环境较好的地区。2008 年，沈阳市和平区确定长白岛、胜利大街等五个地块，建设总面积为 57 万平方米的廉租住房和经济适用住房，其中，一个地块位于长白新区胜利大桥南端，斜对过为万科地产，属黄金地段。

城市中心小范围集中选址建设保障性住房具有交通便利、配套设施齐全、便于管理等优点。同时，由于城市中心地段地价昂贵、土地资源有限，该模式一般建筑规模较小，有的甚至就是一栋高层建筑，解决城市中低收入家庭住房问题的能力十分有限。

9.4.4 混合建设模式

保障性住房混合建设模式是指采用“小隔离、大混合”，“社区混合、邻里同质”的规划理念，将保障性住房与商品房或其他类型住房共同设在基础设施完备的地域，形成“混合社区”，使中低收入群体和高收入群体共同使用小区基础设施以及周边公共服务设施。这种模式不仅可以提高保障性住房的品质，而且可以遏制社会分化现象蔓延，推动社会各阶层的融合。更为重要的是，保障性住房混合建设模式可以实现社会不同阶层的优势互补：从高收入群体的角度来看，他们对于保姆，家政服务的需求，正好可以由就近的低收入家庭提供的服务来满足；对于低收入家庭来说，这些需求正好可以解决他们的就业问题，在保障其收入的同时，极大地降低其通勤费用等支出。这种模式不仅具有良好的经济效益和社会效益，而且在执行中便于操作。普通商品房开发规划时，只要规定开发商兴建楼房中的有多少比例是保障性住房即可实现保障性住房混合建设。

以南京市为例，2010 年，南京市保障性住房建设主要集中在迈皋桥创业园、花岗、西善桥岱山和江宁上坊等地区，初步规划总用地约 5.56 平方公里，总建筑规模约 937 万平方米，其中住宅 650 万平方米，其他商业类用房 287 万平方米。住宅中，经济适用住房 490 万平方米、7 万套，中低价商品房 40 万平方米，普通商品房 120 万平方米。可以看出，四大区域均采取了普通商品房、中低价商品房、经济适用住房、拆迁安置住房、廉租住房和公共租赁住房的混合布局模式。上述建设模式充分体现了保障性住房和商品房“大混居、小聚居”的混合建设思路。

9.5 保障性住房选址规划的政策建议

从现实情况出发，目前我国保障性住房选址规划主要考虑土地资源获取的便利性，资金投入规模等短期限制因素，倾向于采取在城市郊区集中兴建保障性住房的模式以缓解政府在主导保障性建设过程中面临的资金、土地资源有限的困难。相反，我国保障性住房选址规划对于保障性住房的功能划分、整体布局、居民生活等深层次问题缺乏统筹考虑，保障性住房选址规划的负面作用不容小视，包括保障对象的交通成本大幅提升、城市居住空间分异等问题。为了使得保障性住房选址规划兼顾经济性和社会性，笔者提出我国保障性住房选址规划应遵循“混合建设优先，多种模式并行，由集中建设模式逐步向混合建设模式过渡”的基本思路。

9.5.1 混合建设优先

综合比较保障性住房选址规划的四种基本模式，笔者认为在普通商品住宅小区中按比例配建保障性住房，使得不同阶层的居民较为公平地享受城市的各种公共服务的混合建设模式值得提倡。从各国经验来看，“混合建设”模式已成为很多国家普遍采用的保障性住房建设模式。英国强制要求新的住宅建设项目必须配套建设占建设总量 15% 至 50%（平均达 25%）的低收入居民住房。德国要求房地产商新建住宅区必须用 20% 的面积建造福利用房。法国于 2000 年专门颁布法律，规定开发商在住宅建造规划中必须拿出 20% 的面积卖给社会福利房管理公司，由其出租或出售给低收入者，并提供房屋的日常管理和维护，其余 80% 则按照市场价格销售。美国马里兰州规定凡是超过 20 个住宅单元的住宅开发项目，均需按照 12.5% 的比例配套建设低价房，户型面积可以稍小，但建筑形式、建筑材料等与普通商品住宅需协调一致，同时马里兰州政府将配建政策与容积率奖励相结合，配建比例增加可以享受一定的容积率奖励和补偿。[11]

综合而言，混合建设模式具有以下几个优点：(1) 通过社区服务、基础设施等资源的共享，提高中低收入群体的住房品质、生活环境；(2) 高收入群体具有更明显、更严格的社会行为准则，通过高收入群体对周边低中收入群体的行为模式的影响，提高社区居民整体行为素质，从而减少不文明行为；(3) 低收入群体通过“混合社区”模式可以得到更多的就业机会、教育机会、更高的安全性和更好的地区社会服务。[12] 目前这种“混合建设”模式已经在重庆、南京、深圳等城市取得良好政策效果，并逐步向更多城市推广。以重庆市为例，重庆市按组团规划了 21 个大型聚居区，基于均衡布局的考虑，在 21 个聚居区里面都规划了一定规模的公共租赁住房，公共租赁住房用地约占每个大型聚居区用地的 5%，建筑面积占聚居区总建筑面积的 8%，公共租赁住房居住人口占其总人口的15%左右，很好地实现了保障性住房的“混搭”布局。

9.5.2 多种模式并行

在大力推行保障性住房“混合建设”模式的同时，我们也应该注意到受制于城区土地面积有限，地价不断上涨，保障性住房建设资金紧张等现实因素的影响，“混合建设”模式很难在短期内大范围填补我国保障性住房的供求缺口，多种保障性住房建设模式并行是必要的。

结合近年来我国大范围的棚户区改造经验，部分城市依据“原地回迁”的原则对拆迁居民进行安置，同时确保保障性住房的建设质量的品质，这无疑在回避城市中心区保障性住房建设土地紧张问题的同时，很好地解决了相当比例的城市中心区中低收入群体的住房问题，值得推崇。

9.5.3 由集中建设模式逐步向混合建设模式过渡

虽然城市边缘区域集中规划建设保障性住房在实践中暴露出居住成本提升、居住空间分异等诸多问题，但是这一模式却可以在当前诸多现实因素的限制下，最大限度地在短期内提升保障性住房供给规模，填补城镇中低收入家庭的住房供求缺口，因此，这一模式应该也必须成为我国保障性住房建设的一个发展阶段。更为重要的是，在城市不断扩张的进程中，如果合理地实施规划，我们有理由相信，城市边缘区域集中规划建设保障性住房模式可以在很大程度上避免其负面效应，甚至成为城市新区扩展和延伸的先行者。

首先，在城市边缘区域集中规划建设保障性住房，公共设施尤其是交通设施必须同步建设。随着我国城市化进程快速推进，诸如城市中心区过度聚集、交通拥堵、历史遗迹保护等问题不断涌现。一些学者提出加快交通基础设施建设、发展高质量的公共交通不仅可以满足人们便捷出行的需要，而且可以吸引更多的人离开中心城区到新开发的地方择业定居，缓解中心城区压力，促进城市居住空间的逐步外扩。延续这一思路，如果在地铁站点步行10至15分钟之内或者稍远一些距离的地方进行保障性住房建设，在兼顾地价的同时，也解决了居民的出行难题。这种做法的优势在于一般新建地铁首末端附近的几个站点相对较为偏僻，发展尚不成熟，地价相对便宜，比较适宜建设保障性住房。同时，保障性住房建设量大、入住速度快，也利于地铁首末端周边地段的整体发展。[13] 以香港为例，香港运用短途小巴连接居住社区中心和地铁站点，进一步扩展了地铁和枢纽公共交通的覆盖范围。居民的出行可以简化为：首先乘坐驳接巴士从居住社区中心到达轨道站点（或公交枢纽），然后从轨道站点（或公交枢纽）前往城市中心。目前，重庆市的公共租赁住房大多选址在轨道交通附近，到轨道站点耗时一般为 10 至 15 分钟，区域内同时规划有高密度的公交线路，有利于降低保障对象的出行成本，很好地体现了公共租赁住房建设与公共交通建设同步的思路。

其次，在城市边缘区域集中规划建设保障性住房的同时，要注重周边环境的美化。社区周边环境建设就像是社区的名片，不仅仅是供人们欣赏，更是整个社区独特的文化形象，直接影响着居民的居住舒适度。因此，在城市边缘区域集中规划建设保障性住房，其周边环境规划要有整体观，充分认识城市的山、水、林等自然景观要素的价值，在尊重自然规律的前提下，发掘、保护、改造、利用好各种自然景观要素，提升社区品质。

最后，在城市边缘区域集中规划建设保障性住房的同时，要大力发展周边配套设施。保障性住房的选址要充分考虑当地教育、医疗卫生、文化体育、商业服务、金融邮电、社区服务、行政管理和市政公用等因素。城市公用基础设施建设由于投资大、建设周期长，一般都是随着城市经济和规模的扩大逐渐地向城郊拓展，目前城市边缘地区上述基础设施并不是非常完备，这就要求在选择保障性住房集中建设的位置时，应考虑具备建设公共配套设施条件的地区，在城市边缘区域集中规划建设保障性住房的同时大力推进城市郊区的基础设施及生活配套设施建设，为城市逐步向外围扩展做好准备。

参考文献

[1] 侯敏、张延丽 . 北京市居住空间分异研究 . 城市，2005（3）：49-51。

[2] 焦怡雪 . 促进居住融和的保障性住房混合建设方式探讨 . 城市发展研究 . 2007（5）：57-61。

[3] 孟繁瑜，房文斌．城市居住与就业的空间配合研究——以北京市为例．城市发展研究．2007（6）：88—89。

[4] 陈爱 . 中国城市保障性住房选址研究 . 山西财经大学硕士学位论文，2010。

[5] 陈诚 . 地价对城市土地利用的影响研究——以南京市为例 . 南京农业大学硕士学位文，2006。

[6] 彭诩，罗忠华 . 阿朗索地租模型及其修正 . 中国房地信息，2003（10）：26-27。

[7] 张愈 . 经济适用房销售对象的界定研究 . 经济适用房纵横谈 . 陕西人民出版社 . 2002：155。

[8] 石晓冬 . 北京市保障性住房用地规划布局 . 北京规划建设，2007（4）：19-21。

[9] 柳青 . 实施棚户区改造，推动民生改善和经济社会发展 . 城乡建设，2010（1）：54-56。

[10] 张道航 . 棚户区与棚户区改造问题研究 . 理论建设，2010（1）：11-15。

[11] 杨浚 . 部分国家及香港地区经验对北京保障性住房建设的启示 . 北京规划建设，2007（4）：40-42。

[12] 单文慧 . 不同收入阶层混合居住模式——价值评判与实施策略 . 城市规划，2001（2）：26-29。

[13] 杨靖，张嵩，汪冬宁．保障性住房的选址策略研究．城市规划，2009，（12）：56-61。

第10章 保障性住房的设计装饰与配套设施

上一章，笔者对保障性住房建设中的选址、规划进行了深入研究，本章，笔者继续聚焦于保障性住房建设环节的另一个重要方面——保障性住房的设计装饰与周边配套设施。虽然保障性住房建议以减低成本、保障居民基本住房需求为原则，但这并不意味着保障性住房的装饰设计和小区周边配套设施的标准可以大幅降低，相反，这要求相关部门科学规划、合理实施，最大限度地提升保障性住房的实用性。笔者认为，保障性住房的装饰设计和小区周边配套设施应该综合考虑住宅使用功能、空间组合、家庭人口、代际关系、风俗习惯等因素，以满足家庭的基本居住需求为前提，坚持“小套型、功能全、精细化、全装修”的原则，实现“经济、适用、美观、安全”的目标。

10.1 保障性住房的建筑设计

10.1.1 保障性住房的建筑面积

关于保障性住房的设计，《国务院办公厅关于保障性安居工程建设和管理的指导意见》提出：“保障性住房户型设计要坚持户型小、功能齐、配套好、质量高、安全可靠的要求。”从建设环节来看，在目前城镇住房供求矛盾突出的背景下，城镇用于建设保障性住房的土地和资金相对有限，在用地面积和投资规模有限的条件下，坚持保障性住房建设小户型、小面积的标准，可以最大限度地拓展住房保障政策的覆盖范围，提高住房保障政策的运行效率。从分配环节来看，保障性住房作为特殊的住宅类型，其本质是满足中低收入住房困难家庭的基本住房需求，所以在建筑设计时应充分考虑到中低收入住房困难家庭的经济承受能力，保障性住房面积越大意味着保障对象要承担更高的租金、取暖费、物业管理费等相关费用，这无形间增加了受保障对象的经济负担，与住房保障政策的初衷相违背。因此，保障性住房设计以简朴、经济、实用的紧凑小户型为主，才能保证中低收入住房困难家庭获得安全、卫生、实用的住房。

关于保障性住房建筑面积和户型设计，我国相关政策给出了具体规定。2004 年出台的《城镇最低收入家庭廉租住房管理办法》和《经济适用住房管理办法》分别规定“城镇最低收入家庭人均廉租住房保障面积标准原则上不超过当地人均住房面积的 60%”；“经济适用住房要严格控制在中小套型，中套住房面积控制在 80 平方米左右，小套住房面积控制在 60 平方米左右”。2007 年出台的《国务院关于解决城市低收入家庭住房困难的若干意见》降低了保障性住房面积标准，提出“新建廉租住房套型建筑面积控制在 50 平方米以内。经济适用住房套型标准根据经济发展水平和群众生活水平，建筑面积控制在 60 平方米左右”。目前，我国家庭人口结构以三口之家为主，家庭人口数量呈现不断下降的趋势。《2010 年第六次全国人口普查主要数据公报（第 1 号）》显示，我国大陆平均每个家庭户的人口为 3.10 人，比 2000 年第五次全国人口普查的 3.44 人减少 0.34 人。参考香港公营租住房屋人均居住面积在 12 平方米左右的保障水平，笔者认为，目前我国保障性住房户型设计上应以二室一厅和一室一厅为主导户型，以 45 － 56 平方米的套型建筑面积为宜，廉租住房户型面积可适当下浮，同时坚持动态调整，其重要参考标准为不低于当地人均住房面积的 60%。[1]

10.1.2 保障性住房的单元设计

保障性住房的单元设计应该以“紧凑化”为基本原则，应采用多套组合单元，单元平面布局应合理紧凑，减少公摊面积。同时，在保障性住房单元设计的过程中，要兼顾到标准层使用面积系数①和得房率②。保障性住房标准层使用面积系数应在 70% 以上，最低不得低于 65%；保障性住房的得房率保持在 80% 以上为宜。保障性住房的单元平面设计应该规整，要控制体型系数和窗墙面积比，综合考虑节能、日照、通风、安全等要求，避免采光通风凹口尺寸过小，套与套之间应尽量避免相互遮挡和视线干扰。另外，保障性住房的单元平面进深和户均面宽应适当，平衡节能和舒适性要求。保障性住房平面设计中建筑开间进深的轴线尺寸应符合模数协调原则，可采用 1M 和 3M、3/2M 三种模数制③。例如，北京市保障性住房建设标准规定，在单元选型方面可以采用每标准层 4 户或多户的户型单元平面代替以往每标准层 2 户或 3 户的户型单元平面，在垂直交通问题方面，应合理选择建筑单体，有效节约交通面积。

10.1.3 保障性住房的室内设计

保障性住房的套型设计应有明确的功能分区，以便实现“公私分离，食寝分离，居寝分离，洁污分离”的目标。保障性住房每套住宅应有卧室、起居室（厅）或卧室兼起居室、厨房、卫生间、阳台等基本空间。另外，保障性住房对于户型的空间利用需求较普通住宅应更加精细，在满足基本居住需求的基础上，还是应该尽可能的多一些“额外”可以利用的空间，这就要求保障性住房在户型设计过程中要对空间进行灵活的分割，尽量制造一些“弹性空间”。[2] 另外，科学设计各功能空间的尺度、进深和开间尺寸也是保障性住房套型设计的重要内容，附录 10.1 和附录 10.2 分别为北京市和上海市保障性住房建筑设计标准，以供参考。

关于保障性住房的厨房设计。厨房应尽量与卫生间相邻，这样可以节省设备的管道器材，从而降低修建成本。此外，厨房与起居室或餐厅应就近布置，

① 标准层使用面积系数等于标准层使用面积除以标准层建筑面积。这个系数的分子就是每户里能用的面积，而分母是每家能用的使用面积再加上包括管井公摊以及墙体在内的面积。

② 得房率是指可供住户支配的面积与每户建筑面积之比。

③ 模数制，就是为了实现设计的标准化而制定的一套基本规则，使不同的建筑物及各分部之间的尺寸统一协调，使之具有通用性和互换性，以加快设计速度，提高施工效率、降低造价。此处采用的是分模数，是导出模数的另一种，其数值为基本模数的分倍数。建筑中较小的尺寸，如缝隙、墙厚、构造节点等，应为某一分模数的倍数。

注意增大厨房的交界面。如果保障性住房的空间实在狭小，可以考虑将厨房与餐厅合在一起使用。厨房的门最好采用推拉式，以便节省空间。为了提高空间利用率，建议厨房采用封闭热炒间与开放式操作备餐间组合的方式。为便于生活，厨房的空间布局和管线设置要提高科学合理性，最好在厨房外设置阳台，这样方便储藏和放置一些杂物。最后，厨房的排油烟机建议使用独立外排系统替代排气通风道，并应设置窗式通风构造器来引入新风，并注意避免短路。

关于保障性住房的卫生间设计。在满足卫生间基本功能分离的前提下，建议卫生间的空间设计采用立体复合方式，诸如设立独立坐便器与晾衣空间，将洗浴间与储藏空间综合利用，浴盆与晾衣空间的复合利用，洗脸盆下放置洗衣机，采用推拉门或者折叠门等等，以节约空间，提高空间使用效率。另外，保障性住房进行卫生间设计时应该考虑到老年人的特殊使用需求，诸如设置报警器和预埋扶手连接件等。

10.2 保障性住房的装修、装饰

保障性住房的装修装饰应坚持实用、简洁、宜居、环保等基本原则，满足不同住户对住房的功能需求。首先，保障性住房装修装饰过程中，要保证房内设有足够的储藏空间（储藏柜），储藏空间适宜利用走道上部或尽端、入户口上部、房间入口上部等空间。其次，保障性住房的装修材料应该符合国家环保要求并通过国家质量认证，公共空间的装修材料同样应该符合安全环保、耐久性强、耐清洗、维修替换方便、防火性能等要求。最后，管理部门应严禁装修时任意破坏原建筑的内部结构，以维护保障性住房的基本设计。附录 10.3 和附录 10.4 分别为北京市和安徽省的保障性住房装饰、装修项目基本标准，以供参考。

节能环保是保障性住房装修、装饰过程中应该坚持的基本原则。保障性住房装修、装饰过程中公共部位照明光源、灯具、控制开关及附件应采用节能产品。保障性住房应选择耐久性高、施工较方便的墙体保温材料，大部分住宅外墙外保温材料为 70mm 厚的自熄性聚苯板，少数窗墙比值较大的住宅的外墙外保温材料为 90mm 厚的硬泡聚氨酯。保障性住房屋面保温设计中，宜采取倒置式架空屋面，在实际建成使用过程中，保温和耐久效果良好，优于一般屋面。保障性住房开窗面积不宜过大，以满足日照，通风等最基本要求为原则。另外，保障性住房的声音、采光、供热等环节因为不能进行过多的科技投入，应因地制宜地选择建筑技术，充分利用住房所在位置的自然资源，如更多地利用阳光。[3]

保障性住房装修、装饰过程中要重视装饰材料的防火性能。保障性住房外保温材料应满足防火性能要求，必要时应设置防火隔离带。采用外墙外保温的保障性住房 40 米以上不应使用面砖。

10.3 保障性住房的配套设施

保障性住房小区的配套设施建设应该遵循“规划优先、配套同步”的原则，将市政公建配套作为规划重点考虑。另外，保障性住房小区的配套设施应该秉持“同步建设、同步竣工”的原则，在住宅交付使用的同时，完成配套设施的建设。

10.3.1 保障性住房的市政公用配套设施

保障性住房小区外围的道路交通、市政公用等配套设施应确保与保障性住房项目的规划协调一致，并且与实际需求相互衔接。首先，在满足相关行业规范要求和标准的前提下，市政公用设施用房应该节约使用土地，如果具备一定条件，就应该统一规划管控。第二，市政配套设施应注重无障碍设计，交叉口、人行道应设置残疾人专用车道以及盲人导向和信号设施。第三，保障性住房小区与公建设施的出入口衔接应该合理安排，按着建筑学的相关原理，尽量避开坡度大的路段以及公交车站等。第四，要对保障性住房小区内的道路系统进行合理分级，小区路、组团路应采用沥青路面，道路应该符合消防车辆进出自如的设计要求。① 保障性住房小区外围区域要合理安排交通流线和车辆停放区域，减少人流、车流对居民的影响，尽量保持居住环境的安静。保障性住房小区应建设完整的步行系统，确保居民步行方便。

保障性住房小区公共活动空间的设计应注重居民交往空间的塑造，促进居民的交流与和谐相处。另外，保障性住房小区的公共活动空间还要为居民锻炼和儿童玩耍设置足够的室外健身器械与儿童活动器材。

通讯设施方面，保障性住房小区内的通讯设施配套应该遵循“共建共享”的原则。公共移动通信应该实现全覆盖，倡导电话和宽带接入采用光纤到户技术，有线电视网络采用下一代广播电视网（NGB）技术。小区内，可以接入多家通信运营商的通信业务，让保障对象可以自由地选择电信运营商的服务。

10.3.2 保障性住房的公共配套建筑

保障性住房的公共建筑配套服务应遵循“集约化布局”的原则，整合部分功能相近、业态相似的配套设施，提高公共建筑用地的使用效率。针对保障性住房群体的消费水平，保障性住房的配套服务设施应该以中层消费水平为准，教育设施以公立学校为主，购物以配齐自由市场、中型超市、小型杂货店为主，饭店等餐饮机构则以中小型饭店为主。[4] 此外，保障性住房小区内应配齐居委会、物业管理公司、业主委员会、治安联防站、文化活动室、老年康体活动室、儿童游戏场、健身点等公共、商业配套建筑。

同时，保障性住房小区的公共配套建筑要遵循适宜的建筑尺寸，与小区整体建筑风格相协调。保障性住房小区中，中老年人、残疾人等特殊人群的比例相对较高，公共建筑的设计应该适量加入无障碍设施。

10.3.3 保障性住房的绿化配套

优美的周边环境可以为保障对象提供良好的居住环境，进一步提升保障性住房的功能。保障性住房周边的绿化景观应坚持“集中与分散结合、立体与平

① 《上海市保障性住房建设导则（试行）》标准规定，小区路（双车道）路幅宽度宜为 7 米，组团路（单车道）路幅宽度宜为 5 米，宅间小路路幅宽度宜为 3 米。

面结合、观赏与功能结合”的原则，利用绿化来分隔和塑造室外空间，达到空间多样化的目的。保障性住房的周边绿化配套应该体现生态环保、保健养生、便于养护等特点，根据当地的气候特点，种植恰当的植物种类，同时兼顾到植物的多样性。在进行保障性住房周边绿化配套规划的同时，要充分分析当地的水文条件和绿化功能需求，控制绿地内的广场等硬质铺装面积，如果绿化范围内设有水环境，应该考虑到安全性的问题。

关于保障性住房周边绿化配套的具体标准，我们以上海市为例，进行详细介绍。上海市建设交通委和上海住房保障房屋管理局等发布的《上海市保障性住房建设导则（试行）》规定，对于保障性住房绿化环境应该以植物为主体，绿地内的道路地坪面积≤ 15% 总绿地面积，硬质建筑小品面积≤ 5% 总绿地面积。保障性住房绿化环境建设应注重环境的均好性，做到立体与平面结合，观赏与功能结合，适当结合建筑设计配置垂直绿化、屋顶（公建项目）绿化等立体绿化。地面停车区域宜运用树阵或棚架绿化等方式，建设绿荫停车场。保障性住房绿化环境应摒弃植物“大色块”的结构形式，科学配置植物群落结构，以乔木为绿化骨架，保证乔木种植量≥ 3 株 /100 平方米绿地，乔、灌、草有机结合，形成稳定合理的人工植物群落。骨干乔木树种胸径不宜小于 8 厘米。大乔木与建筑窗户应保持合适的距离，一般控制：东面≥ 5 米、南面≥ 8 米、西面≥ 4 米、北面≥ 5 米。

参考文献

[1] 焦怡雪 . 关于保障性住房面积标准问题的探讨 . 生态文明视角下的城乡规划——2008 中国城市规划年会论文集。

[2] 马振伟 . 保障性住房设计研究初探——以济南市保障性住房建设为例（硕士学位论文）. 山东建筑大学，2011。

[3] 吕少华 . 对小户型保障性住房设计的探讨 . 中国城市经济，2011（12）：28。

[4] 顾玕栋 . 保障性住房的配套设施建设 . 国际市场，2009（07）：78-80。

第11章

保障性住房的分配机制Ⅰ：准入和退出机制

作为住房保障政策实施过程中的核心环节，保障性住房的分配机制直接关系到住房保障政策的公平性和政策效果。笔者将以保障性住房的分配机制为重点，具体研究以下两个问题：什么样的人群应该纳入住房保障体系；该以什么样的标准实施住房保障。前者涉及住房保障政策的准入和退出机制，后者则是保障性住房的定价机制。本章，笔者将对住房保障政策的准入和退出机制进行专题研究。

11.1 保障性住房准入、退出机制的政策框架

11.1.1 保障性住房准入机制的政策框架

对于住房保障政策的保障对象，国家相关政策已经给出了明确规定。《国务院关于解决城市低收入家庭住房困难的若干意见》规定："城市廉租住房制度是解决低收入家庭住房困难的主要途径。经济适用住房供应对象为城市低收入住房困难家庭，并与廉租住房保障对象衔接。"同时，根据《关于加快发展公共租赁住房的指导意见》，公共租赁住房政策的保障对象主要定位为"城市中等偏下收入家庭"，具体包括：中等偏下收入住房困难家庭、新职工、外来务工人员等"夹心层"群体。限价商品住房政策的保障对象则定位为"城市中

等收入住房困难的城镇居民家庭”。[①] 可以说，目前我国住房保障政策体系关于保障对象的界定是清晰的，并体现出良好的衔接性和互补性。

关于住房保障政策的具体准入标准，由于不同城市在经济发展水平、人口密度、住房条件上存在显著差别，因此，制定本地住房保障政策的具体准入标准成为了各城市在落实住房保障政策过程中的一项重要工作。以北京市为例，北京市从家庭人均月收入、人均住房使用面积、家庭总资产净值三个方面对保障性住房政策的准入条件进行了规定。同时，北京市根据本地经济社会发展情况，综合考虑全市居民收入、住房价格、保障性住房保障资金来源情况等因素，对保障性住房政策的准入标准实施动态调整。2005 年，北京市城八区率先将廉租住房家庭收入准入标准从城镇居民最低生活保障标准调整为家庭人均月收入 580 元。2008 年，各远郊区县廉租住房保障范围由低保住房困难家庭扩大到低收入住房困难家庭。2009 年，全市廉租住房家庭收入准入标准统一调整为家庭人均月收入低于 697 元，与当年城市低收入家庭认定标准持平。2010 年，北京市再次对廉租住房家庭收入准入标准进行调整，调整后的北京市城六区廉租住房家庭年收入标准约占 2009 年本市城镇居民人均可支配收入的 43%，与全国其他大中城市相比处于较高水平（详见附录 11.1 和附录 11.2）。

从住房保障政策保障对象的资质审核程序来看，我国现行的保障性住房申请受理基本为三级审核，两次或者三次公示后才正式生效。具体来说，首先是政府的相关部门发布受理保障性住房申请公告，申请保障性住房的对象按照相关规定提供各种书面资料，这些资料的真实性最初由申请对象所在社区居委会进行调查核实，并对相关调查结果进行公示。接下来，各城市街道办事处对上述材料进行初审，审查后公示。最后，各地保障性住房的主管部门与民政、公安等部门联合对申请材料进行核实，公示相关结果，并报上一级政府部门审批。

---

① 根据《北京市限价商品住房管理办法（试行）》规定，“限价商品住房供应对象为本市中等收入住房困难的城镇居民家庭、征地拆迁过程中涉及的农民家庭以及市政府规定的其他家庭”。

11.1.2 保障性住房退出机制的政策框架

为了确保保障性住房真正能够为中低收入住房困难家庭提供福利，在建立、健全保障性住房政策准入机制的同时，必须积极完善保障性住房政策的退出机制。只有准入机制和退出机制相互配合，才能保证符合保障性住房申请条件的家庭只购买或承租一套保障性住房，并且保证保障对象因家庭生活状况变化而不再属于保障政策范围时，及时退出住房保障体系，最大限度地提升保障性住房的使用效率，扩大保障性住房的覆盖范围。可以说，准入机制与退出机制一道决定了我国住房保障体系分配环节的公平与效率。

关于保障性住房的退出机制，目前我国已经逐步建立起一套完整的政策规范。关于经济适用住房的退出机制，2007 年颁布的《经济适用住房管理办法》规定："购买经济适用住房不满 5 年，不得直接上市交易，购房人因特殊原因确需转让经济适用住房的，由政府按照原价格并考虑折旧和物价水平等因素进行回购。购买经济适用住房满 5 年，购房人上市转让经济适用住房的，应按照届时同地段普通商品住房与经济适用住房差价的一定比例向政府交纳土地收益等相关价款，具体交纳比例由市、县人民政府确定，政府可优先回购；购房人也可以按照政府所定的标准向政府交纳土地收益等相关价款后，取得完全产权。上述规定应在经济适用住房购买合同中予以载明，并明确相关违约责任。"

廉租住房方面，2007 年颁布的《廉租住房保障办法》规定："建设（住房保障）主管部门应当根据城市低收入住房困难家庭人口、收入、住房等变化情况，调整租赁住房补贴额度或实物配租面积、租金等；对不再符合规定条件的，应当停止发放租赁住房补贴，或者由承租人按照合同约定退回廉租住房。城市低收入住房困难家庭未按照合同约定退回廉租住房的，建设（住房保障）主管部门应当责令其限期退回；逾期未退回的，可以按照合同约定，采取调整租金等方式处理。"北京市 2010 年颁布的《关于进一步加强北京市廉租住房建设和管理的若干意见》规定："对因家庭人口、收入等情况发生变化不再符合廉租住房条件但符合公租房条件的承租家庭，取消廉租住房保障资格，承租家庭须按照公租房标准缴纳租金；对既不符合廉租住房条件也不符合公租房条件的承租家庭，除取消廉租住房保障资格外，还责令其在 6 个月内退回廉租住房，或按两倍公租房标准交租金。”

公共租赁住房方面，《北京市公共租赁住房管理办法（试行）》规定：“公共租赁住房的租赁期限最长不超过 5 年，合同期满承租家庭应当退出住房。承租家庭需继续承租的，应在合同期满前 3 个月内提出申请，由产权单位会同相关单位复核，符合条件的续签租赁合同；承租家庭不符合承租条件暂时不能腾退承租住房的，租赁合同期满后给予 2 个月过渡期，过渡期内按同类地段类似房屋市场租金收取租金。过渡期届满后承租家庭仍不退出承租住房的，按房屋产权单位规定的标准收取租金，具体在租赁合同中约定；拒不退出行为记入信用档案。”

11.2 保障性住房准入、退出机制的政策实践

通过上面的介绍，我们不难看出，经过多年的探索与实践，我国住房保障体系基本建立起了一套较为完备的分配制度。住房和城乡建设部部长姜伟新在第十一届全国人民代表大会常务委员会第二十三次会议上所做的《国务院关于城镇保障性住房建设和管理工作情况的报告》提到：目前住房和城乡建设部审批的 16 个城市中，分配给不符合条件的家庭仅占 2.4%。这一数字说明，虽然我国住房保障政策的分配机制在实际运行中的失效概率被控制在很低的水平，但保障性住房准入和退出机制仍存在个别的失效现象，与既定政策目标仍存在一定差距。针对这一现象，住房和城乡建设部部长姜伟新在十一届全国人大常委会第二十三次会议的联组会议对国务院关于城镇保障性住房建设和管理工作情况的报告进行专题询问时，也坦陈“在保障房的资格审查中，存在个别人借机谋取不正当利益的情况，比如有开着宝马去买经济适用房的情形出现，虽然这是个别现象，但也说明管理过程当中还有问题”。

笔者认为，目前我国保障性住房分配环节存在的问题主要表现在以下两个方面：一是保障性住房分配环节中存在“骗租”、“骗购”的现象，二是保障对

象相关信息缺乏动态监管。

所谓“骗租”、“骗购”现象是指部分保障性住房申请者通过瞒报、转移收入和资产、假离婚、假失业等方法，非法获取保障性住房。更为严重的情况是，部分不符合准入条件的保障性住房申请者通过行贿等手段与保障性住房分配环节的管理人员达成默契，达到获取保障性住房进而牟利的目的。正是由于上述种种违法现象的存在，部分城市才会出现“开着宝马去买经济适用房”的个别现象，虽然这种现象目前越来越少，但这些个别现象在社会上中造成了极为恶劣的负面影响。

由于对保障对象的相关信息缺乏动态监管，一些已经不符合保障对象标准的家庭依然享受着保障性住房的福利，致使保障性住房作为一种公共福利政策不能实现有效轮换，及时覆盖到真正需要帮助的中低收入人群，这大大降低了保障性住房分配环节的运行效率和公平性。

11.3 保障性住房准入、退出机制的优化与完善

针对我国保障性住房分配环节存在的主要问题，借鉴成熟市场经济国家关于保障性住房分配环节相关制度设计和政策实践经验，笔者将从几个方面提出完善和优化我国保障性住房分配机制的政策建议。

11.3.1 建立和完善我国住房保障体系的信息支持系统

在保障性住房分配环节，只有全面、准确、动态化地掌握了个人住房、财产、收入等相关信息，才能根据申请者的现实情况实施科学、合理的住房保障政策。受到客观条件的限制，我国在执行保障性住房分配过程中一直缺乏一套行之有效的信息支持系统，如住房档案系统、个人征信系统等。正是由于住房档案、个人收入等基础信息不健全和不准确，才使得保障对象审核过程和退出环节困难重重。

针对这一问题，2010 年初，国务院就下文要求要加快个人住房信息系统

建设，尤其是加快重点城市的个人信息系统的建设。根据这一要求，2010 年下半年，住房和城乡建设部就启动了全国 40 个城市的个人住房信息系统的建设工作，计划第一步将 40 个城市内进行了产权登记的个人住房信息全部纳入该系统，并逐步将家庭信息、财产信息、公安、民政等部门的信息纳入该系统，第二步，再将该系统的覆盖范围由上述 40 个城市（所有的省会城市，部分计划单列城市和极个别比较大的地级市）扩展至 265 个地级市。目前来看，由于存在部分住房并没有进行产权登记、不同部门信息系统相对割裂等问题，个人住房信息系统进入实际运行阶段仍需要一段时间。鉴于上述信息系统要建设成为一个涉及金融、公安、民政、税务等多部门的全方位社会管理信息系统，因此，这一系统应该是一个多部门共建和共享的信息动态管理系统，仅凭住房和城乡建设部推动，存在很大的体制问题，需要从制度层面和法律层面给予必要的支持。

个人住房信息系统不仅需要广泛的覆盖范围和详尽的信息内容，而且需要注重信息的科学性和准确性，以保证信息的质量。为规范廉租住房、经济适用住房以及其他社会救助工作中的城市低收入家庭收入核定行为，根据《国务院关于解决城市低收入家庭住房困难的若干意见》，2008 年，民政部、住房和城乡建设部等部门联合制定了《城市低收入家庭认定办法》，作为核定保障性住房保障对象相关信息的依据。上述文件对保障性住房申请家庭的人员界定、家庭收入、家庭财产的审核等问题进行了明确规定，并要求住房保障管理部门与银行、社保、公积金、民政、劳动等部门实行信息共享，以便住房保障管理部门如实核实申请家庭的收入、资产等情况。同时，该办法建议推行社区联组会审，由社区干部、社区居民组成评审委员，对申请家庭的情况进行评审。就目前我国的现实情况而言，由于缺乏完善的个人征信系统以及较为完备的家庭财产申报体系，在保障性住房政策执行过程中，对于保障对象的资质审核一直依靠受保障群体每年自行申报的个人收入和财产信息。因此，笔者建议，可以借鉴日本对公民经济状况调查的方式，从调查统计保障对象的消费支出入手，确定其消费形态等信息，再将其住房开支和耐用消费品开支等方面作为参考，综合评定保障性住房政策保障对象的收入和财产状况。[1]

11.3.2 建立和完善保障性住房政策的惩戒机制

保障性住房政策分配环节的惩戒机制，既包括对于保障对象违规行为的惩戒也包括对于保障性住房政策执行机构相关工作人员滥用职权、玩忽职守、徇私舞弊等行为的惩戒。目前，就我国保障性住房政策分配环节惩戒机制的具体执行来看，对于后者的惩戒力度明显要大于前者。

《经济适用住房管理办法》和《廉租住房保障办法》均规定，建设（住房保障）主管部门及有关部门的工作人员或者市、县人民政府确定的实施机构的工作人员，在经济适用住房或廉租住房建设、管理过程中滥用职权、玩忽职守、徇私舞弊的，依法依纪追究责任；涉嫌犯罪的，移送司法机关处理。

相反，对于骗租、骗购保障性住房的申请家庭或者拒不服从退出管理的保障对象，政策规定往往给予其申请不予受理、警告、赔偿经济损失、强行清退以及在一定时期内取消其保障性住房申请资格的处罚。目前，保障性住房政策分配环节的惩戒机制对于保障对象违规行为的处罚过轻，缺乏必要的威慑力。①

对保障对象违规行为的处罚，笔者认为，新加坡的经验非常具有借鉴意义。新加坡政府制定了细致和周全的法律法规，对居民购买组屋等行为进行严格的监控。首先，对于拥有住房的家庭，新加坡政府规定绝不允许购买组屋。另外，新加坡政府规定，所买的组屋5年内不许转让，如果实在要在不满5年的情况下出售，必须出售给政府的机构，不可以直接在市场上出售；同一户人

---

① 2011年9月颁布的《国务院办公厅关于保障房建设和管理的指导意见》对骗租骗购保障性住房等违法行为的检查和惩处进行了明确规定，同时，对保障性住房的退出机制给予了进一步规范。《意见》规定："严禁以任何形式向不符合住房困难标准的家庭供应保障性住房。切实防范并严厉查处骗租骗购保障性住房、变相福利分房和以权谋私行为。对以虚假资料骗购、骗租保障性住房的，一经查实应立即纠正，并取消其在5年内再次申请购买或租赁保障性住房的资格。建立住房保障诚信档案，完善失信惩戒制度。"《意见》同时要求要健全退出机制："廉租住房、公共租赁住房承租人经济状况改善，或通过购置、继承、受赠等方式取得其他住房，不再符合相应的住房保障条件的，应当在规定期限内腾退；逾期不腾退的，应当按市场价格交纳租金。经济适用住房购房人通过购置、继承、受赠等方式取得其他住房，不再符合经济适用住房保障条件的，应当退出经济适用住房，或者通过补交土地收益等价款取得完全产权。对拒不服从退出管理的，可以依照规定或合同约定申请人民法院强制执行。"

家不许买第二套组屋，不允许纯粹地以投资为目的买房；如果购买了公寓后，又买了组屋用来出租，这在新加坡也是不允许的，所以不管买了多少公寓房，只要买了组屋，就必须住在组屋内；组屋居民在获得组屋后 5 年之内不可以出租，5 年之后允许腾出半套出租，但房主必须与房客合住。另外，在买卖组屋时故意报高房价，保障对象就有可能受到法律的制裁。最后，根据新加坡政府的规定，任何人在买卖组屋时必须提供准确、翔实的资料，一旦发现弄虚作假，当事人将面临 5000 新元的罚款或 6 个月的监禁，或者同时面临两项处罚。[2] 新加坡政府对于保障对象的违规行为的处罚不仅限于经济处罚和民事处罚，更上升为刑事处罚的高度，大大加强了保障性住房政策分配环节的严肃性。

笔者认为，为了严格遏制保障性住房骗购、骗租以及不服从退出管理等行为的发生，相关管理部门应该以法律为准则，在加强经济处罚和行政处罚力度的同时，将严重违规人员移交至司法部门处理，进一步提升保障性住房政策分配环节惩戒机制的严肃性和威慑力。

11.3.3 建立和完善保障性住房政策的法律、法规体系

在保障性住房政策执行过程中之所以会出现对于骗购、骗租以及不服从退出管理等行为处罚力度较轻的情况，一个重要的原因在于我国保障性住房政策的法律体系设计还有待完善，目前对于保障性住房骗购、骗租以及不服从退出管理等行为的处罚无法上升到法律的高度进行处理。

由于保障性住房建设是我国改革开放进程中，尤其是住房体制改革不断深化进行中的一项新任务，因此带有很强的政策摸索性质，在该项政策建立和执行的前期，往往是根据现实情况不断制定、调整政策的方向和具体内容。就目前情况来看，该项工作由住房和城乡建设部牵头，涉及到发展改革、财政、国土、金融、民政等多个部门，尚无一个专门的机构和组织进行专项管理。保障性住房政策多以国务院、相关部委、省、市发布的“通知”、“办法”等行政性文件的形式出台，没有升级至法律、法规的高度。因此，目前保障性住房政策在执行中，主要以相关部委的督查为主，缺乏法律、法规的强制性和严肃性，致使诸多政策内容的推行力度和惩戒力度不强。笔者认为，随着我国住房保障

政策的不断推行，建立我国住房保障政策的法律、法规体系势在必行。众多国家的实践也充分证明，完善的法律、法规体系是住房保障政策有效推进的基石。

11.3.4 充实和完善保障性住房分配环节的相关配套机制

从政策设计的角度来看，为了确保保障性住房政策在分配环节的有效运转，必须充分考虑到由于客观原因，暂时不能进入保障性住房分配环节的申请者以及已经退出保障性住房政策保障范围的中低收入群体的现实困难，确保保障性住房政策分配环节的外围机制得以有效运转。

在保障性住房的申请环节，由于房源有限以及潜在需求巨大，很多符合保障性住房准入条件的中低收入家庭尚无法获得相应的保障。借鉴新加坡、香港等国家和地区的做法，我国需要建立和完善保障性住房申请环节的“轮候”制度。“轮候”制度最早起源于新加坡，是对保障性住房申请人先行进行资格审核，并对通过审核资质的人员信息建立数据库，再根据保障性住房建设进度，对已通过审核的申请人按先后次序分配保障性住房的管理制度。“轮候”制度优势在于实现保障性住房的公平分配和动态管理。不仅如此，在“轮候”制度的基础上，相关部门可以依据实际情况进一步细化处于“轮候”阶段的申请者，对情况更困难，需求更强烈的人群予以适当照顾，提高保障性政策的执行效率。另外，“轮候”制度比较准确地预估出未来一段时间住房保障住房的需求量，为保障性住房科学规划和建设提供了科学依据。目前，北京、深圳等城市已经建立了“轮候”制度，并得到了良好的政策效果，未来，我国多数城市应该考虑大范围普及“轮候”制度。

作为保障性住房政策退出环节的政策衔接，相关部门应该充分考虑到曾经作为保障对象的家庭一旦退出保障性住房政策可能出现的住房困难问题，在必要的情况下，给予其一定的关注和帮助。综合来看，退出保障性住房政策的家庭主要为以下三种情况：一是其家庭收入向上浮动，不再符合标准；二是家庭收入向下浮动，需要更高的保障标准；三是因家庭迁徙或工作调动以及其他原因而自愿退出。考虑到退出保障性住房政策的群体中一部分家庭购房或租房经济压力仍然很大，有关部门需要考虑做出相应的制度安排。例如，廉租住房租户退出时，可以选择经济适用房等其他保障性住房；因家庭迁徙或工作调动以及其他原因而自愿退出保障性住房的家庭，仍留有申请货币补贴的资格。这样不仅可以提高保障性住房政策的实际效果，还可以减小受保障群体的退出成本，提高其履行退出义务的积极性。

参考文献

[1] 柯善北 . 重视保障性住房的分配管理 . 中华建设，2011（5）：1。

[2] 刘贵文、谢莉、景政基 . 新加坡组屋建设对完善我国保障性住房供应体系的启示 . 中国建设信息，2009（5）：48-51。

第12章

保障性住房的分配机制Ⅱ：定价机制

上一章，笔者对我国保障性住房的准入和退出机制进行了深入研究，回答了什么样的人群应该纳入住房保障体系这一问题。本章，笔者将聚焦保障性住房分配机制的另一个基本问题——该以什么样的标准实施住房保障，即保障性住房的定价机制。

12.1 我国城镇保障性住房的定价模式

保障性住房保障性与商品性的双重性质决定了保障性住房定价模式。保障性住房的商品性越突出那么其定价模式越接近市场定价，其定价结果也越接近市场价格；相反，保障性住房的社会保障属性越突出那么其定价模式越接近政府定价，其定价结果也越远离（低于）市场价格甚至成本价格。从属性上来说，保障性住房的定价包括租赁型保障性住房的租金定价和购置型保障性住房的售价定价。租赁型保障性住房的租金定价包括：廉租住房的租金定价和公共租赁住房的租金定价。前者的社会保障属性更强，其定价方式应坚持政府主导，后者则兼具社会保障属性和商品属性，其定价过程需要兼顾成本和保障对象的支付能力。购置型保障性住房的定价包括：经济适用住房的定价、限价商品住房定价以及棚户区改造安置住房定价①。相对而言，经济适用住房的定价需要兼顾经济适用住房的社会保障属性和商品属性，其定价过程较为复杂；相反，限价商品住房的定价则主要以市场定价机制为基础，辅之以政府的价格上限限制。下面，笔者将延续上述思路对我国各类保障性住房的定价模式进行逐一研究。

12.1.1 廉租住房的定价模式

鉴于廉租住房政策定位主要是为城镇最低收入和低收入住房困难家庭提供住房保障，因此，廉租住房政策在执行中更加突出其社会保障的性质，廉租住房的定价模式也坚持政府主导。2007 年国务院颁布的《廉租住房保障办法》规定：“实物配租住房的租金，按照配租面积和市、县人民政府规定的租金标准确定。有条件的地区，对城市居民最低生活保障家庭，可以免收实物配租住房中住房保障面积标准内的租金。”各城市在具体执行过程中，主要依据维护费用和管理费用确定廉租住房租金水平，并参考当地经济发展水平、建房成本、居民收入水平、恩格尔系数等宏观、微观因素。

北京市 2010 年首次推出了以商品房租赁价格为基础的廉租住房定价模式。该定价模式不再沿袭租户最低收入比例确定租金标准，而是将房屋所在的地理位置、建筑结构、楼层、房屋朝向、采光等因素均列为廉租住房价格衡量因素，以当地房屋市场租金水平为基础，综合考虑房屋折旧费、维修费、管理费等因素在不同区域制定不同的价格标准。以北京市第一个廉租住房小区京城仁和为例，目前京城仁和小区廉租住房租金为每月每平米 2 元。[1] 另外，2011 年开始，北京市廉租住房和公共租赁住房实行并轨。廉租住房家庭租住公租房，政府将给予补贴，要缴纳的租金和原先廉租住房的租金相差不多。

常州市廉住房的租金价格相对比较低廉，廉租住房的租金约为每月每平方米 1 元，按每户 60 平米计算，保障对象家庭每月只需支付 60 元左右的租金。[2]

---

① 考虑到不同地区棚户区改造安置住房存在显著差距，其定价方式缺乏研究的共性，因此笔者将重点研究经济适用住房和限价商品住房的定价。

12.1.2 公共租赁住房的定价模式

公共租赁住房政策是我国现行住房保障制度的一个重要补充，鉴于其覆盖面广、政策相对灵活等特点，公共租赁住房在我国城镇住房保障体系中发挥着越来越重要的作用，成为“十二五”时期我国城镇住房保障政策的发展重点。考虑到公共租赁住房主要定位于为大学毕业生、外来务工人员和城镇户籍人口中部分中低收入者等“夹心层”群体提供住房保障，因此，其社会保障的属性较廉租住房略低；更为重要的是，短期内大规模建设公共租赁住房的资金投入巨大，又不能像廉租住房一样主要依靠财政资金支持，因此积极引入社会资金，探索公共租赁住房建设资金的多元化就成为了我国发展公共租赁住房的必经之路。上述因素反映到公共租赁住房租金的定价过程中，要求公共租赁住房租金在体现社会保障性的同时，必须具有一定的回报性和投资价值，以吸引社会资金的参与。可以说，公共租赁住房租金的定价是一个多元性目标决策系统，定价过程复杂、考虑因素众多，包括：公共租赁住房的成本、公共租赁住房承租对象支付能力、政府的补贴力度以及周边地段同等住房的市场租金水平等。

从典型城市的政策实践来看，不同城市在公共租赁住房租金定价的实践中存在显著差距，形成了不同定价风格。

北京市公共租赁住房租金主要依据公共租赁住房的建设成本进行定价。《北京市公共租赁住房管理办法（试行）》规定：“公共租赁住房按照保本微利的原则并结合承租家庭负担能力和同类地段类似房屋市场租金一定比例下浮确定。”北京市住房和城乡建设委员会于 2010 年 7 月底首次公布了三个公共租赁住房项目的成本租金——每平方米每月为 20 元至 30 元，其中，丰台区黄土岗项目租金价格最高为每平方米每月 30 元。依照北京市住房和城乡建设委员会提供的周边租金市场价格来计算，上述公共租赁住房的租金大多为市场价的 8 折至 9 折，但后者一般有一定装修并配备基本家具家电，综合来看，比不提供家具家电的公共租赁住房更具价格优势。[3] 根据北京市住房和城乡建设委员会介绍，北京市公共租赁住房的成本租金 = 贷款利率 × 建设成本 + 管理成本，其中，建设成本 = 拆迁费用 + 建筑费用。在当前土地不断溢价、资金成本不断推高的现实情况下，根据成本定价原则，北京市公共租赁住房租金不得不处于较高的水平。[4]

重庆市于 2010 年正式推出公共租赁住房政策，计划从 2010 年至 2012 年的三年内开工建设 4000 万平方米公共租赁住房，是我国推行公共租赁住房力度最大的城市之一。《重庆市公共租赁住房管理暂行办法》规定："公共租赁住房的租金标准按照贷款利息、维护费并根据不同地段、不同房屋类别等因素，由市物价部门会同市财政、市住房保障机构等相关部门研究确定。租金实行动态调整，每两年向社会公布一次。"《重庆市公共租赁住房管理实施细则》对公共租赁住房的租金水平进行具体规定："公共租赁住房的租金标准由市物价部门会同相关部门研究确定，原则上不超过同地段、同品质、同类型普通商品房市场租金的 60%。"目前，重庆市公共租赁住房的租金水平为每平方米每月 9 元至 11 元。同时，有关人员也强调，重庆市公共租赁住房入住后的水、电、气费、物业费、停车费等依据市场价格收取，无政策优惠。

《常州市市区公共租赁住房管理办法》规定："公共租赁住房租金标准以保证正常使用和维修管理为原则，综合考虑社会经济发展水平、保障对象的承受能力以及市场租金水平等因素，由市房产管理部门会同价格管理部门确定并公布。"目前，常州市公共租赁住房单套建筑面积 50 平方米左右，租金标准（依据使用面积收取）是：困难家庭租用每月每平米 3.5 元，新就业大学生租用每月每平米 4.5 元。这样，常州市公共租赁住房每月租金总额在 200 元左右，而常州市公共租赁住房的申请条件则是家庭月收入低于 1750 元，公共租赁住房租金占家庭收入比例不高于 13%。

12.1.3 经济适用住房的定价模式

关于经济适用住房的定价方式，国务院 2007 年颁布的《经济适用住房管理办法》规定："确定经济适用住房的价格应当以保本微利为原则。其销售基准价格及浮动幅度，由有定价权的价格主管部门会同经济适用住房主管部门，依据经济适用住房价格管理的有关规定，在综合考虑建设、管理成本和利润的基础上确定并向社会公布。房地产开发企业实施的经济适用住房项目利润率按不高于3%核定；市、县人民政府直接组织建设的经济适用住房只能按成本价销售，不得有利润。”简单地说，经济适用住房的价格应该包括建设成本、管理成本和利润三部分，其中利润率被限制在3%以内。

笔者认为，经济适用住房这种基于成本的定价方法，面临着房地产开发企业虚报成本，推高房价的问题。我国目前实行政府对经济适用住房价格进行制定和调整，通常是根据企业的成本报告申请审批形成。但是，成本属于企业的微观信息，在实行成本定价模式下，企业更倾向于采用虚报成本的办法来争取超额的利润。成本信息不对称现象的存在，使得政府面临兼顾企业利益和确保社会福利效应的难题。[5]

南宁市依据不同结构、不同地段制定了较为灵活的经济适用房定价原则。南宁市出台的2010至2012年度经济适用房指导价格，分三种结构规定了经济适用房的指导价格：砖混结构为1700元/平方米，多层框架结构为1800元/平方米，高层框架结构为2100元/平方米。同时，不同地段的价格将按南宁市公布的地段系数进行调整，一类土地调节系数为8%，二类地段调节系数为5%，三类地段调节系数为1.5%，四类地段调节系数为0，五类地段调节系数为－3%。按照这一定价原则的最高价计算，南宁市经济适用房价格约是市场均价的1/3左右。

12.1.4 限价商品住房的定价模式

与经济适用住房的定价模式不同，限价商品住房更加突出其商品属性，主要以市场为基准进行定价，辅之以政府限价，以实现住房保障的政策目标。

《北京市限价商品住房管理办法》规定：“限价商品住房的销售价格，以项目的综合开发成本（包括土地取得成本、建安成本、销售费用、财务费用、管理费用、税费等）以及合理利润为基础，参照同地段、同品质普通商品房价格，由市发展改革委员会、市国土资源局、市建委、市财政局、市规划委员会、市监察局等部门研究确定。”2009年，北京市首个“两限房”项目——西三旗“瑞旗家园”建成，该项目的销售限价为6350元/平方米。2011年，北京市首个“限房价、竞地价”的中小套型普通商品房项目—长阳国际城开始认购，均价为 12500 元 / 平方米，均价低于区域内其他项目 20% 以上。

西安市明确了限价商品房的定价区间。《西安市限价商品房实施方案》规定：“西安市限价商品房销售价格在考虑中等收入家庭购买能力的基础上，按照成本价上浮 10%、市场价下浮 20%、经济适用房销售价与市场价的中间价等原则综合定价。”笔者认为，西安市在综合考虑了认购家庭购买能力、限价房成本、周边市场价格以及限价商品房在城镇住房保障体系中的角色等多种因素的条件下，推出的限价商品房定价方法颇具科学性和可操作性，走在全国前列。

12.2 保障性住房定价的影响因素

虽然住房保障体系中不同类型保障性住房的定价模式存在差异，在保障性住房定价过程中，以下几个基本定价因素应纳入考虑范围，而不同影响因素的重要程度则需要视保障性住房的类型等具体条件而定。笔者认为：保障性住房基本的定价要素包括：保障对象的住房消费能力[①]；保障性住房的真实成本（包括建设成本、运行成本以及合理利润）；保障性住房同区域同品质的商品住房价格差距以及不同类型保障性住房之间的价格差距。

12.2.1 保障对象的住房消费能力

住房保障政策的初衷是缓解城镇中低收入住房困难家庭的住房消费压力，因此，保障对象的住房消费能力应该成为保障性住房定价的出发点和落脚点。美国公共住房租金的定价过程非常注重保障对象的家庭收入水平，即实际住房消费的能力，并规定低收入家庭只需将其家庭收入的 25% 交作房租，其与市场租金的差额由政府发券补足，后来这一比例调整至 30%。日本公营住宅的

① 美国低收入住房委员会、澳大利亚住宅国家发展委员会(NHS)等对住房支付能力的定义为：在满足了食品、衣服、交通、医药和教育等必要开支后用于住房消费的能力。

租金，首要参考承租家庭的收入水平，并规定按照承租家庭的收入水平进行分类，计算确定各收入类别家庭需承担的“房租基准价”，房租基准价原则上为家庭纳税收入的 8%。德国规定，居民可承受的租金一般按家庭收入的 25% 确定，政府承担居民可承受租金与实际租金之间的差额。[5] 在香港，由政府提供的“公屋”租金仅为同地区市场价的 25%，解决了近 1/3 香港市民的住房问题。[4]

12.2.2 保障性住房的真实成本

对于住房保障体系中保障性偏弱、商品性偏强的保障性住房，尤其是社会力量作为主要的供给方的保障性住房而言，在定价过程中考虑成本以及合理的利润空间是保障性住房供给社会化发展的必要前提。在住房保障政策的具体执行过程中，我国多数城市在经济适用住房、限价商品住房以及公共租赁住房的定价过程中均重点参考保障性住房的建设成本。

12.2.3 价格差距

如果说上述两个因素分别从需求方和供给方的角度出发，分析保障性住房定价过程中的影响因素，那么价格差距则是基于政策运行效果的角度提出的。首先，保障性住房与同区域同品质的商品住房价格差距直接决定着保障性住房政策本身存在的必要性，换句话说，只有在商品房价格与住房需求者承受能力存在差距时，保障性住房才有存在的必要性，保障性住房政策才会起到良好的效果。不同类型保障性住房之间的价格差距则是决定了保障性住房政策体系中不同政策存在的必要性。

成熟市场经济国家均把价格差距作为保障性住房定价过程中考虑的重要因素。德国对公共住房采取了非常严格的租金控制措施，公共住房的租金由政府按建安成本计算核定，一般为市场平均租金的 50% 至 60%。新加坡规定，用于出租的公共住房，其租金水平按市场租金水平的一定比例确定：在符合收入等准入条件的家庭中，收入较低的家庭按市场租金的 10% 支付，收入较高的家庭按市场租金的 30% 支付。[5]

我国各城市在保障性住房定价过程中，也一直遵循上述原则。如重庆市规定，公共租赁住房的租金标准由物价部门会同相关部门研究确定，原则上不超过同地段、同品质、同类型普通商品房市场租金的 60%。西安市规定，限价商品房销售价格在考虑中等收入家庭购买能力的基础上，按照成本价上浮 10%、市场价下浮 20%、经济适用房销售价与市场价的中间价等原则综合定价。

12.3 保障性住房定价机制的政策设计

上述三个保障性住房定价的基本要素实际上为保障性住房的科学定价提供了理论基础和操作准则，依据这一原则，笔者对进一步完善我国保障性住房的定价机制提出几点建议。

12.3.1 依据保障对象的差异性提升保障性住房定价机制的灵活度

过去我国保障性住房定价过程基本延续“一刀切”的思路，定价机制缺乏机动性和灵活性。近年来随着住房保障制度的不断完善，保障性住房的定价呈现灵活性、多样化的发展趋势。鉴于实践过程中的操作难度，目前我国保障性住房定价过程的灵活性体现在依据保障性住房的真实成本，进一步细化不同成本背景下的保障性住房定价机制。相反，与保障对象的住房消费能力挂钩的定价策略基本属于空白，这与前文提到的成熟市场经济国家的做法存在很大差距。尤其是对于公共租赁住房、限价商品房等“过渡”政策而言，这些政策本身就是对原有住房保障体系的必要补充，政策覆盖范围较大，同时，这些政策虽然设定了明确的准入标准，但符合准入标准的保障对象内部仍存在差异，因此，依据保障对象内部的差异性，制定较为灵活的定价策略是提升保障性住房定价机制的灵活性的一个重要方面。例如，常州市规定，公共租赁住房的租金标准为困难家庭租用每月每平米 3.5 元，新就业大学生租用每月每平米 4.5 元，就很好地体现了依据保障对象内部的差异性设定保障性住房定价机制的思路。

12.3.2 核实保障性住房成本，提升保障性住房定价机制的真实度

上文已经谈到，成本是我国保障性住房定价过程中主要考虑的因素，尤其是对于购置型保障性住房而言，目前基本遵循成本定价的原则。与此同时，由于利益的驱动和监管机制的不健全，开发商虚报保障性住房成本，抬高保障性住房价格的现象还时有出现。要杜绝这一现象，实现保障性住房成本回归理性、回归真实，笔者认为可以在以下两个方面加强制度建设：一是在保障性住房建设招标过程中引入竞争机制，通过市场机制促进开发商自行降低成本，进而降低保障性住房的价格水平。二是加强监管，完善保障性住房建设过程中的成本约束机制。政府不仅要更全面地参与保障性住房的成本核算和定价过程，而且要督促开发商在建设过程中减少中间环节、节约不必要的开支，对于开发商的违规行为，政府要严格采用经济处罚、取消开发资格等制裁手段等。[6]

12.3.3 引入社会力量，提升保障性住房定价机制的多元性

我国保障性住房的定价过程中，政府一直处于主导地位。笔者认为，为了进一步提升保障性住房定价过程的科学性，降低行政监管成本，政府可以推动保障性住房定价的多元化发展。对于保障性和福利性突出的廉租住房，其租赁价格可坚持由政府价格主管部门会同住房保障部门或住房保障机构制定和调整。但是，对于兼具保障性和商品性的经济适用住房、公共租赁住房，其定价过程可以引入建设运营方、专业机构等多元主体，尽量发挥市场的价格调节机制，辅之以必要的行政监管。另外，不管是政府直接定价，还是基于市场定价基础上的政府干预，都有必要建立专家审议和价格听证等制度。价格主管部门在制定和审批保障性住房价格时，应聘请有关专家、学者对制定和调整的价格进行审议，并把专家组意见作为定价的重要参考依据，提高定价的科学性。同时，要进一步发挥价格听证会制度的作用，保障性住房价格主管部门应广泛选择社会各领域、各阶层、各方面利益代表参加听证会，聆听各方面的意见，提高保障性住房定价的科学性和开放度。[7]

参考文献

[1] 马力 . 探访北京廉租房：租金可达 2 元 / 平米 靠近地铁站 . 新京报 . 2011 年 01 月 15 日。

[2] 程远 . 常州廉租房、公租房让百姓“居有其所”. 中国江苏网 . 2011 年 01 月 15 日 http://news.jschina.com.cn/system/2011/09/26/011736676.shtml。

[3] 公租房租金高过市场价让人看不懂、想不通 . 新华网 2010 年 7 月 3 1 日 . http://news.xinhuanet.com/politics/2010-07/31/c_12395053.htm。

[4] 焦竑 . 北京公租房：何时给租金退烧？中化建设，2011（10）：14-16。

[5] 张宇、王要武、姚兵 . 保障性住房价格成本信息披露的博弈分析 . 建筑管理现代化，2009（6）：190-193。

[6] 卢为民、姚文江 . 中外公共租赁住房租金定价机制比较研究 . 城市问题，2011（5）：2-8。

[7] 施建刚、黄晓峰 . 对经济适用房价格管制的经济学思考 . 价格月刊，2007（10）：17-18。

第13章

保障性住房的物业管理

与保障性住房的规划、建设、分配等环节不同，保障性住房交付使用后的物业管理问题不仅是一项复杂的工作，更是一项长期的工作，影响着保障对象日常生活，决定着住房保障政策最终的实施效果。本章，笔者将就保障性住房物业管理进行分析。

13.1 保障性住房的物业管理概况

早在我国推行经济适用住房政策之初，有关部门就对经济适用住房的物业管理过程中的收费标准、管理体制等问题进行了详细规定。1998年出台的《大力发展经济适用住房的若干意见》规定："新建成的经济适用住房，要严格执行建设部制定的《城市新建住宅小区管理办法》，全面推行社会化、专业化、市场化的物业管理新机制。在经济适用住房建设前期阶段，应做好与物业管理的衔接工作。通过竞争方式，选择物业管理企业。物业管理企业要按照同业主委员会签订的合同，进行售后服务和管理。要建立住房共用部位、设备和小区公共设施的专项维修资金，并按照规定使用。政府建设（房地产）行政主管部门要加强对物业管理企业的监督和管理，规范物业管理及服务。物业管理收费标准应与物业管理服务内容以及当地居民的经济承受能力相适应，通过不断提高物业管理水平，为居民创造良好的生活环境。"

近年来，随着保障性住房类型的丰富以及建设步伐的加快，保障性住房物业管理需求大幅提升，但服务质量与居民满意度仍有待改进。2008 年初部分城市住宅小区物业管理状况抽样调查的结果显示：业主对高档商品房小区物业评价好的比例较高，达到 68%；对经济适用房的小区的物业评价最低，总体评价“差”的占 33%，服务质量“差”的占 28%，管理水平“差”的占 29.3%，收费“不规范”的占 36.2%。[1] 与一般商品住房的物业管理模式相比，保障性住房因其诸多的特殊性，其物业管理在推行过程中也遇到了很多新的问题，如何解决上述问题决定了保障性住房的后期实施效果。

13.2 保障性住房物业管理的收费标准

考虑到保障对象的特殊性，保障性住房物业管理始终坚持以政府定价为主要方式，以“保本微利”为基本原则，物业管理收费标准远远低于市场价格。《北京市经济适用住房小区物业服务收费政府指导价收费标准》明确了北京市经济适用住房小区物业服务收费政府指导价基准价标准，即“经济适用住房小区物业服务收费政策政府指导价基准价标准为 0.55 元 / 建筑平方米 . 月（含 0.04 建筑平方米 . 月的物业共用部位、共用设施及公众责任保险），不得上浮，下浮不限”。同时，上述标准对 0.55 元 / 平方米 . 月的物业收费标准所包含的服务内容进行了详尽规定：管理服务人员的工资、社会保险和按规定提取的福利费等；物业共用部位、共用设施设备的日常运行、维护及公共责任保险费用；物业管理区域清洁卫生、绿化养护、秩序维护费用；物业办公费用；物业管理企业固定资产折旧等。泉州市廉租住房物业服务费维持较低的标准：江南雅园廉租住房属多层建筑，物业服务费标准为 0.35 元 / 平方米 . 月，西华公寓廉租住房属高层建筑，物业服务费标准为 0.85 元 / 平方米 . 月，均显著低于泉州市商品房物业服务费市场价格。上述政策措施均体现维持较低的保障性住房物业管理收费标准的思路，切实做到让保障对象买（租）得起房子，也住得起房子。

对保障性住房物业管理收费进行了明确规定的同时，各地住房保障管理部门还通过加强监管等多种措施，确保较低的物业管理收费并没有引起物业管理服务内容和服务标准的降低。但是，上述措施直接引发物业公司接管保障性住房意愿下降，保障性住房物业管理公司的选择无法通过市场招标的方式完成，即使物业公司接管了保障性住房项目，也往往采取降低服务标准，减少服务项目等方式控制成本，进而导致保障性住房物业管理水平下滑，业主对物业管理普遍不满意，拒付或迟缴物业管理费。业主对物业费用的拒付或者迟缴又致使本来就资金紧张的物业公司面临更大的经济困难，不得不进一步降低服务标准，保障性住房物业管理进入了恶性循环。可见，如何缓解保障性住房物业管理过程中的资金短缺问题是我国保障性住房物业管理面临的一个突出问题。

目前，我国多数城市均是将政府补贴作为解决保障性住房物业管理资金短缺问题的主要方式。例如，《武汉廉租房后期管理暂行规定》提出，廉租住房物业费分别由市、区政府承担，甚至廉租住房后期管理的房屋维修费用由政府买单。依据成熟市场经济国家的发展经验，保障性住房这种以政府补贴为主、行政化色彩浓厚的物业管理方式难以持续。长期来看，政府没有那么足够的财力长期补贴保障性住房后期管理，也没有足够的财力、物力和精力主导保障性住房的物业管理。因此，包括廉租住房在内的各类保障性住房的物业管理必须坚持市场化的发展道路，政府在这一过程中应发挥指导和辅助的作用。

笔者认为，在坚持市场化发展方向的前提下，解决保障性住房物业管理资金短缺问题需要保障性住房物业管理公司在降低物业管理成本的同时，积极探索保障性住房物业管理模式创新。

首先，物业管理公司可以通过扩大管理范围、控制运营成本等方式，降低保障性住房物业管理成本。

以淮北市梨苑新村的物业管理为例，该小区是当地规模最大的经济适用房住宅小区，其物业公司积极探索经济适用房物业管理的新路子。为了确保公司的正常经营、维持一定的经济效益，该公司在不增加业主经济负担的前提下，采取多种措施降低成本，如：员工一人多专，高效管理，减少开支。同时该物业公司还围绕业主开展全方位的特约服务创造经济效益，实现以业养业的目标，拓展小区管理经费的来源。[1] 以北京市回龙观经济适用房居住区为例，其一期项目的物业管理水平达到全国物业管理示范小区的水平，但由于成本过高，该标准难以维持，2001 年至 2003 年连续三年亏损。近年来，随着回龙观地区经济适用住房数量的逐年增长，物业管理公司负责的经济适用住房小区数量也随之增加，规模效应开始逐步显现。公司通过整合人力资源实现物业管理人力成本的降低：将所管辖的 300 万平方米分为 22 个组团，实现人力、物理资源共享，节约管理人员 20 人，节约作业人员 100 人，节约资金 160 万元。同时，公司利用互联网、短信平台等简化办公程序，提高办公效率，节约纸张、电话费，降低管理成本 30%。实践证明上述策略是行之有效的，目前，回龙观经济适用房居住物业管理费收缴率每年均能达到 90% 以上，很好地满足了经济适用住房物业服务需求。[2]

另外，制度创新也是缓解保障性住房物业管理资金压力的有益尝试。考虑到享受住房保障政策的群体存在收入较低，劳动力相对富余的现实，可以考虑采取“汗水入股”的方式，让有条件的保障对象家庭以出力的形式参与保障性住房的物业管理，降低物业管理公司的人力成本。[3] 也可以考虑组织保障性住房社区居民以盈利与非盈利相结合的方式开展自助服务，如：家政服务、婚丧喜庆服务、托老托小、社区维修服务等，缓解物业管理公司作业压力，为保障对象创造更多的就业机会。[4]

13.3 保障性住房物业管理的特色服务

保障性住房的住户多数为中低收入群体，尤其是廉租住房的住户，多为每月定期领取最低生活保障的人群，素质相对较低，为物业管理工作带来许多困难。廉租住房和棚户区改造住房的住户以前多半是住在低矮、潮湿的平房、瓦房中，日常养成的生活习惯与新建楼层式保障性住房会产生不相适应的地方，诸如：乱搭乱建、乱堆乱放，养鸡种菜、偷水漏电、不注意保护自身生活环境、不讲究小区环境卫生、不遵章守纪、在墙上乱涂乱画、随意改造线路、占领楼梯或其他公用部分以便堆放杂物等，为物业管理带来了诸多不便，增加了管理难度。[5]

另外，保障性住房小区的不少业主由于自身的经济水平和专业知识所限，部分人群认为物业管理没有必要，或认为物业仅仅是看门、打扫等工作，需要缴纳过多的物业费；部分人群仅仅关心物业费水平，小区的绿化、保洁等表面现象，对于需要花费大量资金的楼房主体的硬件维护、设施设备的安全维修等专业问题关注甚少，如果物业公司只按照业主意愿开展工作，则忽视了对保障性住房小区的妥善维修和保养。[1]

上述实际问题，要求保障性住房物业管理公司在坚持标准化、专业化服务的同时，根据保障性住房入住群体的特殊性，配合居委会等机构，开展一些有针对性的服务工作，例如：定期或不定期地开展入住培训，包括：楼房居住基本常识、水电使用基本原理，安全、防火、防盗及如何更好地与周围的人相处，如何爱护公共设施及公共绿化部分等一系列内容；另外，物业管理公司以及居委会可以考虑积极组织保障性住房住户开展丰富多彩、健康有益的文体活动，倡导科学、文明、健康的生活形式。[5] 江苏省常州市蓝天花园物业管理工作在这一方面积累了很多有价值的实践经验。蓝天花园是常州市规模最大的经济适用房住宅小区，物业公司在接管小区后，进行了人性化服务和制度管理，根据对业主情况的了解，开展了一系列针对性服务：一是对特定家庭全部减免管理费，对残疾人家庭实行减半管理费；二是考虑到业主中失业人员较多，蓝天花园物业在能力所及的范围内协助解决下岗失业人员的再就业问题，为他们提供工作岗位、岗位推荐、维权等公益性就业服务，保证了小区的稳定。

13.4 保障性住房物业管理的体制、机制

由于目前我国正处于保障性住房大规模建设时期，多数城市存在着重规划、重建设、轻管理的倾向，除了北京市颁布了《北京市经济适用住房小区物业服务收费政府指导价收费标准》，成都市颁布了《成都市保障性住房物业管

理办法》和《成都市中心城区廉租住房物业管理费补贴规定》等法规外，大部分城市尚没有对保障性住房的物业管理环节做出明确的规定，这就使得保障对象在入住之后，很多纠纷难以得到解决。例如，北京回龙观小区给水主管线主要是地埋直铺的形式，物业公司在回龙观小区内的多个项目遇到自来水、中水主管线沙眼、腐蚀跑水问题。按正常维修规定，这些问题超出了物业小修范围，但申请公共维修基金，时间较长、过程和手续较为繁琐，往往解决不了问题，影响业主日常生活，引起了业主的不满。[6] 针对目前保障性住房物业管理缺乏法律依据的现实，笔者认为，可以充分借鉴成都市经验，出台保障性住房物业管理办法等文件，专门规范保障性住房物业管理的各个环节，如：物业企业的选择、物业服务的内容和标准、住房的使用与维护、监督管理等内容。

除了保障性住房物业管理法律、法规体系不健全外，保障性住房物业管理缺乏市场竞争机制也是一个不可忽视的问题。鉴于保障性住房物业管理收费标准的限制，多数物业管理公司对于保障性住房项目并不感兴趣，因此，目前大部分保障性住房是由政府管辖的企业承担物业管理工作。除此之外，部分承担保障性住房建设项目的企业单位受“自行开发、自行管理”观念的影响，不愿将开发项目推向社会和市场，致使开发项目不能通过公开招标的形式聘用优质的物业企业。由于缺乏竞争机制，目前多数保障性住房的物业服务质量无法得到保证。笔者认为，有必要引导保障性住房物业管理向市场化方向发展，以招投标方式选聘保障性住房的物业管理公司。实行招投标不仅能打破物业管理的垄断经营，实现物业管理行业的优胜劣汰，提高物业管理的服务水平，而且是培育和完善物业管理市场竞争机制的重要手段。上文提到的淮北市梨苑新村小区在 2005 年面向社会公开招标，最后由合肥春天物业管理公司中标。合肥春天物业管理公司中标后，积极探索经济适用房物业管理的新路子，逐步建立长效管理服务机制，为梨苑新村广大业主提供了规范服务，保证了广大低收入人群居住的便利和舒适，成为保障性住房物业管理的典范。事实证明，市场竞争机制可以实现业主和物业公司的双赢，是未来我国保障性住房物业管理的发展方向。

最后，为了进一步规范管理，保障性住房小区有必要参照普通住宅小区成立业主委员会，一定程度上达到业主团体自治的目的。为逐步推行保障性住房业主委员会制度，笔者认为可以先行成立临时业主委员会，让小区住户积极参与到选举活动中来，待其经济情况好转、收入提高、生活改善后，临时业主委员会按投票多少逐步建立完整的业主委员会。[4] 在业主委员会组织下，全体业主共同选择物业管理公司，共同付费，共同受益，每一个业主都具有享有物业服务的权利，同时也承担相应的义务。一定程度上的业主自治，表达了大多数业主的意愿，发挥了对物业公司监督及自我监督的作用。

参考文献

[1] 刘音．经济适用房的物业管理问题简析．淮北职业技术学院学报，2009（10）：129-130。

[2] 张宏斌．经济适用房物业管理经验谈．住宅产业，2011（3）：94-96。

[3] 马万里．城市廉租房社区物业管理模式研究——以杭州为例．商业研究，2008（2）：87-90。

[4] 曾锴、湛泳．我国廉租房后期管理体制运行的现状与出路．湖南社会科学，2010（2）：129-132。

[5] 邓国雄．浅析廉租房的物业管理．现代物业（上旬刊），2011（01）：37-38。

[6] 张宏斌．经济适用房物业管理的困境与对策．中国物业管理，2011（6）：30-31。

第五篇

我国城镇住房保障政策的顶层设计

第14章

我国城镇住房保障政策的实施方式

本书的第一篇以我国城镇住房保障体系的实施方式为视角，分两章对我国城镇住房保障体系的实物保障方式和货币补贴方式进行了详细的介绍。如何在理论上理清两者关系，在实践中实现两者的互补，无疑是我国城镇住房保障体系顶层设计的一个重要课题。本章，笔者将就这一问题开展系统分析。

14.1 关于住房保障政策实施方式的争论

关于住房保障政策的实物保障方式和货币补贴方式的争论由来已久，可以说各国在实施住房保障政策的过程中都不可避免地遇到上述问题。总体来看，国际学术界关于住房保障政策的实物保障方式和货币补贴的探讨，以支持货币补贴政策的观点为主流。Ohls（1975）通过构建一般均衡条件下的住房市场过滤模型，假设住房市场处于完全竞争状态，购房者的目标是追求效用最大化，而住房开发商的目标是追求利润最大化。他通过均衡条件来模拟市场行为，应用计算机模拟得出结论：从政府成本的视角分析，通过提供住房货币补贴来增加低收入住房消费的政策比政府直接为低收入者兴建住房的政策更加有效。[1] Apgar（1990 ）、Burman（1992 ）、Yeager（1996）、Olsen（2000）等诸多学者都支持用租金补贴的方式取代集中兴建公共住房的实物补贴模式。[2] [3] [4] [5] 相反，EdmundoWerna（1999）以华盛顿的情况为例论证了政府直接参与公共住房供给是正确的。他指出，即使政府给予私人部门各种支持，但私人部门在对低收入者的住房供给上仍没有起到很好的作用，对低收入住房的供给不能只靠私人部门。政府直接提供住房在发展中国家虽然表现得无效率，但在美国华盛顿的表现被认为是较好的。[6] Stephen E. Barton（1996）认为采用哪种供给或补贴方式要视资助人数、管理方式、金融、政治的稳定性和政策支持度而定。[7]

我国学术界习惯于把住房保障政策的实物保障方式和货币补贴方式的探讨形象地称为住房保障政策是“补砖头”还是“补人头”。“补砖头”是指住房保障政策的实物保障方式，即通过保障性住房建设过程中实施政策补贴间接使保障对象受益；而“补人头”则是指住房保障政策的货币补贴方式，即直接将补贴发放到保障对象手中。与国际学术界的情况一致，我国学术界关于住房保障政策的实物保障和货币补贴的探讨中，认为货币补贴较优的观点占大多数，甚至有学者主张用货币补贴取代实物保障（宋博通，2001；黄征学，2004；徐滇庆，2005；徐红，2005）。齐华（2009）从微观层面的效率、宏观层面的社会效用、政策成本三个角度对经济适用房“砖头补贴”和“人头补贴”两种政策进行了全面对比，并得出结论：(1) 在消费者需求函数既定的条件下，达到相同的满足程度，“人头补贴”比“砖头补贴”效率更高。(2)“砖头补贴”的经济适用房政策存在着社会效用净损失，而“人头补贴”的经济适用房政策没有社会效用损失。(3) 如果以居住为目的的中低收入家庭购买大部分经济适用房，房屋的需求价格弹性就比较小，那么货币补贴的政策成本就小于实物补贴的政策成本；如果以投资为目的的中高收入家庭购买了大部分经济适用房，房屋的需求价格弹性就比较大，那么货币补贴的政策成本就大于实物补贴的政策成本。[8] 唐燕云、陈方正（2009）研究指出：货币型补贴较实物型补贴成本低、选择自由度大、符合市场运作机制、效益高。他们认为，结合我国国情，当下的燃眉之急是通过实物型补贴保证充足的保障性住房房源；在时机成熟时，方能逐步转向以货币型补贴为主的住房保障政策体系。[9]

近两年，国内一些学者开始突破传统研究思维，反思货币补贴政策实施过程中潜在的问题，转而支持实物保障方式。方建国（2008）以环境动态的视角进行政府住房保障的经济学分析，证明了在房价稳定的时期，政府的住房保障政策应尽量以市场为主，采取对消费者实施货币补贴政策的效率要高于实物补贴政策，即补“人头”，而不是补“砖头”。而在房价持续上涨的情况下，由于对低收入者进行住房实物补贴可以规避房价快速上涨的风险，政府采取补“砖头”而不是补“人头”的住房保障政策则更为有效。[10] 尹燕海（2010）从经济学角度来看，经济适用房货币补贴政策不但会对普通住宅市场产生冲击，而且对单个家庭效用也不具有可持续性，容易滋生保障对象的逆向选择和道德风险问题。因此，经济适用房货币补贴政策的推行，利少弊多，应当“慎用”。[11]

14.2 住房保障政策实施方式的比较分析

针对住房保障政策的实物保障方式和货币补贴方式的争论，笔者将从社会福利、外部性和政策效率等多个角度开展分析，为我国城镇住房保障体系的政策取向奠定良好的理论基础。

14.2.1 住房保障政策实施方式的社会福利分析

运用福利经济学的分析框架对住房保障政策实物保障和货币补贴两种实施方式进行理论分析，是目前较为传统的研究思路。林荣茂（2006）、游源（2008）等学者均采用了上述分析方法，得出结论：与货币补贴方式相比，实物保障方式存在着社会效用净损失。上述结论成为多数国内学者否定实物保障方式最主要的理论根据，其具体分析过程如下。[12] [13]

假定存在一个没有政府干预的完全竞争的房地产市场，如图 14.1 所示，中低收入家庭的需求曲线为 D，房地产市场的供给曲线为 S，需求和供给的均衡点为 H，相对应的均衡价格和均衡量分别为 P 和 Q。当政府实施实物保障时，政府会采用例如税费优惠等方式对房地产开发商进行补贴，同时限制开发商的利润水平，进而确保保障性住房廉价出租、出售。在其他条件不变的情况下，供给曲线S会向右下移动至S´，S´与D相交于新的均衡点H´，由此形成了新的均衡价格和均衡量分别为P´和Q´。如图14.1所示，在新均衡点H´处，在其他条件没有发生变化的情况下，房地产市场上的住房价格下降，住房供给量增加。

若政府没有对开发商进行相应的补贴措施，即在供给曲线S不变的条件下，为了保证供给量达到Q´，则开发商会把价格上调至P*，以保证开发商自身利益。从图14.1中可以看出P´P*H´H*即为政府以税费优惠等方式向保障性住房购买者提供的隐性补贴。由于政府的实物保障政策，原来需要支付P*价格的购房者现在可以按P^1的价格购买，因此，图14.1中四边形P*P´H´A为购房者实际获取到的补贴，而三角形AH*H´部分既没被购房者获取，也没被开发商得到，为社会福利的净损失。

在同样的市场条件下，如果政府改用货币补贴的方式，在保证供给量仍为Q´不变的情况下，政府对于中低收入家庭进行货币补贴来提高其购买力水平，需求曲线向右上方移动至D´，新需求曲线D´与供给曲线S相交于新的均衡点H*，形成新均衡价格P*。在P*的价格水平下，若政府没有进行货币补贴，那么房地产市场中的住房需求量应为Q*。我们可以看出，图形AQ*Q´H*即政府为达到相同政策效果而需支付的货币补贴，其中四边形FQ*Q´H*为消费者剩余，即中低收入家庭实际获得的货币补贴，三角形AFH*为生产者剩余。货币补贴方式并没有产生社会福利的净损失。

以上分析可以得出结论，政府采取实物保障措施时，政府的补贴部分地转化为消费生剩余，但是存在社会福利的净损失。相反，政府采取货币补贴措施时，政府的补贴全部转化为消费生剩余和生产者剩余，没有产生社会福利的净损失。从社会福利的角度讲，货币补贴方式要优于实物保障方式。

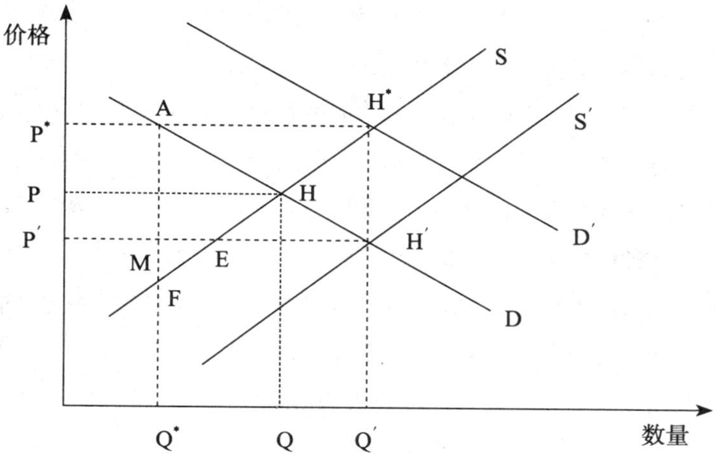

图 14.1 实物补贴与货币补贴的福利分析

14.2.2 住房保障政策实施方式的外部性分析

对住房保障政策实施方式的社会福利分析，虽然比较了不同政策实施方式的社会福利净损失，但是笔者认为进一步研究不同政策实施方式引发的不同社会群体之间福利分配变化，更能深入比较住房保障政策实施方式的福利效应。

从上文分析已知，在政府采取实物保障时，政府补贴为图 14.1 中四边形 P*P′H′H*，消费者剩余为四边形 P*P′H′A，而三角形 AH*H′ 既不是消费者剩余，也不是生产者剩余，为社会效用净损失。但是，同时分析政府、中低收入群体（保障对象）和开发商的福利变化，我们不难发现，政府虽然通过税收优惠、财政补贴等方式将补贴直接赋予供给一方，但是事实上，住房市场达到新均衡的情况是供给增加，价格下降，在开发商的利益得到相应保证的前提下，不仅中低收入群体的福利得到了提升，而且没被纳入保障范围的普通住房消费者的福利也间接得到提升。从这个角度来看，虽然实物保障存在社会福利的总体损失，但是从福利分配来看，它却产生了“普惠”效果，其社会效益不容忽视。

当政府采取货币补贴时，政府补贴为图 14.1 中四边形 AQ*Q′H*，消费者剩余为四边形 FQ*Q´H*，生产者剩余为三角形 AFH*，无社会效用损失。但是从新的市场均衡情况来看，货币补贴方式导致房地产市场供给增加同时价格上涨，中低收入家庭作为保障对象，其得到的补贴不仅可以抵消房价上涨的部分，而且可以有一部分额外补贴，以提升其住房购买力，因此，即使房价上涨，保障对象群体的社会福利仍然提升。相反，对于没有被纳入保障范围的一般消费者而言，这种推高房价的政策无疑会增加其购房成本，产生社会福利转移，没有被纳入保障范围的社会群体的社会福利损失的现象违反了住房保障政策的初衷。对于开发商而言，虽然货币补贴是对消费者的直接补贴，但是由于房价的提升，政府的补贴多半通过中低收入购房群体流向开发商，不仅如此，由于房价提升，一般消费者的社会福利也要向开发商进一步进行转移，可以说开发商从中获利颇丰。

鉴于住房保障政策实施方式引发的社会福利在不同社会群体之间的转移，笔者认为，实物保障因其“普惠”效果，能产生更加良好的社会效应；相反，货币补贴实际上是对住房市场一般消费群体的福利掠夺，与住房保障政策初衷相左。

14.2.3 住房保障政策实施方式的政策效率分析

笔者认为，对住房保障政策实施方式进行比较仅仅依靠传统的福利分析框架是不够的，达到相同政策目标的前提下，比较政策实施方式的效率，是衡量政策实施优劣的一项重要指标。

从图 14.1 中我们不难看出，四边形 AQ*Q´H* 和 P*P´H´H* 分别表示政府实施货币补贴和实物报站的政策成本，而四边形 AQ*Q´H* 和 P*P´H´H* 面积的大小与需求曲线、供给曲线的弹性直接相关。

如图 14.2 所示，当供给曲线不变的情况下，需求曲线斜率变大，代表消费者对于价格变动更加敏感，需求的价格弹性变大。四边形 AQ*Q´H* 作为政府实施行货币补贴所支付的成本，在需求弹性变大的情况下，较图 14.1 中的四边形 AQ*Q´H* 面积增加。这说明，需求弹性增加时，政府实施货币补贴所支付的成本变大，即政府实施货币补贴的政策效率与需求弹性成反比。四边形 P*P′H′H* 作为政府实施行实物保障所支付的成本，在弹性需求变大的情况下，较图 14.1 中的四边形 P*P′H′H* 面积减少。这说明，需求弹性增加时，政府实施实物保障贴所支付的成本变小，即政府实施实物保障政策的效率与需求弹性成正比。

如图 14.3 所示，当需求曲线不变的情况下，供给曲线斜率变大，代表生产者对于价格变动越发不敏感，供给的价格弹性变小。四边形 AQ*Q′H* 作为政府实施行货币补贴所支付的成本，在供给弹性变小的情况下，较图 14.1 中的四边形 AQ*Q′H* 面积增加。这说明，供给弹性小时，政府实施货币补贴所支付的成本变大，即政府实施货币补贴的政策效率与供给弹性成正比。四边形 P*P′H′H* 作为政府实施行实物补贴所支付的成本，在供给弹性变小的情况下，较图 14.1 中的四边形 P*P′H′H* 面积减少。这说明，供给弹性减小时，政府实施实物补贴所支付的成本变小，即政府实施货币补贴的政策效率与供给弹性成反比。

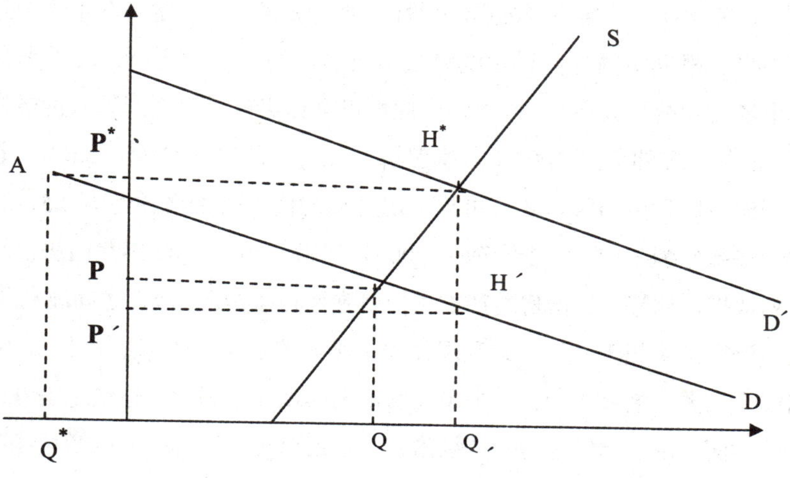

图 14.2　需求弹性增大时，货币补贴与实物保障的政策成本

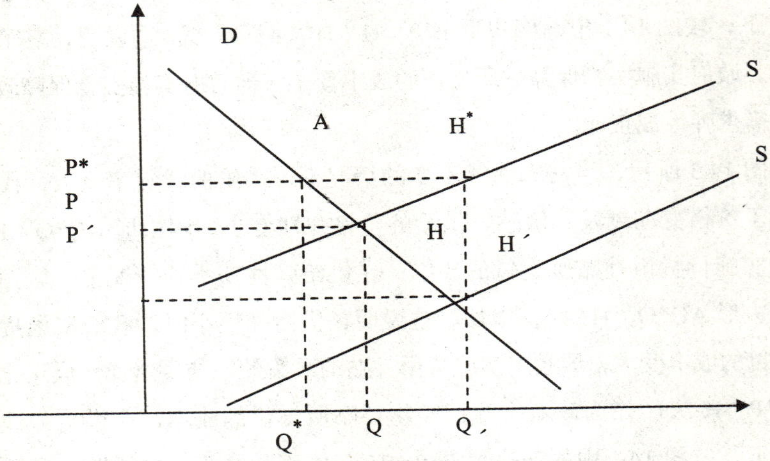

图 14.3 供给弹性变小时，货币补贴与实物保障的政策成本

在理清了供给弹性、需求弹性与住房保障政策实施方式成本之间的定性关系之后，比较住房保障政策实施方式的效率需要对我国住房市场的供求弹性进行判断。关于我国住房市场的需求弹性，笔者参考了多位学者对于这一问题的研究结果。根据中国社会科学院财政与贸易研究所一项研究，近年来我国房地产市场的勒纳指数在 0.4 以上，由此可以推算出我国房地产需求价格弹性为 2.5 以下 [14]。况伟大（2004）分别测算了 1996- 2002 年北京、深圳、上海和天津四城市的勒纳指数，相应可推算出上海的商品房价格弹性为 2.5，北京商品房价格弹性为 1.67[15]。李宏瑾（2005）利用 1999 - 2003 年我国房地产的时间序列数据，测算出我国房地产需求价格弹性在 1.77 至 1.88 之间波动 [16]。上述几项研究结果趋于一致，即我国住房市场的需求弹性应该是大于 1，需求的价格弹性较大。笔者认为，从中国住房市场的现实来看，上述结论是可以成立的。一方面，由于近年来房价持续攀升，远远超过了居民收入的增长速度，我国部分城市的“房价收入比”指标已经远远超过国际警戒线，这一现实逼迫住房者不得不采取租住、合租等手段暂时解决住房问题，住房越来越成为一种奢侈品。另一方面，住房价格不断攀升的预期带动了我国住房市场投资需求的膨胀，购房作为投资行为，消费者对于住房的价格变动更为敏感，无形中进一步

推高了住房市场的需求弹性。

相对于住房市场的需求弹性而言，学术界对于供给弹性的判断更加一致。考虑到土地供给的有限性，土地规划、拍卖的政策性以及住房建设需要大量的人力物力财力，修建周期较长等现实因素，短期内住房的供给对于价格的敏感程度较低这是一个公认的事实。因此，我们可以判定，我国住房市场的供给弹性较小。

那么在一个需求弹性较大、供给弹性较少的市场条件下，住房保障政策不同实施方式的政策成本如何呢？综合上述分析，我们可以给出这样的答案：在需求弹性变大时，政府实施货币补贴的成本变大，实施实物保障的成本变小；在供给弹性变小时，政府实施货币补贴的成本变大，实施实物保障的成本变小。因此，在当前住房市场较大的需求弹性和较小的供给弹性的现实情况下，住房保障政策实物保障的政策效率要优于货币补贴。

14.3 典型国家住房保障政策的实施方式

二战之后的一段时期内，为了抚平战争给各国房地产市场带来的创伤，缓解各国面临的供给短缺现象，各国在实行住房保障政策时，多采取大力兴建公共住房的实物保障方式。在大力兴建公共住房的浪潮过后，各国政府的住房保障政策逐渐向货币补贴倾斜。

以美国为例，1937 年，美国国会通过了《公共住房法》，地方公共住房发展部门开始发展公共住房，同时，美国也运用了一系列公共住房政策工具，包括公共贷款、房租限制以及资金补贴等。由于这种供给方补贴方式需要大量的公共贷款及公共财政的支出，国家财政负担日渐加重。到了 20 世纪 60、70 年代这种实物保障的政策实施方式受到了广泛地批判，主要集中在以下三点：一是住房市场受到了低房租的损害，开发商的利润减少了，同时，这种实物保障方式妨害了住房的过滤效应，降低了租赁和购买房屋的机动。二是实物保障的住房大多是新房，房租也相对较高，因此，可以承受该类住房的多是中产阶级而非最低收入阶层。三是政府难以承受这种政策实施方式的财政投入。[17] 受到上述观点的影响，美国住房保障政策开始逐步向货币补贴倾斜。1965 年修订的《公共住房法》就规定，凡能够证明处在低收入水平的个人和家庭，均可申请住房补贴。补助的方式通常为两种：一种是直接对低收入家庭提供低租金的公共住房（一般低于市场价的 20%—50%）；另一种是向低收入家庭直接发放住房券，其补助标准为住户只缴纳本户收入的 25% 作为房租，租金超过部分用住房券来补足。

英国的情况与美国大致相同，也经历了住房保障政策由实物保障向货币补贴的转变。英国是世界上福利制度较为发达的国家，也是最早对住房问题进行政府干预的国家，公民的住房福利被看作是国家应当担负的职责。二战后，由于战争破坏，英国住房严重短缺，政府采取了以集中建设、出租公房为重点，大力促进住宅建设、增加住房供应的政策，主要方式是环境交通和区域部根据中央财政每年的建房预算安排，综合各个地方政府的建房情况和低收入居民住房需求情况，按年度向地方政府拨款，由地方政府负责进行公房建设。这样，英国以每年几十万套的速度增加公共住房供给，到英国开始实施“私有化”改革之前，英国基本达到了一户一房的目标。政府出资建房极大地提升了英国的住房供应水平，对于解决当时的住房短缺问题发挥了重要作用。但是，由于公房建设速度太快，房屋质量较差，维修负担较重等原因，英国财政逐渐不堪重负。针对上述情况，1980 年英国政府修改了《住房法》，开始实施以“租住公房居民优先购买权”为主要内容的公共住房私有化运动。与此同时，英国政府对于无力购买公共住房仍租住在公共住房中的人群实施了房租补贴计划，即财政预算中的住房保障资金，原来仅仅用于住房建设和维修，目前则可以扩大使用范围，用于发放低收入居民的房租补贴。目前，有近 70% 的英国居民拥有自住房产权，30% 的人租赁住房，其中，20%的居民从当地政府租赁公有住房、10%的居民租住私人房屋。近年来，随着英国房屋租金的不断上涨，英国政府重新重视住房保障政策的实物保障方式，兴建公共住房，向低收入居民。同时，英国政府采取零星建设的方式建设公共住房，要求新的住宅建设项目必须有一定的公共住房，这个比例一般占项目建设总量的 15%～50%。

相对于美国、英国等国家，韩国、新加坡等国家在人地矛盾紧张的背景下，坚持了以实物保障方式为主的住房保障政策。20 世纪 70 年代开始，随着城市化急速推进与住房需求的不断增大，韩国政府专门制定了《住宅建设十年规划（1972-1981 年）》，计划在 10 年内供给 250 万套住房。80 年代以后，韩国住房政策的社会理念逐渐增强，政府开始注重缩短贫富差距，除供给住房外，还进一步强化租赁用住房建设。90 年代，韩国政府相继推出《住宅 200 万户建设规划（1988-1992 年）》和《新经济五年规划（1993-1997 年）》。两次规划期间，韩国共建房 584 万户，全国住房普及率大大提高。2003 年，韩国政府为扩大廉租房供应①，推出"100 万户国民廉租房建设计划"，准备在 10 年内建设 100 万户国民廉租房，使廉租房占住宅总数的比例从 2003 年的 2.4% 提高到 2012 年的 10%。廉租房主要依据建设交通部公布的最低居住标准建造，主要供应给无房产以及低收入家庭（月收入不及城市家庭月均收入 50%）。[18]

新加坡每平方公里人口高达 6430 人，是世界上人口密度最高的地区之一，住房供求矛盾非常突出。针对住房市场的现实情况，新加坡政府采取了住房供给政府调节为主导，市场调节为辅的政策措施，并逐渐发展成以"组屋"为核心的住房保障体系。"组屋"全称为"组合房屋"，是新加坡政府"居者有其屋"政策中为百姓建造的房屋统称。从 1960 年"组屋"政策启动至今，新加坡建屋发展局建造了 99 万间组屋，目前新加坡 80% 的人口居住在组屋中，[19] 基本上满足了全岛人口居住的需要。居住组屋的人口中，有 95% 在政府"居者有其屋"计划的帮助下购买了房子，其余一些收入过低、处在社会底层的家庭则选择租赁组屋居住。新加坡政府建屋发展局特别针对收入过低的家庭制定了相应的租赁组屋计划，由政府提供大量津贴，帮助他们找到安居之所。例如，月收入少于 1500 新元的家庭，可以申请租赁一房式（使用面积约 33 平方米）或者二房式的组屋，政府最低以市场租价的 10% 来收取租金。如果家庭

---

① 韩国公共住房的建设任务主要由韩国国家住宅公司承担，保障性住房类型主要有永租房、国租房、公租房和公售房等四种类型。永租房是专门针对城市贫困居民而设计建造的非盈利性的永久租赁房，类似于我国的廉租住房。截至 2007 年，韩国全国总共有 19 万套永租房，其中 74% 是由国家住宅公司提供的。国租房、公租房和公售房是微利性型保障性住房，供给对象仅限于中低收入者，住宅公司对供给对象有一套严格的资格审查制度。

月收入不超过 800 新元，一套一房式组屋的每月租价仅为 26 至 33 新元。[20]

14.4 我国住房保障政策实施方式的重点轮换及未来走向

14.4.1 我国住房保障政策实施方式的重点轮换

对于城镇住房保障政策的实施方式，我国早就出台了明确的政策规定。对于经济适用住房、限价商品住房，国家一直坚持实物保障的政策实施方式；对于廉租住房和公共租赁住房，国家坚持货币补贴和实物配租相结合的原则，并以货币补贴为主要方式。2007 年颁布的《国务院关于解决城市低收入家庭住房困难的若干意见》明确指出："城市廉租住房保障实行货币补贴和实物配租等方式相结合，主要通过发放租赁补贴，增强低收入家庭在市场上承租住房的能力。"

笔者研究发现，从国家开始实施"保障性安居工程"以来，住房保障政策在实践中逐渐向实物保障方式倾斜。2008 年底，国务院发布了《国务院办公厅关于促进房地产市场健康发展的若干意见》，明确指出要"加大保障性住房建设力度"。具体要求为："2009 年是加快保障性住房建设的关键一年。主要以实物方式，结合发放租赁补贴，解决 260 万户城市低收入住房困难家庭的住房问题；解决 80 万户林区、垦区、煤矿等棚户区居民住房的搬迁维修改造问题。在此基础上再用两年时间，解决 487 万户城市低收入住房困难家庭和 160 万户林区、垦区、煤矿等棚户区居民的住房问题。到 2011 年年底，基本解决 747 万户现有城市低收入住房困难家庭的住房问题，基本解决 240 万户现有林区、垦区、煤矿等棚户区居民住房的搬迁维修改造问题。2009 年到 2011 年，全国平均每年新增 130 万套经济适用住房。"上述政策要求在近年来我国住房保障的政策实践中被贯彻落实，进一步强化了实物保障方式在我国城镇住房保障体系中的重要性。住房和城乡建设部统计数据显示，2010 年全国各类保障性住房和棚户区改造住房开工 590 万套，基本建成 370 万套；农村危房改造开工 136 万户，基本竣工 108 万户；均超额完成年初国务院部署的任务。2011 年，中央提出今后五年我国要再建设 3600 万套保障性住房，其中 2011 年的建设任务为 1000 万套，而且保障性住房除了棚户区改造以外，主要用于公租房和廉租住房。[21]

笔者的上述判断在《国务院关于城镇保障性住房建设和管理工作情况的报告》中得到了印证。《国务院关于城镇保障性住房建设和管理工作情况的报告》提出："考虑到各地区经济社会发展水平、城镇化进程，以及住房市场状况差异较大，住房保障方式不搞一刀切。实践中，由各地区结合本地实际情况，因地制宜地确定保障房类型。我们考虑，这几年，住房保障实行以实物保障为主；经过今后几年的努力，住房供求关系缓和以及住房租赁市场有了一定发展后，将逐步转为以货币补贴为主。"可见，目前我国城镇住房保障体系在政策执行中以实物保障方式为主，未来政策重点将逐步向货币补贴方式转变。

14.4.2 实物保障是我国当前住房保障政策的主要实施方式

在上文理论分析和经验研究的基础上，笔者认为，一国采取何种住房保障政策的实施方式，与其住房市场的整体供求情况高度相关。这一关系主要表现为两个方面：一是对于国土面积有限、人口数量较大的国家而言（如韩国、新加坡），实物保障方式始终是住房保障体系的核心内容。二是从城市化进程上来看，随着二战后 30 年间世界范围内城市化进程的加速，多数国家均采取实物保障方式作为住房保障体系的主要实施方式，随着住房市场供求矛盾趋缓，各国逐步将住房保障政策重点转向货币补贴。笔者认为上述规律的内在逻辑在于不同的政策实施方式存在显著的外部性①：当住房市场供给矛盾突出、房价不断攀升时，货币补贴无疑会间接推高房价，使得未享受保障政策的群体福利受损，政策保障对象享受到的政策效果大打折扣。相反，在住房市场相对宽松、价格相对稳定的前提下，货币补贴因其具有政策渠道直接、操作灵活等优势，成为较为理想的政策实施方式。从上述思路出发，笔者认为，目前我国城镇住房保障体系以实物保障为主要实施方式，有其深刻的理论依据。

---

① 详见 14.2.2 住房保障政策实施方式的外部性分析。

首先，我国正处于城市化加速阶段，城市住房市场处于需求膨胀期。图14.4给出了我国建国后城市化率①的变化情况。从中不难看出，改革开放后，我国城市化水平开始加速提升：80、90年代，我国用了20年时间将城市化率由20%左右的水平升至30%左右；本世纪初的10年，我国城市化率由30%左右的水平升至50%左右。根据《2010年第六次全国人口普查主要数据公报(第1号)》的统计数据，2010年11月1日零时，我国城镇人口占总人口比重为49.68%。统计显示，截止上世纪末，世界范围内高收入国家的城镇人口比重为77%，中等收入国家为65%，低收入国家为31%。[22] 可见，我国目前处于并将长期处于城市化加速阶段，城镇住房市场的潜在需求将不断释放。

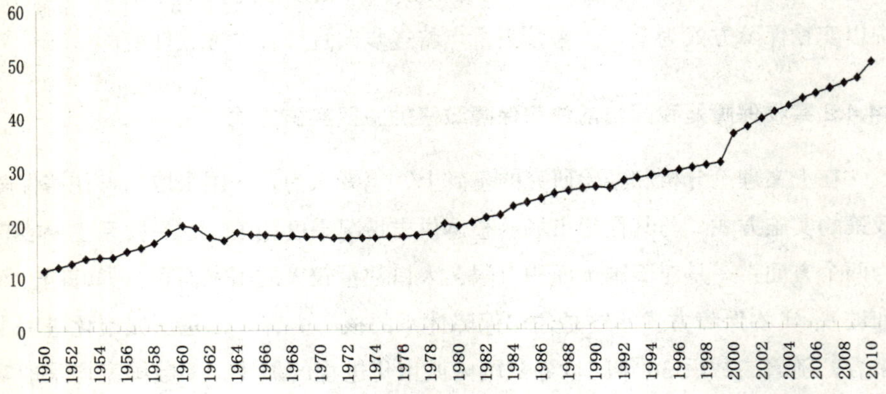

图 14.4 我国的城镇化率（单位：%）

数据来源：《中国统计年鉴》、《2010年第六次全国人口普查主要数据公报(第1号)》

其次，我国住房市场供求矛盾突出，住房价格不断攀升的局面短期内难以改变。从2005年开始，我国房地产市场迎来了新一轮的繁荣期，突出表现为商品房价格不断攀升，尤其是大中城市价格更是直线攀升，已经超出了城市居民正常的购买能力，呈现出泡沫化的发展趋势。虽然近年来我国连续出台“国十条”、“新国十条”等调控措施，但目前来看，无论是新建房屋、二手房屋价

① 城市化率是指市镇人口占总人口的比率。

格，还是房租价格依然坚挺，虽然增速出现回落，但是整体水平依然偏高。因此，笔者认为，短期内我国住房市场供求矛盾突出、价格攀升的现实难以根本改善，住房保障政策必须肩负宏观调控的职能。

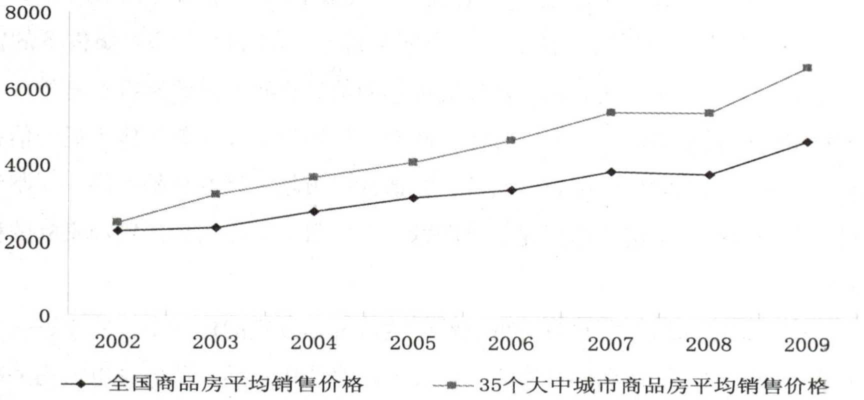

图 14.5 近年来我国商品房价格走势（单位：元 / 平方米）

数据来源：《中国统计年鉴》

最后，目前我国城镇住房保障体系以实物保障为主要实施方式，符合我国城镇中低收入住房困难家庭的真实意愿。广州市政府从 2007 年 12 月至 2008 年 3 月在全市范围内开展了城市低收入住房困难家庭住房状况调查，结果显示：对于租赁补贴和实物配租这两种廉租住房保障方式，有 84.9% 的调查对象倾向于实物配租的补贴方式，仅有 15.1% 的调查对象倾向于货币补贴的补贴方式。[23] 可见，就目前情况而言，低收入住房困难家庭作为住房保障政策的主要对象，其意愿是明确的，即住房保障政策应以实物保障为主要实施方式。

14.4.3 货币补贴是未来我国住房保障政策的发展方向

笔者认为，在我国坚持大力实施“保障性安居工程”并切实缓和城镇住房供求矛盾之时，尤其是住房市场价格实现理性回归并逐步趋稳之后，我国住房保障政策的重点转向货币补贴方式的条件基本成熟，可以考虑逐步实现住房保障政策实施方式的转变。同时，在这一过程中，必须切实完善货币补贴的机制设计。

首先，我们必须看到，除住房市场供求矛盾缓解、价格理性回归之外，货币补贴方式要真正发挥作用必须具备其他一些基本条件。一方面，货币补贴通过提升中低收入住房困难家庭的消费能力，使其在住房市场自行解决住房问题，这一过程中，中低收入住房困难家庭不得不面临不完全信息条件下的购房（租房）市场，如何建立和完善住房市场的信息机制，是政府在实施货币补贴过程中的一项重要任务。另一方面，政府不仅要建立和完善住房市场的信息机制，更需要加强对住房市场的监管，营造住房市场良好的交易秩序，遏制住房提供方私自哄抬价格、违章建设等问题，切实保护低收入住房困难家庭的权益。[9]

其次，我国住房保障政策的重点转向货币补贴方式的过程中，需要进一步强加货币补贴的灵活性和区分度。目前实施购房货币补贴改革的城市，均采取一次性补贴的方式①。这种静态的、一次性补贴方式没有充分考虑到中低收入住房困难家庭的差异性，政策效果大打折扣。更为重要的是，这种静态的、一次性补贴方式事实上只有准入机制，没有退出机制，这就造成了购房货币补贴政策难以适时调整，在一段时期内，政府实际补贴范围往往要超出理论上的有效补贴范围，财政负担加重，政策执行效率降低。因此，必须不断完善货币补贴尤其是购房货币补贴的机制设计，实现补贴标准的科学性、动态化和差异化。

参考文献

[1] James C. Ohls，Public Policy Toward Low Income Housing and Filtering in Housing Markets. *Journal of Urban Economics* 2（April）：144-171，1975.

① 大连市规定，货币补贴资格的家庭在购房后，可享受每户 13 万元的货币补贴；长沙市 2008 年补贴标准为低收入无房家庭每户 8 万元，低收入住房困难家庭和棚户区、片区改造等重点工程拆迁户中享受经济适用住房货币补贴的每户 5 万元；常州市 2009 年补贴标准为每户 8 万元。

[2] William C. Apgar Jr., Which Housing Policy Is Best. *Housing Policy Debate*, 1990（1）: 1-32.

[3] Leonard E. Burman, The Cost-Effectiveness of the Low-Income Housing Tax Credit Compared With Housing Vouchers. CBO Staff Memorandum, Congressional Budget Office, April 1992（reprinted in Tax Notes, July 27, 1992）.

[4] Holly Yeager, Dole launches attack on public housing. *San Francisco Examiner* p.A8. April 30, 1996.

[5] Edgar O. Olsen, The Cost-Effectiveness of Alternative Methods of Delivering Housing Subsidies. Virginia Economics Online Papers 351, University of Virginia, Department of Economics, revised. 2000.

[6] Edmundo Werna, Modes of Low-Income Housing Provision in Washington, D.C.: A Comparative Look at Policymaking for Developing Countries. Washington D.C.: Woodrow Wilson International Center for Scholars（Comparative Urban Studies Occasional Papers Series, 29）, 1999.

[7] Stephen E. Barton, Social Housing versus Housing Allowances: Choosing between Two Forms of Housing Subsidy at the Local Level. *Journal of the American Planning Association*, 1996,（62）: 108-119.

[8] 齐华 . 长沙市经济适用房货币补贴改革的经济学思考 . 长沙民政职业技术学院学报, 2009（9）: 58-60。

[9] 唐燕云、陈方正 . 货币型补贴与实物型补贴公共住房政策比较 . 探索与争鸣，2009（5）: 62-64。

[10] 方建国 . 政府住房保障制度新政的经济学分析——重新认识“实物补贴”和“货币补贴”问题 . 中山大学学报（社会科学版），2008（6）: 194-205。

[11] 尹燕海 . 从经济学角度看“经济适用房货币补贴政策”的弊端 . 经济与管理，2010（4）: 61-64。

[12] 林荣茂 . 论经济适用房制度的政策调整——土地划拨与货币补贴的福利、效率与产权分析 . 消费经济，2006（8）: 52-54。

[13] 游源 .“砖头补贴”与“人头补贴”的对弈——关于我国经济适用房补贴方式的分析 . 中南财经政法大学研究生学报，2008（4）: 72-75。

[14] 汪浩、王小龙 . 通过公共产品的供给调控房地产市场 . 北京大学经济研究中心内部讨论稿系列 No. 4012，2004，81。

[15] 况伟大 . 空间竞争、房价收入比与房价 . 财贸经济，2004（7）: 191。

[16] 李宏瑾 . 我国房地产市场垄断程度研究 . 财经问题研究，2005（3）: 71。

[17] 陈晓勤 . 社会保障性住房补贴方式比较——供方补贴与需方补贴的角度 . 2008 中国城市规划年会论文集。

[18] 朱海忠 . 韩国住房保障制度的经验及启示 . 理论学刊，2007（3）：56-57。

[19] 赵红 . 走进新加坡组屋 一个住房 " 乌托邦 " 的梦想成真 . 海南日报 . 2011 年 9 月 26 日。

[20] 田甜 . 解密新加坡之住房保障：虚假申购组屋者监禁半年 . 深圳商报 . 2007 年 11 月 11 日。

[21] 温家宝：加快保障性住房建设 从供求上解决问题 . 中国网 . 2011 年 3 月 14 日 . http://www.china.com.cn/2011/2011-03/14/content_22133886.htm

[22] 谢志强：走新型城镇化道路 . 中国共产党新闻网 . 2007 年 10 月 12 日 . http://theory.people.com.cn/BIG5/40764/105054/105055/6373090.html

[23] 陈琳、丁烈云、谭建辉、周耀旭、吴开泽 . 低收入家庭住房需求特征与住房保障研究——来自广州的实证分析 . 中国软科学，2010（10）：133-142。

第 15 章

我国城镇住房保障政策的体系设计

上一章，笔者就我国城镇住房保障政策的两种实施方式进行了系统研究，本章，笔者将对我国城镇住房保障政策各项内容的政策组合和整体设计进行研究。

15.1 我国城镇住房保障政策的发展脉络

城镇居民的住房困难问题一直是我国各级政府的高度关注的问题之一。20世纪50年代，我国政府就开始致力于建立国家住房供应体制，国家借助地方政府和单位垄断了住房的投资、建设、分配、管理和维养，住房供给类型主要为直管公房与自管公房。这一住房供给体系与当时我国计划经济体制一脉相承，在一定历史时期内有效缓解了我国城镇居民住房困难，但其制度缺陷也较为明显。随着我国改革开放和社会主义市场经济体制的建立，以国家垄断为主要特征的城镇住房供给制度逐渐淡出历史舞台，我国住房体系进入改革、探索阶段。

在多年试点经验的基础上，1998年国务院颁布了《国务院关于进一步深化城镇住房制度改革，加快住房建设的通知》，为我国住房体制改革明确了方向。《通知》规定，我国城镇住房体制改革的目标是“停止住房实物分配，逐步实行住房分配货币化；建立和完善以经济适用住房为主的多层次城镇住房供应体系；发展住房金融，培育和规范住房交易市场”。至此，以经济适用房为主要内容的城镇住房保障体系初具雏形。为了更加清晰地反映我国城镇住房保障政策的发展脉络，笔者依据政策重点的轮换，将我国城镇住房保障政策分为三个阶段，进行逐一论述。

15.1.1 以经济适用住房为重点的城镇住房保障政策

经济适用住房这一政策概念最早出现在1991年。当年，国务院颁布的《关于继续积极稳妥地进行城镇住房制度改革的通知》提出“大力发展经济适用的商品房，优先解决无房户和住房困难户的住房问题”。1994年，国务院颁布了《关于深化城镇住房制度改革的决定》，进一步明确将“建立以中低收入家庭为对象、具有社会保障性质的经济适用住房供应体系和高收入家庭为对象的商品房供应体系”作为我国城镇住房体制改革的重要内容。与此同时，《关于深化城镇住房制度改革的决定》也对经济适用住房规划、建设、销售过程中的诸多问题进行了具体规定：“对经济适用住房建设项目，要在计划、规划、拆迁、税费等方面给予政策扶持。各级建设行政主管部门要切实组织好经济适用住房的建设。经济适用住房的占有量要在20%以上。在建房、售房等方面，对离退休职工、教师、住房困难户应予优先安排。”同年，建设部、国务院住房制度改革领导小组、财政部出台了《城镇经济适用住房建设管理办法》，对经济适用房的保障性质、保障对象、融资渠道、成本核算等诸多内容进行了具体规定。《关于深化城镇住房制度改革的决定》和《城镇经济适用住房建设管理办法》的相继出台，标志着经济适用住房正式从政策概念转化为政策实践。

1998年国务院颁布了《国务院关于进一步深化城镇住房制度改革，加快住房建设的通知》，对我国城镇住房保障政策内容和结构进一步明确。《通知》规定：“建立和完善以经济适用住房为主的多层次城镇住房供应体系，对不同收入家庭实行不同的住房供应政策。最低收入家庭租赁由政府或单位提供的廉租住房；中低收入家庭购买经济适用房；高收入家庭购买、租赁市场价商品住房。”根据《通知》精神，建设部、国家计委、国土资源部、中国人民银行等相关部门于当年联合下发了《关于大力发展经济适用住房的若干意见》、《关于进一步加快经济适用住房建设有关问题的通知》、《经济适用住房开发贷款管理暂行规定》、《住房公积金管理条例》等文件，明确了支持经济适用住房建设的土地政策、货币信贷政策、税收政策、价格政策和房改政策等。此后，各地政府也陆续出台了关于经济适用住房的建设和销售管理办法，经济适用房制度进入实质性发展阶段。[1] 2004 年，建设部等四部门再次联合发布《经济适用房管理办法》，进一步明确了经济适用住房的保障性和商品性的双重属性，对经济适用住房的建设面积、供应对象、销售价格、再次交易进行了详细规定。

根据《国务院关于进一步深化城镇住房制度改革，加快住房建设的通知》精神，廉租住房政策概念被正式纳入我国城镇住房保障体系。1999 年建设部班颁布了《城镇廉租住房管理办法》，对廉租住房的概念、房源、面积及装修标准等内容进行了详细规定。同年，上海、天津、广州等城市相继展开了廉租住房政策的探索，并颁布了具体的政策措施，廉租住房政策正式进入实施阶段。2003 年，建设部、财政部、民政部、国土资源部、国家税务总局联合发布《城镇最低收入家庭廉租住房管理办法》。2006 年建设部出台了《城镇廉租住房工作规范化管理实施办法》。上述两个政策文件进一步明确了廉租住房政策的具体实施细则。

15.1.2 以廉租住房为重点的城镇住房保障政策

笔者认为，2007 年颁布的《国务院关于解决城市低收入家庭住房困难的若干意见》是我国城镇住房保障体系发展过程中的一个里程碑式的事件。《意见》提出："解决城市低收入家庭住房困难的指导思想为以'邓小平理论'和'三个代表'重要思想为指导，深入贯彻落实科学发展观，按照全面建设小康社会和构建社会主义和谐社会的目标要求，把解决城市低收入家庭住房困难作为维护群众利益的重要工作和住房制度改革的重要内容，作为政府公共服务的一项重要职责，加快建立健全以廉租住房制度为重点、多渠道解决城市低收入家庭住房困难的政策体系。"关于经济适用房政策和廉租住房的政策地位，《意见》有明确论述："城市廉租住房制度是解决低收入家庭住房困难的主要途径"。"各地要根据实际情况，每年安排建设一定规模的经济适用住房。房价较高、住房结构性矛盾突出的城市，要增加经济适用住房供应”。笔者认为《国务院关于解决城市低收入家庭住房困难的若干意见》是我国城镇住房保障政策的一次重要转向，自此，廉租住房成为我国城镇住房保障政策的重点。

为确立廉租住房政策在我国城镇住房保障体系中的核心地位，国务院相关部门连续颁布了多项廉租住房相关政策。2007 年，财政部连续下发了《中央廉租住房保障专项补助资金实施办法》和《廉租住房保障资金管理办法》。2008 年，住房与城乡建设部颁布了《关于加强廉租住房质量管理的通知》，要求在提高廉租住房覆盖率的同时，保证廉租住房的质量。2009 年，为统筹安排廉租住房建设，住房和城乡建设部、发改委、财政部制定并颁布了《2009-2011 年廉租住房保障规划》，该规划的总体目标是“从 2009 年起到 2011 年，争取用三年时间，基本解决 747 万户现有城市低收入住房困难家庭的住房问题。其中，2008 年第四季度已开工建设廉租住房 38 万套，三年内再新增廉租住房 518 万套、新增发放租赁补贴 191 万户。进一步健全实物配租和租赁补贴相结合的廉租住房制度，并以此为重点加快城市住房保障体系建设，完善相关的土地、财税和信贷支持政策”。2010 年，住房与城乡建设部、民政部、财政部联合下发了《关于加强廉租住房管理有关问题的通知》，重点强调廉租住房工作三项内容：“严格建设和准入管理、强化租赁管理和服务、切实落实监管责任。”

根据《国务院关于解决城市低收入家庭住房困难的若干意见》精神，2007 年，建设部、发改委、监察部、财政部、国土资源部、人民银行、税务总局修订了 2004 年颁布的《经济适用住房管理办法》，对经济适用房的相关政策进行了调整。2010 年，住房与城乡建设部下发了《关于加强经济适用住房管理有关问题的通知》，重点强调经济适用住房工作五项内容：“严格建设管理、规范准入审核、强化使用监督、加强交易管理、完善监督机制。”

15.1.3 以公共租赁住房为重点的城镇住房保障政策

随着我国住房保障体系不断丰富和发展，2010 年，住房和城乡建设部等七部委联合下发了《关于加快发展公共租赁住房的指导意见》，对于公共租赁住房在住房保障体系中的政策地位首次进行了阐述："近年来，随着廉租住房、经济适用住房建设和棚户区改造力度的逐步加大，城市低收入家庭的住房条件得到较大改善。但是，由于有的地区住房保障政策覆盖范围比较小，部分大中城市商品住房价格较高、上涨过快、可供出租的小户型住房供应不足等原因，一些中等偏下收入住房困难家庭无力通过市场租赁或购买住房的问题比较突出。同时，随着城镇化快速推进，新职工的阶段性住房支付能力不足矛盾日益显现，外来务工人员居住条件也亟须改善。大力发展公共租赁住房，是完善住房供应体系，培育住房租赁市场，满足城市中等偏下收入家庭基本住房需求的重要举措，是引导城镇居民合理住房消费，调整房地产市场供应结构的必然要求。"对于公共租赁住房供应对象，《关于加快发展公共租赁住房的指导意见》规定："公共租赁住房供应对象主要是城市中等偏下收入住房困难家庭。有条件的地区，可以将新就业职工和有稳定职业并在城市居住一定年限的外来务工人员纳入供应范围。"关于公共租赁住房与廉租住房、经济适用房的关系，《关于加快发展公共租赁住房的指导意见》规定："已享受廉租住房实物配租和经济适用住房政策的家庭，不得承租公共租赁住房。"《关于加快发展公共租赁住房的指导意见》的颁布，标志着公共租赁住房政策被正式纳入我国住房保障体系。

《2011 年政府工作报告》对公共租赁住房的政策地位，再次进行了阐述。报告指出："进一步扩大保障性住房建设规模。今年要再开工建设保障性住房、棚户区改造住房共 1000 万套，改造农村危房 150 万户。重点发展公共租赁住房。中央财政预算拟安排补助资金 1030 亿元，比上年增加 265 亿元。各级政府要多渠道筹集资金，大幅度增加投入。"住房和城乡建设部部长姜伟新在第十一届全国人民代表大会常务委员会第二十三次会议上做的《国务院关于城镇保障性住房建设和管理工作情况的报告》再次对公共租赁住房的政策地位予以明确，提出："'十二五'时期的保障性住房将重点发展公共租赁住房，特别是人口净流入量大的大中城市要较大幅度提高公共租赁住房建设的比重；在安排年度建设任务时，计划头一两年多一些，后几年少一些。"可见，公共租赁住房不仅是我国城镇住房保障体系的一项新的政策内容，也是未来五年我国城镇住房保障体系的重点内容。我国城镇住房保障政策进入了以公共租赁住房为重点的发展阶段。

15.2 经济适用住房政策的“存”、“废”选择

随着我国城镇住房保障政策先后进入了以廉租住房和公共租赁住房为重点的发展阶段，如何摆正经济适用住房政策在我国城镇住房保障体系中的地位，逐渐成了我国城镇住房保障政策设计过程中的一个焦点问题。

15.2.1 经济适用住房政策的制度缺陷及执行偏差

早在廉租住房政策纳入城镇住房保障体系之初，国内学术界就出现了关于经济适用住房政策应当反思甚至废除的观点。以黄征学（2004）和李文魁（2009）为代表的一些学者对经济适用房政策绩效水平进行考察后，认为兴建经济适用房不能有缓解中低收入家庭的住房困难，应该进行政策调整。

笔者认为，自90年代初，我国开始推行经济适用房政策以来，经济适用房政策在构建多层次住房供应体系、推动我国住房分配货币化改革等方面发挥了重要作用，但与此同时，其制度缺陷和政策执行过程中的种种弊端也逐步暴露出来，使得经济适用房政策的实际执行效果与政策预期目标之间存在明显偏差，具体表现为以下几个方面。

一是经济适用住房政策的保障对象界定模糊。1998年国务院颁布《国务院关于进一步深化城镇住房制度改革加快住房建设的通知》对我国住房保障体系的政策内容进行了明确。《通知》规定“建立和完善以经济适用住房为主的多层次城镇住房供应体系，对不同收入家庭实行不同的住房供应政策。最低收入家庭租赁由政府或单位提供的廉租住房；中低收入家庭购买经济适用房；高收入家庭购买、租赁市场价商品住房”。尽管多数城市对经济适用住房的准入门槛进行了明确规定，但随着市场经济体制的逐步推进，城镇家庭收入经常发生变化，隐性收入和非货币收入比重逐年增加，这就使得对中低收入家庭的界

定困难重重，“中低收入家庭”变成一个十分宽泛而模糊的概念。

二是经济适用住房定价机制有待完善。经济适用住房是指具有保障性质的价格低廉的政策性普通商品房，其建设用地实行行政划拨，享受政府提供的优惠政策，政府在提供各项优惠政策措施的同时，严格控制房地产开发企业的经济适用住房项目利润率，规定经济适用房配套设施建设费用，开发经营企业留用的办公用房、经营用房的建筑安装费应分摊的各种费用等，都不得纳入经济适用房价格，以达到降低住房成本和售价的目的。但是，在政策执行过程中，部分地区频频出现经济适用住房价格背离政策初衷的现象。2005 年，重庆嘉兴桃花里二期经济适用房项目最高可以卖到 3000 多元每平方米 ，超过了 1 季度重庆主城区商品房平均价格（2612 元 / 平方米），与一些中档商品房的价格相差无几。2010 年，河北涉县“龙山庭院”经济适用房项目公布了定价标准，分为 1750 元 / 平方米和 2050/ 平方米两个标准，此地区一些中低档小区商品房价格最高在 1700 元到 2000 元之间，经济适用住房的经济性无法体现。

三是经济适用住房分配机制有待完善。与价格偏高、保障对象模糊相对应，我国经济适用住房政策出租率较高，间接反映出这一政策在执行过程中出现扭曲，部分房源卖给了本不该属于保障对象的人群，经济适用住房成为部分人投资的手段。以北京市为例，北京市房地产中介机构的调查数字显示，位于昌平区的回龙观、天通苑两大经济适用房社区的房屋出租率已占全区租赁交易总量的 78.8%。2010 年，中原地产三级市场研究部的统计数据显示，在北京五环内的 16 个经济适用房小区，出租房源超过 2000 套，特别是天通苑、回龙观地区，经济适用住房出租十分活跃，出租率达到了 20%。近些年投入使用的百环家园、三环新城也经济适用住房出租的现象。一方面是经济适用住房政策覆盖率严重不足，一方面是已经出售的房源普遍出租，可见，经济适用住房政策的分配环节存在比较严重的问题。

四是经济适用住房政策执行过程中的寻租现象严重。由于开发商对利润的过度追求和政府的监管不力，政府和开发商在经济适用房建设过程中责、权、利划分模糊，使得经济适用房政策存在诸多漏洞，导致开发商能够处处找到寻租点，寻租现象泛滥，例如：开发商将户型加大，绿化面积缩小，掌控放号权等等。北京天通苑住宅小区的经济适用房房号曾被炒到几十万元，出现了“一号难求”的现象。很多小区的房号竟从一百多号开始，而之前的房号被做了何种处理，开发商并没有给出明确的解释。又如开发商在获得开发权后，以经济适用房的名义建设，实际以普通商品房进行出售，将真实利润、真实成本隐蔽化。

五是经济适用住房的品质难以得到保证。选址偏远地区、降低工程质量，降低小区环境和配套设施标准等种种现象使经济适用房没有达到“经济”、“适用”的要求。以北京为例，较便宜的经济适用房价格为2000元/平方米左右，但是为了降低土地费用、拆迁安置费用等相应成本，这些经济适用住房多位于通州、大兴、昌平等郊区。加之，部分经济适用住房配套设施不完善，服务设施不健全，造成了保障对象工作与生活的极大不便。购房者每天在路途的时间和费用大大增加，购房者面临住房成本下降和生活成本上升的尴尬局面。另外，部分地区经济适用住房的工程质量也难以得到保障。例如，深圳市桃源村三期经济适用住房交付使用后，陆续出现卫生间、房间墙根渗水等质量问题，引起部分业主投诉。

针对经济适用住房政策执行中的种种问题，以马强、姜丽美（2006）；李文斌、牟家华（2006）；唐毅（2008）和李文魁（2008）为代表的学者倾向于淡化经济适用房政策的保障性功能，直至逐步取消经济适用房政策。而且很多学者还不约而同地指出，廉租性住房可以替代经济适用房政策的保障性功能。唐毅（2008）提出“以租代售”模式作为经济适用住房政策的最佳革新方向。马强、姜丽美（2006）；李文魁（2009）则明确地提出经济适用房政策应分地区逐步地淡出，住房保障体系应该以大力推进廉租住房政策保障低收入群体的基本住房权益，同时将应用市场化的方式（如：发展住房贷款金融市场、活跃二手房市场等）解决中等收入群体的住房问题。

在政策实践过程中，部分城市积极进行经济适用住房政策的探索。珠海市颁布《广东省珠海市人民政府关于进一步加强和改善我市住房保障工作的意见》，对城市住房保障体系进行了调整：对城镇低收入住房困难家庭以提供廉租住房为主；对城镇“夹心层”及引进人才、新就业人员以提供公共租赁住房为主；对外来工以提供员工宿舍为主；中等收入以上家庭通过购买商品房解决住房；对珠海西部华侨农场纳入危房改造范围的农场职工以提供经济适用房为主。廉租住房和公共租赁住房将成为珠海市住房保障政策的主力，经济适用房将逐渐淡出城市主城区。[2] 南通市从 2000 年起基本停止了经济适用房的建设，改实物补贴为货币补贴。河北、辽宁、山东的部分城市也相继提出要摒弃过去重经济适用房建设轻廉租房建设的住房保障观念，并以增加廉租住房供给量和扩大廉租住房保障范围作为解决中低收入群体住房困难的主要手段。

15.2.2 经济适用住房政策存在的必要性

虽然经济适用住房政策在政策设计和执行过程中暴露出种种问题，但是，笔者认为，经济适用住房政策在我国住房保障体系中具有不可替代的政策地位，有其存在和发展的必然性和必要性。

首先，根据 1998 年出台的《关于进一步深化城镇住房制度改革，加快住房建设的通知》的相关规定，我国城镇住房制度改革的目标之一就是“建立和完善以经济适用住房为主的多层次城镇住房供应体系：最低收入家庭租赁由政府或单位提供的廉租住房；中低收入家庭购买经济适用住房；其他收入高的家庭购买、租赁市场价商品住房”。虽然 2007 年出台的《国务院关于解决城市低收入家庭住房困难的若干意见》对上述规定进行了政策调整，提出“加快建立健全以廉租住房制度为重点、多渠道解决城市低收入家庭住房困难的政策体系”，将我国城镇住房保障体系的政策重点转向了廉租住房，但是同时也规定“经济适用住房供应对象为城市低收入住房困难家庭，并与廉租住房保障对象衔接”。可见，经济适用住房政策一直都是我国城镇住房保障体系中不可或缺的组成部分，它肩负着解决城镇中低收入家庭住房困难、实现城镇中低收入家庭置业理想的重任。

其次，经济适用住房政策是我国政府稳定房地产市场、平抑房价的一个重要政策手段。本书第 5 章的研究结果表明，提高经济适用住房的保障水平和建设标准，能有效分流当前商品房市场中的中低端消费群体，释放部分刚性需求，一定程度上缓解当前我国城镇商品房市场上较为突出的供求矛盾。

最后，用廉租住房政策代替经济住房政策的思路缺乏可行性。廉租住房政策定位于解决最低收入家庭的住房困难，适宜在韩国和新加坡这种人口密集、国土面积小的国家推广，相比之下，我国具有实施更高住房保障政策的现实条件，且置业观念深入人心，廉租住房政策具有保障水平偏低，保障门槛偏高的特点，只能是缓解我国城镇中低收入家庭住房困难的一个过渡政策，绝不能成为城镇住房保障政策的最终归宿。

作为我国城镇住房保障政策最早的政策内容，经济适用住房政策在执行过程中出现的种种弊端不能成为废除该项政策的根据，相反，应该成为完善经济适用住房政策的动力。因此，经济适用住房政策需要在选址规划、准入机制、退出机制、定价机制、执行监管等多个环节加强管理，积极寻求政策创新。

国内学术界不少学者也持与笔者相同的观点。梁勤星、熊万良、程举（2005）；刘维新（2007）；王清（2008）等学者在承认经济适用房政策实施过程中存在诸多问题的同时，也清楚地指出，经济适用住房兼具社会保障性和商品性，在我国住房体制改革进程中也发挥了不可替代的作用，既不能用取消经济适用房制度这样简单的方法回避其存在的问题，也不能用廉租住房政策代替经济适用房的既定功能。经济适用房政策的未来走向应该是不断寻求体制、机制的创新。

15.3 我国城镇住房保障政策的体系设计

通过上文的分析，我们可以得出以下基本观点：我国城镇住房保障政策虽然存在政策重点的轮换，但是，五项政策内容（经济适用住房、廉租住房、公共租赁住房、限价商品住房和棚户区改造住房）都是我国城镇住房保障政策不可或缺的组成部分。因此，如何对我国城镇住房保障政策体系进行科学设计，最大程度地发挥各项政策的效能，是本节研究的重点。这一问题可以归结为住房保障政策的覆盖率和“租”、“售”比例。笔者将延续这一思路，以国际经验为基础，展开分析。

15.3.1 典型国家和地区的住房保障体系

新加坡通过政府的强力介入，采取政府规划、建设和分配的形式，向大多数中低收入者有偿提供住房，高收入者的住房由市场提供，形成以政府计划供应“组屋”为主、私宅（商品房）市场供应为辅的住房供应体系。“组屋”是新加坡政府“居者有其屋”政策中为百姓建造的房屋统称。从“居者有其屋”计划启动至今，新加坡建屋发展局建造了 99 万间组屋，目前，新加坡的居民中，有 87.6% 居住在组屋里，其中 8.6% 居住在廉租房里，79.0% 居住在廉价房里，其余 12.4% 则居住在私人购买的公寓或别墅里。[3] 新加坡保障性住房政策的覆盖率大约为 88%，而保障性住房供给体系中，出租房屋比例大约为 10%，出售房屋比率大约为 90%。

香港政府通过建立双轨制的住房供应体系较好地解决了社会不同收入阶层的住房问题。家庭经济收入富裕的阶层可以通过市场购买或租住私人开发的楼宇，家庭经济收入属于中下阶层的市民则依靠政府的公共房屋政策，以非常低廉的价格租住或购买政府开发的公屋。香港的保障性住房主要有三类：居屋、公屋和“夹心阶层住房计划”：公屋供符合条件的申请者租住；居屋供符合条件的申请者购买；“夹心阶层住房计划”则是为那些收入超过公屋或居屋申请资格，却又没有能力在私人住房市场置业的群体提供租赁房屋。截至 2005 年，在香港总人口中，49.6% 的居民居住在公营的租住公屋和资助出售的居屋中，50.4% 的居民住在私人住房中。[4] 在覆盖率为 50% 左右的住房保障体系中，有 30% 左右的香港居民享受公屋政策，另外 20% 的香港居民享受居屋政策。[5] 因此，香港保障性住房政策的覆盖率大约为 50%，而保障性住房供给体系中，出租房屋比例大约为 60%，出售房屋比率大约为 40%。

韩国公共住房的主要类型有小型商品住房和公共租赁住房两种。其中，小型商品住房是针对拥有购买力的中低收入阶层而建设的小型公共住房，住房面积多数在 60 平米以下。公共租赁住房是由国家或地方政府建设的，或者通过“国民住宅基金”的支援而建设的租赁住房，租赁期为 5 年至 50 年，租赁期满后可卖给租住者，供给对象为中低收入家庭。公共租赁住房可进一步分为：

“永久租赁房”、“公共租赁房”和“国民租赁房”三种。“永久租赁房”是专门针对城市贫困居民而设计建造的非营利性住房。其余两类住房是微利性的，供给对象仅限于中低收入者。“国民租赁房”是目前韩国公共租赁房制度的核心，其租赁期为30年，求租对象为前一年收入不到城市工人家庭月平均收入50%～70%的无房者，并且是住房认购储蓄户。[6] 另外，租售混合型供应模式近几年在韩国比较普遍。此类住宅一般租赁期间为10年，10年期间承租人可以逐步购买，交纳购买金额越多持有房屋股份越多，而所交纳租金呈反向递减，直到完全拥有房屋产权。此项制度很好地解决了居民短期购买力不足的问题，一方面可以满足居民的居住需求，另一方面又能使居民分享房屋价格上涨带来的收益。[7] 根据韩国国土海洋部统计数据，截至2007年，韩国租住长期公共性租赁住房等保障性住房的家庭约占全国家庭总数6.64%。

日本住房保障体系主要由“住宅公团”、“住宅金融公库”、“公营住宅”三项政策组成。公团住宅是由国家投资成立住宅公团，为城市中等收入者建设住宅，并给予租、售优惠。住宅金融公库为住宅建设提供资金支持（长期低息贷款）。公营住宅是由国家拨款补助地方政府直接建设住宅或征用民间住宅，用于向低收入家庭出租。近年来，由于人民收入水平的提高和居住条件的改善，上述住宅保障政策三大支柱现已逐渐退出或转型。2004年7月，住宅公团被废止。2007年3月，住宅金融公库被废止，取而代之成立了独立法人“住宅金融支援机构”。新法人的业务以民间住宅贷款证券化支援为主，根本上废弃了住宅融资业务。公营住宅政策虽尚未废除，但也呈现萎缩趋势。2005年底，公营住宅户数仅为总住宅户数的1.4%。

15.3.2 我国城镇住房保障政策的覆盖比率

住房保障政策的覆盖率是住房保障政策整体设计的基础。关于我国城镇住房保障政策的覆盖范围，国家相关政策已经做出了明确的规定。长期来看，根据我国城镇住房制度改革的整体设计，《关于进一步深化城镇住房制度改革，加快住房建设的通知》明确提出“中等收入及以下住房困难家庭”可以享受城镇住房保障政策。短期来看，《国务院办公厅关于保障性安居工程建设和管理的指导意见》明确提出："到'十二五'期末，全国保障性住房覆盖面达到 20% 左右，力争使城镇中等偏下和低收入家庭住房困难问题得到基本解决，新就业职工住房困难问题得到有效缓解，外来务工人员居住条件得到明显改善。"因此，从政策层面上来看，我国城镇住房保障政策最终要实现对"中等收入及以下住房困难家庭"的全覆盖，阶段性目标是对"城镇中等偏下和低收入住房困难家庭"实现全覆盖。

在国家相关政策的基础上，我们有必要从"定量"的角度研究城镇住房保障政策的具体覆盖范围。根据国家统计局现行的城镇家庭收入分组方法[①]，"城市中等收入及以下家庭"应该包含全部城镇家庭数量的 60% 左右，而"城镇中等偏下和低收入住房困难家庭"应该包含全部城镇家庭数量的 40% 左右。考虑到我国城镇住房保障政策主要针对的是"城市中等收入及以下家庭"和"城镇中等偏下和低收入住房困难家庭"中的住房困难家庭，因此，房保障政策的实际覆盖率要低于上述指标。

根据《"十二五"规划纲要》的要求，"十二五"期间，中国将建设 3600 万套保障性住房，其中 2011 年为 1000 万套，2012 年为 1000 万套，后三年为 1600 万套，使保障性住房的覆盖率达到 20%。短期来看，要实现上述 20% 的覆盖目标，我国城镇住房保障政策的任务还相当繁重。根据住房和城乡建设部部长姜伟新在第十一届全国人民代表大会常务委员会第二十三次会议上做的《国务院关于城镇保障性住房建设和管理工作情况的报告》显示，"到 2010 年底，全国累计用实物方式解决了近 2200 万户城镇低收入和部分中等偏下收入家庭的住房困难，实物住房保障受益户数占城镇家庭总户数的比例达到 9.4%，还有近 400 万户城镇低收入住房困难家庭享受廉租住房租赁补贴"。据此估算，截至 2010 年底，我国城镇住房保障政策通过实物保障和货币补贴两种方式共解决 2600 城镇低收入和部分中等偏下收入家庭的住房困难，住房保障政策的覆盖率大约为 11% 左右，距离 5 年后 20% 的政策覆盖目标相差近 9 个百分点。

① 城镇家庭收入分组方法是将所有调查户按户人均可支配收入由低到高排队，按 10%，10%，20%，20%，20%，10%，10% 的比例依次分成：最低收入户、低收入户、中等偏下收入户、中等收入户、中等偏上收入户、高收入户、最高收入户等七组。总体中最低 5% 的户为困难户。

长期来看，城镇住房保障政策是一个国家社会稳定和经济发展的重要基础，从当前新加坡保障性住房政策 88% 的覆盖率，香港地区保障性住房政策 55% 的覆盖率来看，即使我国城镇住房保障政策不必达到 60% 的覆盖率，但是我国城镇住房保障政策覆盖率与 60% 的水平也不应相距太大。因此，不论从长期来看还是短期来看，我国城镇住房保障建设任务仍相当繁重，城镇住房保障政策有待长足发展。

更为重要的是，目前我国廉租住房尤其是廉租住房的实物保障方式的覆盖范围过窄。从国际经验来看，发达国家的廉租住房能够覆盖 10% 至 20% 的中低收入群体，我国香港地区高达三分之一。而我国大部分城市尚不足 1%，即使 2011 年能按计划解决全国 747 万户的住房问题，廉租住房保障对象也仅占全部城镇家庭的 4% 不足。[8] 不仅如此，成熟市场经济国家的廉租住房政策多以实物保障方式为主，例如：比利时 7%（1998）、法国 18%（1996）、德国 9%（1998）、英国 20%（1998）、瑞典 23%（1995）、荷兰 6%（1999）、日本 6.8%（1998）。[9] 而目前，我国城镇廉租住房政策则主要以货币补贴为主，实物保障方式的覆盖率远远低于成熟市场经济国家的平均水平。

15.3.3 我国城镇住房保障政策的“租”、“售”比率

关于我国城镇住房保障政策的“租”、“售”比率，目前尚无权威统计数据，但是笔者认为可以做出如下定性判断：多年以来，我国一直以经济适用住房作为“多层次城镇住房供应体系”的主要内容，这一政策取向直到 2007 年《国务院关于解决城市低收入家庭住房困难的若干意见》的出台才有所转变，因此，目前我国经济适用住房建设规模和存量要明显高于廉租住房和公共租赁住房，如果将限价商品房也纳入考虑范围，那么目前我国保障性住房体系中，“出售”政策的覆盖范围应显著高于“租赁”政策覆盖范围。

依据国际经验，住房保障体系的“租”、“售”比率，呈现以下发展特征：在一国（地区）城镇住房供求矛盾突出的时期，应大力发展租赁型保障性住房政策，以实现优先解决低收入群体的住房困难，提高保障性住房使用效率的目标；当一国（地区）城镇住房供求基本稳定，尤其是保障性住房存量和新增数

量达到一定规模时，可以逐步将住房保障体系重点由租赁型保障性住房政策转向购置性保障性住房政策，逐步提高城镇中低收入群体的住房保障水平，帮助其实现置业理想。以新加坡、香港为代表的一些国家和地区，住房保障政策经过近半个世纪的发展，目前已进入购置性保障性住房比重逐步提高的时期：目前香港保障性住房 50% 的覆盖率中，出租房屋比例大约为 30%，出售房屋比率大约为 20%；而新加坡保障性住房 88% 的覆盖率中，出租房屋比例大约为 8.6%，出售房屋比率大约为 79%。

从上述分析可见，我国城镇住房保障政策应该遵循以下发展路径：以廉租住房和公共租赁住房为重点，大力提升住房保障政策中租赁型保障性住房比重，当城镇住房保障水平达到一定程度之后，逐步提升购置型保障性住房比重，逐步实现中低收入群体的置业理想。延续上述发展思路，笔者认为我国城镇住房保障政策需要摸索、建立一个高效、灵活的“租”、“售”转化机制。

关于如何建立高效、灵活的“租”、“售”转化机制，笔者认为韩国住房保障体系的发展经验非常值得我国借鉴。韩国在公共住房供应模式上突破了“租”、“售”分割的传统思路，在供给出租型和出售型公共住房的同时，还大量提供“租售混合型”公共租房。“租售混合型”公共租房的一般租赁期间为 10 年，10 年期间承租人可以逐步购买，交纳购买金额越多持有房屋股份越多，而所交纳租金呈反向递减，直到完全拥有房屋产权。[7] 此项制度很好地解决了居民短期购买力不足的问题，在为中低收入家庭提供短期住房保障和帮助中低收入家庭实现置业理想双重目标之间建立了科学、灵活的转化机制。

与“租售混合型”公共住房的政策设计思路相一致，湖北省黄石市在丰富和完善城镇住房保障政策的过程中，推行了“先租后售，边租边售”政策设计——政府每年将根据实际情况，有计划地出售一批公共租赁房，这样既可以缓解承租人的经济压力，又可以满足承租人经济条件改善后希望拥有完全产权房屋的愿望，带动保障性住房资金的良性循环。[10]

笔者建议，完善我国城镇住房保障政策的一个重要方面就是充分吸收、借鉴韩国“租售混合型”公共住房和黄石市“先租后售，边租边售”政策思路，以保障性住房“有限产权”、“共享产权”等基本概念为理论依据，建立住房保障体系中“租”、“售”政策的转化机制。

15.3.4 我国城镇住房保障体系的政策组合

从典型国家和地区的经验来看，针对社会不同收入阶层设计不同的住房保障政策是各国住房保障政策设计遵循的基本原则。这与我国“多层次城镇住房供应体系”目标是一致的。根据《国务院关于解决城市低收入家庭住房困难的若干意见》(2007)、《经济适用住房管理办法》(2007)、《廉租住房保障办法》(2007)、《北京市限价商品住房管理办法（试行)》(2008)、《关于加快发展公共租赁住房的指导意见》(2010) 等相关政策规定，我国城镇住房保障体系的政策组合思路基本形成，基本实现了“多层次”的政策体系设计。

首先，廉租住房政策和经济适用住房政策是分别采用“租”、“售”两种形式对“城市低收入住房困难家庭”进行住房保障。《国务院关于解决城市低收入家庭住房困难的若干意见》规定：“城市廉租住房制度是解决低收入家庭住房困难的主要途径。‘十一五’期末，全国廉租住房制度保障范围要由城市最低收入住房困难家庭扩大到低收入住房困难家庭。”同时，“经济适用住房供应对象为城市低收入住房困难家庭，并与廉租住房保障对象衔接。”这样，虽然同时针对“城市低收入住房困难家庭”，但是廉租住房政策其政策起点为“城市最低收入住房困难家庭”并不断向“低收入住房困难家庭”扩展，同时，经济适用住房政策的主要任务是“与廉租住房保障对象衔接”，对城市低收入住房困难家庭实施住房保障。

其次，公共租赁住房政策的保障对象主要定位为“城市中等偏下收入住房困难家庭”。《关于加快发展公共租赁住房的指导意见》规定，“公共租赁住房供应对象主要是城市中等偏下收入住房困难家庭。有条件的地区，可以将新就业职工和有稳定职业并在城市居住一定年限的外来务工人员纳入供应范围。”

第三，限价商品住房政策保障对象主要定位为“中等收入住房困难的城镇居民家庭”。《北京市限价商品住房管理办法（试行)》规定，“限价商品住房供应对象为本市中等收入住房困难的城镇居民家庭、征地拆迁过程中涉及的农民家庭以及市政府规定的其他家庭。”

最后，棚户区改造安置住房主要定位于城市和国有工矿（含煤矿）、林区棚户区改造，属于针对局部地区的定点住房改造。

根据上述政策，笔者绘制了我国城镇住房供给体系结构图（图 15.1）。从图 15.1 中我们不难发现，我国城镇住房保障体系分成了三个政策模块，每个政策模块下设“租”、“售”两种政策类型，住房保障政策呈现保障性不断降低、商品性不断提升的层次结构。可以说，当前我国城镇住房保障政策的体系设计是科学严谨、具有操作性的，充分体现了“多层次”的要求。

保障属性逐渐降低 ↓　　　　商品属性逐渐提高 ↑

政策模块	政策类型	保障对象	供给模式	覆盖范围
低收入城镇家庭的住房保障政策	廉租住房	为最低收入为主的城镇低收入住房困难家庭	以政府为主导的保障性住房供给模式	城镇家庭的5%（最低收入家庭）以上
	经济适用住房	城镇低收入住房困难家庭，与廉租房保障对象衔接		城镇家庭的15%
中等收入、中等偏下收入城镇家庭的住房保障政策	公共租赁住房	城市中等偏下收入住房困难家庭、新就业无房职工、在城镇稳定就业的外来务工人员	政府支持与市场机制相结合的保障性住房供给模式	城镇家庭的20%
	限价商品住房	中等收入住房困难的城镇居民家庭		城镇家庭的20%
中等偏上收入、高收入、最高收入城镇家庭的住房政策	普通商品房	中等偏上收入的城镇居民家庭	以市场机制为主导的住房供给模式	城镇家庭的20%
	高档商品房	高收、最高收入的城镇居民家庭、		城镇家庭的20%

图 15.1　我国城镇住房供给体系结构图

在“多层次”体系设计思路的基础上，如何进一步实现“无缝化”对接将是我国城镇住房保障政策体系设计的又一项重要任务。由于我国城镇住房保障政策在不同政策模块之下分设了“租”、“售”政策，不同政策在实施住房保障的过程中，还需要兼顾“夹心层”群体，因此，政策“无缝化”对接的任务十分繁重。针对上述问题，笔者提供三个政策“无缝化”对接思路：一是在现有政策设计的基础上，增强公共租赁住房和限价商品住房对于“夹心层”群体的保障力度，各地政府依据本地实际细化政策措施，尽力压缩不同政策之间的覆盖间隙，确保各项政策的“无缝化”对接。二是借鉴韩国公共住房政策设计思路，以政策的“租”、“售”性质为依据进行政策模块的划分，对出租型、出售型和租售混合型政策模块进行整合，实现政策体系的“层次性”。三是借鉴“黄石模式”，有计划、有步骤地把现有廉租房、国有直管公房、国有及国有控股企业公房、未售出的经济适用房（含企事业单位的集资房）、限价商品房、棚户区改造、城市重点工程、城中村改造、危旧房改造拆迁安置项目中的共有产权房、园区建设拆迁安置项目中的共有产权房、职工宿舍、公务员公寓、外来务工人员周转住房等政策性住房和社会及个人闲置的愿意纳入公共租赁住房管理的出租房统一转化、归并、吸纳为公共租赁住房，通过“先租后售，边租边售”的方式，实现住房保障政策“租”、“售”方式的转化。[10]

参考文献

[1] 王诚庆 . 经济适用房的历史地位与改革方向 . 财贸经济，2003（11）：70-75。

[2] 珠海住房保障新体系：经适房淡出主城区 . 凤凰网 . 2010 年 10 月 11 日 . http://house.ifeng.com/news/detail_2010_10/11/2748875_0.shtml。

[3] 刘彦昆 . 保障房的海外经验与中国夹心层的困境 . 2010（6）：40-41。

[4] 文刀 . 香港住房保障体系值得学习借鉴 . 观察与思考 . 2009（22）：35-37。

[5] 钟林 . 公屋政策是香港社会稳定器 . 深圳特区报 . 2011 年 6 月 28 日。

[6] 金大鸿 . 从韩国的公共住房制度看中国保障性住房制度的建立 . 经济导刊，2008（2）：83-84。

[7] 黄修民 . 韩国公共住房供应模式探析和启示 . 兰州学刊 . 2010（1）：130-132。

[8] 胡能灿 . 廉租房是平抑房价的“稳压器” . 上海房地，2010（9）：29-31。

[9] 唐燕云、陈方正 . 货币型补贴与实物型补贴公共住房政策比较 . 探索与争鸣，2009（5）：62-64。

[10] 文杰、袁业飞、李中华 .“黄石模式”：为完善住房保障体系另辟蹊径 . 中华建设，2010（10）：18-21。

附 录

附录 4.1：我国大中城市经济适用住房有效供求非均衡计量分析结果

需求方程回归结果					
	AHP_t	CHP_t	$PCGDP_t$	$AHSA_t^{-1}$	Constant
参数估计值	0.002	0.004	-6.151	0.568	6.915
t 值	0.616	2.816	-2.911	16.310	1.216
拟合优度检验					
R^2：0.495			Adjusted R^2：0.489		
F 检验					
F 值：79.651			Prob > F：0.000		
自相关性检验					
Durbin-Watson：1.402					

供给方程回归结果						
	AHP_t	AHI_t	AHC_t	AL_t	$AHSA_t^{-1}$	Constant
参数估计值	-0.005	2.064	-0.011	6.945	0.294	17.300
t 值	-2.505	13.593	-2.187	5.852	9.140	2.861
拟合优度检验						
R^2：0.707			Adjusted R^2：0.703			
F 检验						
F 值：156.547			Prob > F：0.000			

自相关性检验
Durbin-Watson：1.522

附录 5.1：变量平稳性检验结果（房价抑制功能研究）

lnJ 二阶差分的 ADF 检验

原假设：二阶差分有单位根（Null Hypothesis: D（JSF，2）has a unit root）			
类型：无（Exogenous: None）			
最大延迟：0 自动依据 SIC 准则，最大延迟为 2 Lag Length: 0（Automatic based on SIC，MAXLAG=2）			
		t-Statistic	Prob.*
ADF 检验统计（Augmented Dickey-Fuller test statistic）		-2.822314	0.0099
检验标准（Test critical values）	1% level	-2.816740	
	5% level	-1.982344	
	10% level	-1.601144	

lnP 二阶差分的 ADF 检验

原假设：二阶差分有单位根（Null Hypothesis: D（PRICE，2）has a unit root）			
类型：连续非离散（Exogenous: Constant，Linear Trend）			
最大延迟：0 自动依据 SIC 准则，最大延迟为 2 Lag Length: 0（Automatic based on SIC，MAXLAG=2）			
		t-Statistic	Prob.*
ADF 检验统计（Augmented Dickey-Fuller test statistic）		-6.340957	0.0032
检验标准（Test critical values）	1% level	-5.295384	
	5% level	-4.008157	
	10% level	-3.460791	

附录 5.2：格兰杰因果检验结果（房价抑制功能研究）

Pairwise Granger Causality Tests		
Date: 09/25/11 Time: 16:22		
Sample: 1997 2009		
延迟为 2（Lags: 2）		
原假设（Null Hypothesis）:	F-Statistic	Prob.
lnP 不是 lnJ 的格兰杰原因（lnP does not Granger Cause lnJ）	1.58637	0.2799
lnJ 不是 lnP 的格兰杰原因（lnJ does not Granger Cause lnP）	1.92515	0.2260

附录 5.3：VAR 模型估计结果（房价抑制功能研究）

Vector Autoregression Estimates		
Date: 09/29/11 Time: 16:24		
Sample（adjusted）: 1999 2009		
Included observations: 11 after adjustments		
Standard errors in ( ) & t-statistics in [ ]		
	JSF	PRICE
JSF（-1）	0.953475	-0.277867
	(0.26292)	(0.21326)
	[3.62647]	[-1.30295]
JSF（-2）	-0.441833	0.269335
	(0.18907)	(0.15336)
	[-2.33684]	[1.75622]
PRICE（-1）	0.641866	0.116912
	(0.50340)	(0.40832)
	[1.27506]	[0.28633]

PRICE（-2）	-0.765453	0.970928
	（0.50394）	（0.40875）
	[-1.51894]	[2.37533]
C	4.882420	-0.448807
	（1.25688）	（1.01948）
	[3.88456]	[-0.44023]
R-squared	0.785987	0.974173
Adj. R-squared	0.643311	0.956954
Sum sq. resids	0.034791	0.022889
S.E. equation	0.076148	0.061765
F-statistic	5.508910	56.57798
Log likelihood	16.05132	18.35407
Akaike AIC	-2.009331	-2.428013
Schwarz SC	-1.828469	-2.247151
Mean dependent	8.153346	7.884901
S.D. dependent	0.127500	0.297698
Determinant resid covariance（dof adj.）		1.41E-05
Determinant resid covariance		4.20E-06
Log likelihood		36.87238
Akaike information criterion		-4.885887
Schwarz criterion		-4.524164

附录 5.4：变量平稳性检验结果（经济刺激功能研究）

lnIC 二阶差分的 ADF 检验

原假设：二阶差分有单位根（Null Hypothesis: D（JSF，2）has a unit root）		
类型：无（Exogenous: None）		
最大延迟：0 自动依据 SIC 准则，最大延迟为 2 Lag Length: 0（Automatic based on SIC，MAXLAG=2）		
	t-Statistic	Prob.*
ADF 检验统计（Augmented Dickey-Fuller test statistic）	-3.286335	0.0041

检验标准（Test critical values）	1% level	-2.816740	
	5% level	-1.982344	
	10% level	-1.601144	

lnSIC 二阶差分的 ADF 检验

原假设：二阶差分有单位根（Null Hypothesis: D（PRICE，2）has a unit root）			
类型：连续非离散（Exogenous: Constant，Linear Trend）			
最大延迟：0 自动依据 SIC 准则，最大延迟为 2 Lag Length: 0（Automatic based on SIC，MAXLAG=2）			
		t-Statistic	Prob.*
ADF 检验统计（Augmented Dickey-Fuller test statistic）		-3.395093	0.0033
检验标准（Test critical values）	-2.816740		
	-1.982344		
	-1.601144		

附录 5.5：格兰杰因果检验结果（经济刺激功能研究）

Pairwise Granger Causality Tests		
Date: 10/12/11 Time: 16:20		
Sample: 1997 2009		
延迟为 2（Lags: 2）		
原假设（Null Hypothesis）：	F-Statistic	Prob.
lnSIC 不是 lnIC 的格兰杰原因（lnSIC does not Granger Cause lnIC）	7.37866	0.0242
lnIC 不是 lnSIC 的格兰杰原因（lnIC does not Granger Cause lnSIC）	8.51305	0.0177

附录 5.6：VAR 模型估计结果（经济刺激功能研究）

Vector Autoregression Estimates		
Date: 10/12/11 Time: 16:24		
Sample（adjusted）：1999 2009		
Included observations: 11 after adjustments		
Standard errors in ( ) & t-statistics in [ ]		
	IC	SIC
IC（-1）	0.489631	0.047063
	（0.37154）	（0.12110）
	[1.31782]	[0.38865]
IC（-2）	-0.155999	0.084896
	（0.25377）	（0.08271）
	[-0.61473]	[1.02643]
SIC（-1）	-1.048576	1.423667
	（0.96671）	（0.31508）
	[-1.08468]	[4.51850]
SIC（-2）	1.422157	-0.436811
	（1.07560）	（0.35056）
	[1.32220]	[-1.24602]
C	0.479622	-0.570759
	（0.66206）	（0.21578）
	[0.72444]	[-2.64509]
R-squared	0.950430	0.999207
Adj. R-squared	0.917384	0.998679
Sum sq. resids	0.036141	0.003839
S.E. equation	0.077611	0.025295
F-statistic	28.76042	1890.675
Log likelihood	15.84193	28.17393
Akaike AIC	-1.971260	-4.213441
Schwarz SC	-1.790398	-4.032579

Mean dependent	6.490909	11.20123
S.D. dependent	0.270017	0.695906
Determinant resid covariance（dof adj.）		3.63E-06
Determinant resid covariance		1.08E-06
Log likelihood		44.35025
Akaike information criterion		-6.245500
Schwarz criterion		-5.883777

附录 7.1：2011 年上半年我国部分省市保障性住房施工进度

省份 / 地区	开工率（%）	任务数（万套）	开工数（万套）	数据截止日期	所在地区	2010 年人均 GDP 排名
陕西	101	47.43	47.9	6 月底	西部	17
辽宁	94	33.79	32.1	6 月底	东部	9
山西	88.50	30.04	26.58	6 月底	中部	16
江苏	66	45	29.7	6 月底	东部	5
河北	65.30	44.7	29.2	6 月底	东部	12
重庆	56.67	21	11.9	6 月底	西部	18
新疆	61.50	26	16	6 月底	西部	21
内蒙古	61.50	44.54	27.4	6 月底	西部	7
福建	58.16	16.91	98357	6 月底	东部	10
上海	50.17	1500 [1]	752.5 [2]	6 月底	东部	1
湖南	36.49	44.72	16	6 月底	中部	20
宁夏	90.20	7.54	6.8	7 月底	西部	19
安徽	84.30	38.13	32.13	7 月底	东部	25
山东	80.60	33.2	26.77	7 月底	东部	8
甘肃	79.06	17.77	14.05	7 月底	西部	30
贵州	76	19.1	14.46	7 月底	中部	31
黑龙江	72.40	83	60	7 月 25 日	中部	14
北京	71	20	14.2	7 月底	东部	2
云南	62.60	31	19.436	7 月底	西部	29

广东	56.20	31	17.41	7月底	东部	6

注：[1] 上海市保障性住房任务数和开工数的统计单位均为万平方米。
[2] 人均 GDP 按照各地常住人口数字统计得出，不包括港澳台地区
数据来源：《保障房进度西部快于东部》和国家统计局网站

附录 10.1：北京市保障性住房套型分类标准

北京市廉租住房建筑设计标准		
套型	Ⅰ型	Ⅱ型
建筑面积（㎡/套）	30—40	40—50
使用面积（㎡/套）	23—30	30—40
居住空间数（个）	1-2	2-3
北京市经济适用住房建筑设计标准		
套型	Ⅰ型	Ⅱ型
建筑面积（㎡/套）	35—45	45—65
适用面积（㎡/套）	28—35	35—49
居住空间数（个）	1-2	2-3

注：[1] 上表中使用面积与建筑面积指标中应包括阳台面积（按一半计入）。
[2] 上表中居住空间数指卧室，起居室（厅）等独立的房间数。
来源：《北京市保障性住房规划与建筑设计导则》

附录 10.2：上海市保障性住房套型分类、套型模式与家庭结构标准

套型	可分居住空间数	套型模式	家庭结构				
			人数	单身家庭	夫妻家庭	核心家庭	主干家庭

Ⅰ型	1	单人卧室兼起居、餐厅	1	○			
	2	双人卧室＋起居、餐厅	2		○		
		双人卧室兼起居＋餐厅（过道厅）			○		
		单人卧室＋单人卧室兼起居、餐厅	3			○	
Ⅱ型	3	双人卧室＋单人卧室＋起居兼餐厅				○	○
		双人卧室＋单人卧室兼起居＋餐厅（过道厅）				○	○
		双人卧室兼起居＋单人卧室＋餐厅（过道厅）				○	○
Ⅲ型	4	双人卧室＋2× 单人卧室＋起居兼餐厅	4				○
		双人卧室＋单人卧室＋单人卧室兼起居＋餐厅（过道厅）					○
		2× 双人卧室＋单人卧室＋起居兼餐厅	5				○
		双人卧室＋单人卧室＋双人卧室兼起居＋餐厅					○

来源：《上海市保障性住房建设导则（试行）》

附录 10.3：北京市保障性住房装饰、装修项目基本标准

序号	项目	装饰要求	
		廉租住房	经济适用房和政策性租赁住房
1	户门	钢质防盗保温门	钢质防盗保温门
2	起居室、卧室墙面、天棚面	水性内墙涂料	水性内墙涂料
3	起居室、卧室地面	水泥地面	防滑地砖
4	室门	木质门	木质门
5	窗台	预制水磨石	预制水磨石
6	窗帘盒	简装窗帘杆	简装窗帘杆
7	生活用水、热水管线	PPR 管	PPR 管
8	阳台地面	水泥地面	防滑地砖
9	外窗及封阳台窗	塑钢中空双玻窗	塑钢中空双玻窗
10	防盗栏（首层）	铁质护栏	铁质护栏

11	厨卫地面	防滑地砖	防滑地砖
12	厨卫墙面	瓷砖到顶	瓷砖到顶
13	厨卫天棚面	铝扣板吊顶（卫生间吊顶穿孔）	铝扣板吊顶（卫生间吊顶穿孔）
14	厨房灶台	不锈钢、复合石材	不锈钢、复合石材
15	厨房橱柜	整体式橱柜	整体式橱柜
16	厕卫洁具	节水型坐便器、洗手盆	节水型坐便器、洗手盆
17	水暖五金件	节水龙头、节水花洒	节水龙头、节水花洒
18	水电管线	暗装	暗装
19	灯具	节能灯具	节能灯具
20	散热器	高效散热器（带罩板）	高效散热器（带罩板）
21	空调	机位统一设置、孔洞统一预留冷凝水系统、PVC 管统一安装	机位统一设置、孔洞统一预留冷凝水系统、PVC 管统一安装
22	其它项目	达到现行住宅设计标准	达到现行住宅设计标准

来源：《北京市保障性住房规划与建筑设计导则》

附录 10.4：安徽省保障性住房装饰装修的参照标准

序号	部件	基本标准	推荐标准
1	单元门（含地下室门）	钢制电控防盗门	同左
2	户门	钢制保温防盗门或防火门	同左
3	室门	镶板门或夹板门、木质门	同左
4	楼梯间、休息平台底面及踏步面	墙面：内墙腻子、水性内墙耐擦洗环保涂料；休息平台底面：水性内墙耐擦洗环保涂料；踏步面：水泥砂浆。	墙面：内墙腻子、水性内墙耐擦洗环保涂料；休息平台底面：水性内墙耐擦洗环保涂料；踏步面：防滑地砖
5	阳台	地面：防滑地砖或水泥地面或细石混凝土地面；配置成品晾衣杆及洗涤池。天棚配吸顶灯	同左

6	外窗及封阳台窗	塑钢窗，首层防盗窗　　设置铁质护栏	同左
7	起居室、卧室	墙面、天棚面：内墙腻子、水性内墙耐擦洗环保涂料；窗帘杆：简配装置；地面：地砖或细石混凝土地面；天棚配吸顶灯；空调机位统一设置、空洞预留	墙面、天棚面：内墙腻子、水性内墙耐擦洗环保涂料；窗帘杆：简配装置；地面：金刚木地板；天棚配吸顶灯；空调机位统一设置、空洞预留
8	厨房	地面：防滑地砖；墙面：贴瓷砖到顶；洗菜盆、贴磁砖灶台板、节水型龙头、预留排气扇位置和插座；天棚面同卧室	加配铝扣板吊顶、吸顶灯、排气扇；配备整体橱柜、排油烟机
9	卫生间	地面：防滑地砖；墙面：贴瓷砖到顶；配备洗面盆、节水座便器、节水型淋浴喷头、预留排气扇位置和插座；天棚面同卧室；预留安放洗衣机位置	加配铝扣板吊顶、配吸顶灯、排气扇、盥洗镜、太阳能热水器或电热水器

来源：《安徽省保障性住房建设导则（试行）》

附录 11.1：北京市城六区和远郊区县城市居民申请经济适用住房家庭收入、住房、资产准入标准

区县	家庭人均住房使用面积（m^2）	家庭年收入和资产情况（万元）									
		1 人户		2 人户		3 人户		4 人户		5 人户及以上	
		年收入	资产	年收入	资产	年收入	资产	年收入	资产	年收入	资产
城六区	10	2.27	24	3.63	27	4.53	36	5.29	45	6	48
门头沟区	10	2.27	24	3.63	27	4.53	36	5.29	45	6	48
房山区	10	2.12	20	3.39	27	4.23	36	4.94	45	5.60	48

通州区	10	1.82	19.2	2.90	21.6	3.62	28.8	4.23	36	4.80	38.4
顺义区	10	1.96	13	3.16	19	3.91	26	4.51	32	5.12	38
昌平区	10	2.14	15	3.63	22	4.20	30	4.85	37	--	--
大兴区	10	2.10	15	3.37	23	4.18	30	4.86	38	5.24	40
怀柔区	10	1.98	12	3.19	18	3.94	24	4.55	30	5.22	36
平谷区	10	1.82	19	2.90	21	3.62	28	4.23	36	4.80	38
密云县	10	1.87	11.1	3.03	16.7	3.73	22.2	4.29	27.8	4.40	33.3
延庆县	10	1.89	11.4	3.06	17.1	3.77	22.8	4.34	28.5	4.91	34.2

数据来源：北京首都城市信息服务网 http://sqjt.beijing.cn/bzxzfsqzn/

附录 11.2：北京市城六区和远郊区县城市居民申请廉租住房家庭收入、住房、资产准入标准

区县	家庭人均月收入（元）	人均住房使用面积（平方米）	家庭总资产净值（万元）				
			1 人户	2 人户	3 人户	4 人户	5 人户及以上
城六区	960	7.5	15	23	30	38	40
通州区	960	7.5	15	23	30	38	40
门头沟区	731	7.5	15	23	30	38	40
房山区	731	7.5	15	23	30	38	40
顺义区	731	10	11	16	21	26	28
昌平区	731	10	10	20	25	30	35
大兴区	731	7.5	12	18	24	30	32
怀柔区	731	7.5	11	16	21	26	28
平谷区	731	7.5	12	18	24	30	32

密云县	731	10	6	10	16	20	25
延庆县	731	7.5	9	13.5	18	22.5	24

数据来源：北京首都城市信息服务网 http://sqjt.beijing.cn/bzxzfsqzn/

后　记

本书的撰写起源于我与我的博士生共同撰写的《我国大中城市经济适用房有效供求均衡度研究——基于“非均衡计量模型”的实证分析》一文。该文发表后受到了一定关注，相关管理部门和学术界的一些友人均建议我以上述文章为基础，对我国城镇住房保障政策开展深入、系统的研究。考虑到我国正值住房供求矛盾突出、保障性安居工程大力推进之时，住房保障工作面临着实践先于理论、顶层设计有待完善等多重问题，急需相关研究成果予以必要的理论支撑，笔者决定对我国城镇住房保障政策的开展全面研究。

在本书撰写的一年多时间里，笔者很欣慰地看到，我国保障性安居工程有了快速的、实证性的进展，这不仅表现为2011年我国超额完成了开工建设1000万套保障性住房的任务，并提出2012年新开工建设700万套以上保障性住房的目标；而且表现为《关于保障性安居工程建设和管理的指导意见》等政策的相继出台，我国城镇住房保障体系的顶层设计趋于完善。上述变化不仅为本书的撰写提供了更多的实践素材，也对笔者的研究工作提出了更高的要求。可以说，本书虽几易其稿，但仍是对我国城镇住房保障政策的一个阶段性总结，书中难免存在不足之处，恳请读者提出宝贵的意见和建议。希望本书能够为我国城镇住房保障政策的推进和完善贡献一份绵薄之力。

最后，笔者还要特别感谢住房保障政策相关管理部门领导对本书的大力支持，感谢多个城市为我们调研工作提供的帮助，感谢中国人民大学等高校的多位学者对本书撰写提出的有益建言。值付梓之际，仅以一页之芳表达笔者的感激之情！

蔡荣生

2012 年春于北京